我们建构的世界

社会理论与国际关系中的规则与统治

WORLD OF OUR MAKING:
RULES AND RULE IN SOCIAL THEORY AND INTERNATIONAL RELATIONS

NICHOLAS GREENWOOD ONUF

[美] 尼古拉斯·格林伍德·奥努夫 著
孙吉胜 译

东方编译所译丛

上海人民出版社
Shanghai People's Publishing House

中文版前言

《我们建构的世界——社会理论与国际关系中的规则与统治》一书于1989年出版，当时关注到这本书的学者并不多。作为在国际法与国际关系领域耕耘了二十年的学者，我当时虽然有些失望，但也并不感到惊讶。回首过往，现在我意识到，要不是出于以下两个原因，这本书现在可能只会在一些图书馆里被束之高阁了。第一个原因是书的标题以生动、令人难忘的语言概括了后来被称为“建构主义”的主要前提。很多没有读过甚至没有看到过这本书的学者，也借用这个简洁的描述，即“我们建构的世界”来意指建构主义关于国际关系的独特见解。需要指出的是，我在这本书中还开启了一个惯例，就是用“国际关系”这个词的英文首字母大写来(International Relations)表示国际关系这门学科，而小写字母(international relations)表示国际关系这个领域。书的正题是我在完成了整个书稿之后才想到的。此前的题目为《社会理论中的规则、统治与国际关系》，我把它作为一个非常有描述力的副标题保留了下来。

《我们建构的世界》还把国际关系研究领域的学者引向了建构主义(constructivism)。建构主义作为社会科学领域的一个流行术语，恰好表达了我所认为的社会理论对国际关系研究影响的独特性和重要性。后来，亚历山大·温特(Alexander Wendt 1992:393)在他的研究中采纳了这个术语，并表达了对《我们建构的世界》这本书的认可和致谢。再后来，有更多的学者效而仿之。因此，这本书在国际关系理论的发展史上至少还是产生了一些影响。建构主义最终与现实主义和自由主义一起成为研究国际关系的主要理论，当然这更多是由于温特的影响，他的影响由于一些原因比我的影响大；学术界对一时之风和学术时尚的追从也是一个原因。

但是,我认为这种发展并不值得称道,因为这样做把那些认为自己既不属于现实主义又不属于自由主义的学者们都归为建构主义者。建构主义者们采用不同标准对建构主义进行分类就证实了建构主义者内部的不一致性。

简言之,《我们建构的世界》这本书的名字为人熟知,但是多年来真正阅读它的人并不多(甚至很长时间此书已不再版)。本书借鉴批判理论和后实证主义,尤其不投美国学者的学术兴趣所好。但是,它又在美国出版,而且国际关系领域的大部分学者又都生活在美国。在美国,当时建立在经济学模式基础上的实证主义社会科学已经在主要的研究机构和大学居于主导地位,几乎没有人注意到后实证主义,更不用说注意到像《我们建构的世界》这样一本与众不同的特殊著作了。随着国际关系研究全球化的加速,很多学者才意识到需要重新阅读这本书。这些学者多数不是来自美国,他们对实证科学持质疑态度,认为它是"美国霸权"的另一种表现形式。因此,《我们建构的世界》现在被认为是对抗霸权运动中的一个有力武器,这也是为什么本书的读者遍布欧洲、拉美和亚洲的一个原因。

那么,本书在首次出版时其特殊之处到底体现在哪些方面呢?现在它还是很独特吗?还是说是世界(不包括美国)的发展最终赶上了呢?显然,我的任何回答都是主观的,也是为了自圆其说。不过,自从这本书出版以来,我就一直在进行这个领域的研究,也在参与、观察。而且,读者们也可能会发现我作为一个局内人对加深国际关系理解的研究视角兴趣独特。当然,每位这本书的读者也在为这个领域的发展贡献自己的力量。

我个人以为,这本书在三个重要方面有别于常规国际关系理论研究。从本书的副标题就可以看到这一点。首先,本书坚持社会关系中规则的重要性,人和人之间在任何地方无时无刻都存在这种社会关系。我花费了大量气力让读者明白规则这个术语不仅仅是指法规或者法律。法规需要正式表述,要有法律依据,违反了法律法规要有专门的法律来惩罚。很明显,没有社会是完全依赖法规和法律而存在的,某些社会甚至根本没有法规。就此而言,国际法到底算不算这种意义的法律,这会产生一些概念性曲解。但是,只要我们不要求规则必须经过正式表述、通过和执行,对这些概念上的曲解就不会出现。更重要的一点在于,各种社会确实要依赖其他类型的规则,对于国际社会(一般被表述为民族国家之间关系的整体)来说更是如此。

在这本书中,我把这种经常与法律(害怕违背法律而遵守法律)联系在一起的规则称为指令性规则(directive rules)。此外,我还提出了指导性规则(instructive rules)和承诺性规则(commitment rules),并阐明了它们的特征:指导性规则就如同烹饪书中的食谱,会告诉我们如何做才会获得预期的结果。很明显,人们会反对说这些规则既没有约束性也可以不被遵守。任何这样的反对恰好揭示了法律思维的过度影响。实际上,我们之所以遵守指导性规则就是为了获得预期的结果。如果不遵守,其他人会提醒我们遵守这类规则的必要性,甚至在面对别人的提醒时,我们会感到羞愧。

承诺性规则就如同人们为了保证得到共同预期的结果而签署的合同。推广到整个社会,这种规则带来的就是我们通常所说的权利与责任。此类规则体现出以下三个特点:对交换的重视;通常由第三方解决由权利与责任引发的争议;由于无法履行自己的责任而引发的负罪感。协约就是此类规则的例证,而当今国际社会的一个显著特点就是有大量协约存在。

25 年前,几乎没有其他国际关系学者会把规则视为其思想的核心。当然,弗里德里希·克拉托赫维尔(Friedrich Kratochwil)是一个例外。他的著作《规则、规范与决定》(*Rules, Norms and Decisions*)也是在 1989 年出版。尤其是在美国,国际法与国际关系的割裂(前者政治上属于自由主义,后者政治上属于现实主义)强化了人们将规则视为法律术语的做法,进而否定了法规与国际关系的相关性。不过,很快国际关系的学者们就开始谈论规范。

这些学者将规范与法规区别对待,否则就无法解释规范为何具有规范效力。面对无所不在的规范(当然非正式的规则也是随处可见),他们只是显示自己是新一代自由主义国际关系学者,国际关系研究原本长期由政治现实主义所主导。这期间,他们对挑战概念性的内容几乎不感兴趣,而恰恰是这一点促使克拉托赫维尔与我完成了我们各自的著作。相反,这些学者们只是把建构主义——应该说是他们的建构主义——视为对冷战终结的回应以及对现实主义的质疑。

只要这些伪建构主义者(faux-constructivist)和其他自由主义者抽象

地思考规则以及它的特点，他们就会进行这样一种粗浅的区分：规则或是起限定作用，或是起建构作用，而我却要努力消除这样的区分。我坚持认为，从定义来看，所有的规则都约束人的行为；这样一来，规则就构成了一种社会安排，并在这种安排中发挥作用。因此，规则具有限定作用，实际上所有规则都是这样，它把施动者与一个不断变化的世界联系在了一起。而且，当这些同样的规则同时发挥它们的建构作用时，世界的结构也在一直被重构。我们可以将此简称为施动者与结构关系(agent-structure relation)，根本不存在"施动者与结构问题"(agent-structure problem)，尽管温特(Wendt 1987a)这样认为。

需要进一步说明的是，对施动者与结构而言，我所指出的所有这三种规则会依据其不同的属性对施动者与结构发挥不同的作用。本书第四章主要就是为了说明当我们认识到由不同规则体系交织构成的制度赋予结构以社会意义时，规则是如何对结构产生影响的。我经过多年的努力才理清建构主义的施动性(Onuf，1995)这个概念，才理解了三种不同的规则如何把我们建构成了施动者(Onuf，1998；2013a：3—20)。进一步探讨施动性无疑会增加解释的难度，这显然是一个矛盾。如果我们把施动性视为某人或某物代表某人与某物而行事的条件，这也包括它们自己本身，那么机构作为施动者也能够发挥作用，并且会经常这样。

这里不必展开详细论述。简言之，指导性规则赋予人与机构以地位，分为不同的层次和位置顺序；指令性规则赋予在组织中纵向排列的机构以职务；承诺性规则赋予人们角色，这些角色不同于位置和职务，因为角色是自愿承担的，是作为相互关联的事物横向排列的。合在一起，能够赋予地位、职务和角色的规则使人与他们的机构可以在世上行事，当然总是在规则所限定的范围内。

在写《我们建构的世界》的过程中，我强调规则的重要性，这不是简单因为我本人的国际法学理论背景或者说对现实主义理论作为准科学(would be science)不再存有幻想，而是因为作为社会控制工具的规则与作为特权分配体系的统治之间存在着明显的联系。至少，在阅读了十年(20世纪70年代)的马克思和各种西方马克思著作之后，我认为这二者之间的联系非常明显。马克思主义在国际关系领域发展欠佳的原因无需赘谈。人们深信国际关系的无政府状态一直统治着国际关系，使现实主义成为解释在没有统治情况下的无政府状态的唯一理论。假如像我所认为的国际关系中有规则存在，并且它们在构建和限定着国际关系，那么国际关系中就必然存在统治的条件。或者说，这也就意味着不存在无政府状态。

这样的观点实际是挑战了国际关系本身作为一门学科的身份。难怪那些早已质疑规则重要性的学者们会拒绝接受否定无政府状态的观点。但是，即使是那些最忠实的现实主义者也从未怀疑国际关系在一定程度上并不是陷于完全的混乱，或是通过均势、大国一致行动、势力范围或是通过两级对峙。如果我们以一个自我平衡的体系来抽象地对待这些机制，人们自然就无需使用统治的语言了。

不过，并不是所有该领域的人都认为国际关系是一个自我排序的无政府状态。霸权主义曾经是人们非常熟悉的一个词，恰当地暗示了统治者的存在（相关背景可参见 Onuf 1997）。因为葛兰西（Gramsci）的研究，霸权主义具有了统治体系的含义。我曾用它来指一种理想化的统治方式，在这种统治下，指导性规则是最重要的，统治者以身作则，统治的合法性依据是他人的共同认可。回顾从前，当时我并没有充分强调霸权统治能够自上而下地产生一种地位秩序，而是认为社会阶级分层就如同一件紧身衣（straitjacket），因此，霸权会在地位秩序的多处产生抵抗力。

凡是在指令性规则至关重要的地方，统治都是以等级形式出现。这种指令性统治会向下传达一系列命令，而信息会自下而上地汇聚，我把这种统治称为等级统治（hieracrchy），这是我们所熟知的韦伯式国家或者任何组织的模式。在国际关系领域，肯尼思·华尔兹（Kenneth Waltz）在他的《国际政治理论》中就把无政府状态与等级视为二元对立。如果国家之间是等级关系，那么国家之间只能是无政府状态。同样，问题在于一个没有言明的前提假设，即从规则到统治都不可以是非正式的。如果国家间的关系整体而言在形式上是按等级排列，那么其结果就是一个世界国家。当然，尽管自由国际主义者作出这样的预言已经几个世纪了，这个预言却一直没有实现，我们从未有过世界政府。

非正式的等级虽然极少被认可，但是对我们而言它在国际关系中并不陌生。势力范围是对非正式区域等级的最佳表述。而且，长久以来的大国理念表明了人们普遍接受的两个等级的划分。通常，这样的安排也体现了地位顺序。因此，我们可以看到地位与等级经常相互促进，等级可以指两种秩序，同时也指它们的关系。近年来，该领域只有为数不多的学者关注等级（如 Cooley 2005，Deudney 2007，Lake 2009），而对等级与地位的关系却没有给予应有的重视。关于帝国的大量文献也没有解释这一点。作者们都把指令性规则在殖民关系中的主导地位视为理所当然，而这恰好与国家间的无政府关系形成了对比。

我所认为的第三种统治方式对无政府状态在国际社会中占主导地位的假设提出了最直接的挑战。我借用康德（Immanuel Kant）的语言，称其为他治（heteronomy）。实际上，他治作为一种看起来似乎是自发秩序的统治形式，用无政府状态来描述它显然不恰当。在自由主义者看来，这种条件是法治或者是一个自我调节的市场。令自由主义者无法想象的这种他治形式恰恰是他们最容易接受的，也是他们最不可能反对的，这种统治形式也使国际关系具有了自身的基础。

在这本书中，我可能没有把这样的观点表述得足够有说服力。在最近的研究中（Onuf 2013b），我就坚持认为国家被认可的惯例做法就是国际社会他治特点最显著的证明。推而广之，我曾经认为现代性的兴起标志着向他治的转向，这首先表现在国家主权平等这样的理念上（参见 Onuf 2005，Onuf 2006）。不过，不管国际关系的他治属性有什么例证，不管国际关系如何不是无政府状态，国际关系学科的学者们都会心存怀疑。就算我选用其他词汇（如 heterarchy；参见 Donnelly 2009），这种情况也不会改变。

在 1989 年强调规则的重要性有些特立独行，但是今天的情况已经有所改变。其实当时强调规则不仅很特殊，即便在我的同事们看来也是有悖常情，现在依然如此。《我们建构的世界》这本书有别于 1989 年时的常规研究，它借用了社会理论和哲学。当时借用社会理论为数不多的几位学者主要关注的是法兰克福学派和法国的后结构主义。我走得更远一些。比如在本书的第三章，我就利用儿童认知能力的发展以更好地解释我在前一章中所提出的三种规则。

据我所知，没有人继续这个领域的研究（尽管有关儿童大脑发育方式的研究还在激发着我，参见 Onuf 2013c：178—181）。尽管如此，大多数后实证主义学者愿意进行社会理论研究，通常他们做得比我还要细致、深入。至少从这个角度来说,《我们建构的世界》现在与刚出版时相比并不算特别了。不过,自从那时开始,几乎没有谁在文献方面超越过我。我当时就希望能够验证或者至少是部分验证我的怀疑,或者说是我的直觉,我认为我提出的三种规则与统治能够涵盖所有的人类经历。

当时我就相信,大量地仔细阅读社会理论可以证明我的直觉是正确的。直到现在,这种信念都没有变。我也相信,这种三分法一定使这本书的理论框架充满活力,同时它也是一个牢固的理论基础。理论框架的基础是言语行为理论。当我意识到断言性、指令性和承诺性言语行为(三者分别以我由此断言/要求/承诺……的形式出现)就是规则、统治以及很多其他方面的源头时,我就清楚应该如何来构架这本书以达到满意的效果了。

尽管有学者利用该三分法对国际关系的不同方面进行研究,但是似乎还没有人把它作为一般性的理论框架来把社会世界作为一个整体来研究。我对此无法抱怨,因为我们所接受的训练就是不能好高骛远,别人告诉我们那样做是幼稚浅薄、任性妄为。要我说的话,拥有雄心壮志违背了很多告诉我们如何做一名学者的指导性规则。不过,在过去的25年里,国际关系领域的很多学者已经开始对言语行为理论和更普遍的"语言学转向"感兴趣,对此,我由衷地赞同。

不管我对这种发展作了多大(或多少)的贡献,我都坚信这种发展的重要性。本书的译者孙吉胜教授也这样认为。但是,她并不是一个人在独行,很多其他国际关系理论家们也与我们持同样的观点。由于社会理论很多是出自一小部分印欧语系学者的研究,中国学者也一定会有很多东西可以与我们分享。我希望中国读者可以读到这本书,这将会使他们相信我们必须而且总是应该从语言开始。

我非常感谢孙吉胜教授翻译这本书,并且承担了这项艰巨而非常具有挑战性的工作,也包括最后联系书的出版等事宜。翻译抽象的概念与理论绝非易事,而我自己的写作风格也对读者和译者提出了异常高的要求。我也非常感谢孙吉胜教授邀请我去北京,她本人以及她的家人、同事和学生们热情友好,让我备感亲切。非常荣幸我现在能够在中国参与到建构世界的活动中来。这也是一个伟大的责任,我希望这本书能够为这份伟大的责任贡献绵薄之力。

参考文献

Cooley A.(2005) *Logics of Hierarchy*: *The Organization of Empires*, *States*, *and Military Occupations*. Ithaca: Cornell University Press.

Deudney, D.H.(2007) *Bounding Power*: *Republican Security from the Polis to the Global Village*. Princeton: Princeton University Press.

Donnelly, J.(2009) "Rethinking Political Structures: From 'Ordering Principles' to 'Vertical Differentiation'—and beyond," *International Theory*, 1: 49—86.

Kratochwil, F.V.(1989) *Rules*, *Norms*, *and Decisions*: *On the Conditions of Practical and Legal Reasoning in International Relations and Domestic Affairs*. Cambridge: Cambridge University Press.

Lake, D.A.(2009) *Hierarchy in International Relations*. Ithaca: Cornell University Press.

Onuf, N.(1995) "Intervention for the Common Good," 34—58, in *Beyond Westphalia? State Sovereignty and International Intervention*, ed. by M.Mastanduno and G.Lyons. Baltimore: Johns Hopkins University Press.

——(1997) "Hegemony's Hegemony in International Political Economy," 91—110, in *Constituting International Political Economy*, ed. by K.Burch and R. A.Denemark. Boulder: Lynne Rienner.

——(1998) "Constructivism: A User's Manual," 58—78, in *International Relations in a Constructed World*, ed. by V.Kubálková, N.Onuf and P.Kowert. Armonk: M.E.Sharpe, 1998.

——(2005) "Late Modern Civil Society," 47—63, *The Idea of Global Civil Society*: *Politics and Ethics in a Globalizing Era*, ed. by R.Germain and M.Kenny. London: Routledge.

——(2013a) *Making Sense*, *Making Worlds*: *Constructivism in Social Theory and International Relations*. Abingdon: Routledge.

——(2013b) "Recognition and the Constitution of Epochal Change," *International Relations*, 27:121—140.

——(2013c) "Relative Strangers: Reflections on Hospitality, Social Distance, and Diplomacy," 173—196, in *On Hospitality and World Politics*, ed. by Gideon Baker. Basingstoke: Palgrave Macmillan.

——, and P.Onuf(2006) *Nations*, *Markets*, *and War*: *Modern History and the American Civil War*. Charlottesville: University of Virginia Press.

Wendt, A.(1992) "Anarchy Is What States Make of It: The Social Construction of Power Politics." *International Organization* 46:391—425.

英文版前言

在这个我们建构的世界中,学术研究也是一种社会建构。任何一项研究都涉及很多位作者。与我这本书相关的作者很多,很多我已经说不出名字,已经记不清他们都分别是谁,如何为我提供了帮助。随着本书的进展,我向在本书中引用了他们作品的作者们表示感谢。有些人对此书的贡献令我难以忘怀,我尤其要对他们致以深深的谢意。

在这些人当中,首先是我的老师们。在写这本书的过程中,我总是会想到弗雷德里克·莱恩(Frederic Lane)、莫里斯·曼德尔(Maurice Mandel)和希利斯·米勒(Hillis Miller),我在霍普金斯大学读书时,他们分别教我历史、哲学和文学。他们和其他老师一起把我引进了一个无可匹敌的学术研究世界。后来,其他老师对这本书产生了更加具体的影响。罗伯特·塔克(Robert Tucker)把我引入到了国际关系这个研究领域,并教会我如何仔细阅读。乔治·利斯卡(George Liska)把对理论的热爱传递给了我,也把她对国际关系的审视视角教给了我,这些我在第六章会清晰地阐述。哈罗德·拉斯韦尔(Harold D.Lasswell)与迈尔斯·麦克杜格尔(Myres McDougal)对类别与分类的研究始终贯穿本书。在卡尔·多伊奇(Karl Deutsch)要我写的一篇论文中,他建议进行建构与限制的区分后来被证明是如同一个具有很长导火线的炸弹,它在第一章被引爆。我在为罗伯特·奥斯古德(Robert Osgood)的课写论文时,首次尝试性地阐述了第八章中的一些主要观点。

路易斯·亨金(Louis Henkin)在 1982 年邀请我到哥伦比亚大学参加一个研讨会,我在会上的发言使我对本书的理论框架形成了初步想法。后来,与斯皮克·彼得森(Spike Peterson)一起从事的研究使这个框架进一步深入，一个直接的结果就是第四章。在她的建议下，我认真研究了后实证主义思想，并发现自己开始重新思考很多原来坚信的东西，思考的成果就是第一章。弗里德里希·克拉托赫维尔(Friedrich Kratochwil)与我在很多场合讨论了在第二章中提出的问题，当然讨论总是使我获益。他的支持与批判性帮助在第五章与第六章都有所体现。西奥多·克鲁比斯(Theodore Couloumbis)在第七章也发挥了同样的作用，弗兰克·克林科(Frank Klink)对第八章的贡献也是如此。罗伯特·基欧汉(Robert Keohane)细致阅读了第五章的初稿，对终稿产生了重要影响。他对整本书所作的评论以及彼得·考厄赫(Peter Cowhey)所提的类似建议都是在一个非常关键的节点上，他们的话使我对当时还没有完全明确的全书的形式与中心点作出了明确的选择。

我感谢福阿德·阿贾米(Fouad Ajami)与我的弟弟彼得·奥努夫(Peter Onuf)在写作过程中对我的鼓励。他们阅读了全书，而彼得在全书没有合在一起时就阅读了零散的章节。我妻子桑德拉·乔文(Sandra Keowen)和贾森·威腾伯格(Jason Wittenberg)也阅读了全书，他们所做的这一切也给我提供了很多编辑方面的帮助。蒂莫西·布赫(Timothy Buch)、库尔特·伯奇(Kurt Burch)、威廉·奥尔森(William Olson)，以及作为南卡罗来纳大学出版社的读者的克拉托赫维尔、唐纳德·普哈拉(Donald Puchala)和瓦尔克(R.B.J.Walker)对书的最终版本都提出了非常有益的建议。我也必须感谢我在美利坚大学的研究生们，他们在对我形成本书的思想方面产生了多种不同方式的影响。

书中的大部分内容首先是独立成形的。受雷蒙德·杜瓦尔(Raymond Duvall)的邀请，我在美国政治学会 1987 年年会上陈述了引言中的内容，题目是《国际关系学后：学科建构与它们的世界》。第二章的主要内容首次出现在 1985 年，题目是《规则言明了所做的一切吗？从普通语言到国际法》，发表于《哈佛国际法杂志》(*Harvard International Law Journal*)(第 26 卷，第 385—410 页)。把它们挪用过来得到了哈佛学院院长以及董事会成员们针对 1988 年版的版权许可。第三章包含了 1987 年在《人类发展》(*Human Development*)(第 30 卷，第 257—267 页)中发表的论文，题目是《道德发展中的规则》。再版该文得到了巴塞尔的卡尔格出版公司(S.Karger A.G.)的许可。而美利坚大学公共与国际事务学院提供的资助使第三章的撰写速度加快。

第五章是来自我对海沃德·阿尔克(Hayward Alker)和理查德·阿什利(Richard Ashley)1986年在美利坚大学所做的格里芬(Griffin)系列讲座的评论。另一个版本发表在由阿尔克和阿什利编辑的名为《霸权之后》的文集中。第六章最初是我与弗兰克·克林科(Frank Klink)合写的论文,我们在1986年的国际关系学会年会上进行了陈述。该论文的大部分发表于《国际关系研究季刊》(*International Studies Quarterly*)上,题目是《无政府性、权威与规则》。很多匿名评审者以及作为该杂志编辑的阿什利对该文的最终成稿提供了很多改进建议。第七章始于在希腊塞萨洛尼基的亚里士多德大学法学院做的一个讲座。其另一个版本原本要发表在《希腊国际关系评论》(*Hellenic Review of International Relations*)上,很遗憾该杂志停刊了。《歌德的浮士德》(第一部分)的节选,由兰德尔·贾雷尔(Randall Jarrell)翻译后,经法劳·斯特劳斯·吉罗公司(Farrar, Straus and Giroux, Inc.)对1959、1961、1965、1973年的版权许可后,由玛丽·冯·施拉德尔·贾雷尔(Mary von Schrader Jarrell)再版。

我也感谢查尔斯·凯格利(Charlse Kegley)和唐纳德·普哈拉(Don Puchala),他们在1984年就邀请我参加南卡罗来纳大学出版社的国际关系丛书系列。西奥多·克鲁比斯(Ted Couloumbis)和季米特里·康斯坦托普洛斯(Dimitri Constantopoulos)1984年秋天在希腊的塞萨洛尼基为我提供了一流的写作环境,阿迈勒·加亚瓦德恩(Amal Jayawardane)和斯坦利·维杰孙达拉(Stanley Wijesundera)1987年上半年在斯里兰卡的科伦坡也是如此。而无论我在哪里工作,我的妻子桑德拉都能使我处于一个非常理想的环境之中。

[illegible]

[illegible]（Hayward Alker）[illegible]、[illegible]（Richard Ashley）[illegible] 1986 [illegible]（Griffin）[illegible]（Frank Klink）[illegible] 1986 年[illegible]《International Studies Quarterly》[illegible]《Review of International Relations》[illegible]

[illegible]（Randall Jarrell）[illegible]（Farrar, Straus and Giroux, Inc.）[illegible] 1960、1961、1966、1971 [illegible]（Mary von Schrader Jarrell）[illegible]

[illegible]（Charles Kegley）[illegible]（Don Puchala）[illegible] 1984 年[illegible]（Ted Couloumbis）[illegible]（Dimitri Constantopoulos）1984 年[illegible]（Amal Jayawardane）[illegible]（Stanley Wijesundera）1987 年[illegible]

目录

导　论

本书的目的是重新建构一个有意识地组织（self-consciously organized）的研究领域或学科，即国际关系。这就需要我们把国际关系作为一个研究对象来重新思考。[1]我有意使用了"重构"一词，一是因为我认为我的目标远大，二是因为我致力于一个新的哲学观点，即"建构主义"，在第一章我会对此详细阐述。我认为人们总是在建构或是构建社会现实，即使只能是社会性的一种存在，也是为了它们在被建构着。[2]

为了表明我为什么与其他学者不同、如何不同，以及不同到何种程度，我首先来介绍他们在这个领域所作的努力。首先，我解释一下"政治"与"国际关系"这两个术语，然后来解释它们的常规意义如何构建了政治学与国际关系学科。在非正式地回顾国际关系学的历史并抽象地概括这些学科的特点后，我提出自己对该学科的观点及建构前提，最后指出我所构建的理论以及该理论所面临的难点。我认为这个理论是对国际关系的另外一种理解。该书的其余内容主要来全面阐述这个理论。

探　索

人们通常认为我们对"国际关系"缺少一个准确的定义。但是，无论是从普通的语言本身还是在当前的学术研究中，它都具有自己的核心意义。"国际关系"主要是指被认为具有政治性的所有活动的集合（ensemble），尽管还有一些延伸和扩展。当某个社会单位的成员认为某些活动最能引起他们的关注时，这些活动就具有了政治色彩。当这些活动超出了一个社会单位成员通常处理某些紧急事件的固定地点时，就出现了国际关系。

我还没有看到有哪位学者针对政治提出这样的定义。相反，我看到人们批评我的定义模糊，受语境影响，并且无法操作（比较 Connlly 1974：15—17）。很多其他定义也被认为如此。例如，弗农·范戴克（Vernon Van Dyke）认为：

> 当某种活动与公共问题（public issue）联系在一起就具有了政治色彩。当它满足以下两个条件时就与公共问题产生了联系。首先，它必须与某个群体（group）的决策相关，即必须涉及群体政策、群体组织、群体领导，或者必须与群体间的规章相关。其次，它必须是在人们存在争议的范围内（Vernon Van Dyke 1960：133）。

当然，人们都会认为政治是一种社会活动。所以，范戴克认为政治必须“与一个群体的决策相关……”他还认为政治处于“存在争议的范围之内”。当然，并不是所有争议都导致决策。人们经常认为不决策实际也是一种决策，它是让“决策”丧失具体内容的一种方式。然而，人们也经常会认为我们没能决策表明在某个群体内存在分歧与争议。而且，政治会涉及“群体间关系的规章”，但在范戴克看来，决策是一个群体内部活动，而非群体间活动。

如果人们认为重要性是政治活动的一个标准的话，那么范戴克关于政治条件所提出的问题就不存在了。我们知道当存在一些争议时，一个群体就会认为此事是重要的。我们知道，当人们确定专门的地点和方法就相关问题进行讨论时，这些问题就非常重要了。虽然存在争议和确定专门地点（established venue）是政治的两个重要标准，但是我们决不能认为这就是政治的所有表现形式。当然，我们也需注意诸如“争议”和“决策的专门地点”这样的词或短语让人们感觉非常具体，而不是像“重要”这样的词语那样意义模糊，且受语境变化的影响［比较范戴克（Van Dyke 1970：135）的术语“制度”］。

那么，范戴克把政治笼统定义为与公共问题相关的活动是否更好呢？“问题”这一术语似乎可以代替“争议”或是那些需要群体决策的事，而在特殊性方面并没有大的变化。“公共”这个词实际只是描述一个群体，没有额外的意思。所以,我怀疑范戴克还要表达更多的含义。尽管如此,我认为"公共"的含义,除指代需要决策、存在争议的问题以及对一个社会单位成员来说至关重要的事之外,还包括其他内容。对此我也不是特别明确。

我还了解两个关于"政治"的定义可以避免上文提到的模糊性。一种是一个社会单位的政治总是与正式或决定重要事宜的特殊指定地点和方法相关,即我们通常所指的政府和法律。一种是政治与一切社会事务相关。在第一种情况下,精确性主要通过排除那些国际关系这个术语所涵盖的延伸和扩展的活动而实现;第二种情况是消除了这种精确性,主要是通过把各种大量的活动包含进来而实现。把政治定义于这两种极端情况之间既有必要性,也存在争议。

对"政治"这一术语的争议也体现出政治的相对性。我使用重要性这一标准也同样如此。但是,承认政治是相对的并不是认为任何社会事务都具有政治性。对此,我同意威廉·康诺利(William E.Connolly 1974:13—14)与弗雷德·弗罗霍克(Fred M.Frohock 1979:860—862)的观点。政治是一个"群概念"(cluster concept)。[3]因此,它具备一些由"核心术语"所显示的"结构性特征"(Frohock 1979:865—867)。弗罗霍克认为有两个这样的术语,即"指令性"(directiveness)和"群体性"(aggregation)(Frohock 1979:865—867)。

而我给出的定义显然具备"群体性"这一特点。只有在一个群体中才会有政治活动。我也同意第一个特征,即"指令性"。弗罗霍克(Frohock)认为"指令性"是"为施动者之间相互行事或是为彼此间的行为提供指令"(Frohock 1979:865),但这些并不是通过指令性的说明来实现。[4]弗罗霍克认为指令性是:

> 在政治思想史中由于人们对权力、权威的关注而体现的,同时指令性也描述一些现代的互动,如讨价还价、在无权威的条件下的博弈、提供理性动机……控制议程和一般性的社会条件等。指令性同时也指那些源于决策和非决策的人类行为,非决策性行为主要包括传统、习惯、一般性的无意识行为(例如地图可以提供"方向"),也包括后者所强调的各类政治内容……在这种情况下,人们相互间的行动并不是源于能够改变事物状态的决策(Frohock 1979:865)。

弗罗霍克试图定义出政治的特殊性，难点在于其包容性。它几乎包含了一切，从“一般性社会条件”到“一般意义的无意识行为”。当我和范戴克首先采纳某些术语时，我们就丢弃了一些意义。

如果我们把弗罗霍克所包含的大部分内容都排除在外的话，“指令性”这一术语恰好可以提供解释。一个群体的成员会告知其他成员或在一定程度上让其他成员知道在这个群体之内应该做什么。他们可以直接告知，就如同“政治思想史”这种权威使我们相信或是间接地通过控制议程决定应该如何行事等等。如果提供指令是政治的核心的话，那是因为一个社会单位的一些或所有成员认为某些事物非常重要，需要专门使用各类资源来解决。当某个成员或某些成员居于主导地位时，就出现了指令。他们说的话就起到了指令别人的作用，而这种指令对事物的发展起了引领方向的作用。

提供指令和引领方向的联系，就如同给予和接受的关系，表明政治与意愿是联系在一起的，或是如范戴克所强调的政治与斗争有关，是“行为体之间由于在一些公共事务方面存在不同愿望而产生的斗争”(Onuf 1960:131, 134)。它表明竞争者们通过利用资源来获得优势。在对于国际关系的一般理解和对国际关系的大多数研究中，权力和斗争是政治中两个无法避免的要素(从国际关系的经典之作的书名《国家间政治——权力与和平的斗争》就可以看出这一点)。此外，政治的“指令性”表明竞争和结果的不对称性。某些成员比起其他成员更频繁地处于优势，因此从中受益更多。

我们还是不得不接受最后这个结论，因为到目前为止，我们还是围绕像国家这样的特殊制度来理解政治。当这些制度不是非常明显时，我们就可以拒绝接受这种观点，国际关系就是这样一种情况。既然此类活动可以免受固定场所的限制，意愿的冲突和无休止的竞争就会在受影响的不同人之间产生很多不确定性，也会使那些受到影响，又需要接受此类结果的人产生很多不情愿。正如我们大多数人所看到的，结果是充满了斗争，却很少有政治的“指令性”所暗示的稳定的不对称性。不同人由于视角不同，对国际关系的看法不同，国际关系也许是一种有自己范围和边界的政治，或许是政治的一个特例，或者是其他的。

把政治和国际关系放在一起，这种模糊做法并不是简单的对术语的随意使用或是由于某种流行的误解所致。当学者们用权力分散、自助，尤其是无政府状态来描述国际关系时，实际是重新建构了这种模糊性。[5]这些术语几乎是同义词，都表达两个含义。首先，国际关系是一个界限分明的独特的社会现实；其次，这些社会关系的独特之处在于即使不存在真正意义上的指令性，仍体现出政治的特点，即权威要素的缺失，政治家们也一直习惯于这样的表达。

政治学是一门关注权威关系的学科，权威关系在能力和结果方面都存在稳定和被接受的不对称性。对此，我们只需要回忆一下戴维·伊斯顿所说的非常有影响的话："政治学是对社会权威价值分配的研究。"(David Easton 1953:129，参见本章结尾)研究国际关系的学者大多受过政治学的专业训练。但是，他们总是说自己是在从事专门的国际关系领域的研究，而国际关系只是一个只有几十年历史的学科。与其他相邻学科的模糊关系更是加重了这一年轻学科的不安全感。斯坦利·霍夫曼认为国际关系应该摆脱历史学和法学，只关注外交史和国际法，这确实激励了国际关系初期的研究，也对其观点产生了影响(Stanley Hoffmann 1977:44)。我认为国际关系还应该摆脱政治学，尽管国际关系作为一个独立的界限分明的社会现实总是明显地具有一些政治特性。

大多数认为自己在从事国际关系研究的学者都就职于政治学系，至少在美国是这样。与在美国国际法学会和历史学会中相比，他们当中的很多人在美国政治学学会中更加活跃。他们也经常是政治学学术期刊的编委，而不是历史或法律学术期刊的编委。在这种情况下，我们自然会认为在近几十年中，国际关系学界的学者们相对而言更加重视与政治学而不是与其他学科的密切联系。例如，国际关系与人类学、心理学和社会学之间只是存在一些偶然的，甚至是为了获取更多机会才与它们产生的相对不太紧密的联系。

这种情况在其他国家是否如此还不是很清楚。例如，在英国，国际关系学者总是对历史和法律感兴趣。然而，正如霍夫曼所强调的，国际关系很大程度上是一门美国学科。正因如此，对于该学科的倡议和所取得的成就、所走的弯路或是经历的失望都是一小部分学者研究的结果。他们都接受某些假定，特别是一些关于政治或是政治学的假定。他们彼此相互支持，相互追随，就如同一群蜿蜒前进的米诺鱼一般，不时变换方向。

国际关系在一所现代大学中的发展与其他学科不同，从一开始它就受到一位学者的激励和示范，他就是汉斯·摩根索(Hans Morgenthau)，其著作在前面已经提过。摩根索对国际关系学科有两个持久的贡献，这也显示出他在国际关系方面的天赋。第一点是他把重点集中在权力与利益的冲突(详见第一章和第八章)，这使政治学内出现了一个新的学科。第二点是他致力于"科学探索"(Morgenthau 1948:4；也可参见 Hoffmann 1977:44)。

《国家间政治》第一版并没有提及理论。然而，摩根索把理论作为"科学探索"最重要的内容。"科学必须研究理论，否则就什么都不是"(Morgenthau 1959:16)。而在《国家间政治》第二版的开篇，摩根索就提到"该书旨在向读者呈现国际政治理论"(Morgenthau 1967:3)。

摩根索认为"科学理论是一个能够被经验证实的一般性真理体系，人们就是为了研究这些理论本身而进行研究的"(Morgenthau 1959:16)。他相信客观的"政治规律"和"发展一套能够反映这些客观规律的理性理论，尽管它们可能并不完美或仅仅只是片面的"(Morgenthau 1959:4)，这一点正如同霍夫曼在 1960 年指出的"作为一整套答案的理论"(Hoffmann 1960:30)一样。摩根索并没有向我们呈现这样的理论。相反，他"独断的论断"引起了读者们的回应，并通过不断的回应、批评、修正、反驳来保留他的理论设计。从这个角度看，摩根索既是一个激励者也是一个陪衬者(Hoffmann 1977:45)。作为系列问题的理论需要引发不同的假设和更加缜密的表述，这是摩根索所没有去追求的一种科学。只有那样，我们才会最后形成一系列清晰的解释和答案，完成一个学科所需要完成的任务(Hoffmann 1960:40)。

霍夫曼后来把对摩根索的这种评价称为"对确定性的探索"(Hoffmann 1977:57)。对霍夫曼来说，这种探索完全是美国所关注的。一个拥有更长历史和改变世界的意识不那么强的国家不太可能进行此类探索。对于詹姆斯·罗西瑙(James N.Rosenau)来说，这种"焦躁不安(restless)的探索"(尽管表达得恰当一点，是学者们焦躁不安，而不是探索本身)对于那些从事科学研究的人来说都存在，无论他们专长于哪一学科(James N.Rosenau 1976:1)。不断进取决定了一个事业的发展。耶尔·弗格森(Yale H.Ferguson)和理查德·曼斯巴赫(Richard W.Mansbach)认为国际关系的兴衰正如他们的书名所表示的那样会对这种“艰难的探索”产生影响(Ferguson and Mansbach 1988)。尽管令我们难以理解的是理论的目标,而不是对“理论的追求”,但是他们的观点非常明确:作为一系列答案的理论以及因此成为一个完整的学科,国际关系学科建立40年后的现在比任何时候距离我们都遥远(可参见 Richard W.Mansbach 1988:23—24)。

并不是坚守于一个学科的每位学者都会谈及探索。这个隐喻对我来说意味着理论是一个“圣杯”,一旦我们发现了它,它就会赋予我们我曾经认为是不可能的超验知识(参见第一章)。但是,我和其他置身于该学科的人一样,按照霍尔斯蒂(K.J.Hosti)所解释的,都有一种混乱感,都感到不知所措。我们是怎样发展到了现在的程度?

提出这样的问题实际是把它归结到历史主义,即接受历史会向某个特定的方向发展这一前提(Mandelbaum 1971:41—138)。在此,为了方便起见,我也把历史划分为几个时代。为此,同斯坦利·霍夫曼(Hoffmann 1977:43—47)一样,我的研究从第二次世界大战爆发开始,到美国作出反应结束。国际关系学科的形成时期主要以摩根索为主导,持续了大约十年[也可参见 Liska 1966:5;奥尔森1971年时使用了另一个划分阶段的方法,奥尔森和奥努夫在1986年对此进行了保留,指出两个阶段都是在“新兴起的学科”中(Olson and Onuf 1986:6)]。下一个阶段,即1955—1965年,乔治·利斯卡(George Liska)称之为“英雄的十年”(Liska 1966)。如果“第一阶段是发现的十年的话”,第二阶段就是“努力征服、探索的十年……”(Liska 1966:5)。这一阶段,学者在数量上很少,大多是年轻学者。每位学者都高度概括国际关系的运行方式,而每一种都和其他的毫无关联,但是每一种都认为自己抓住了国际关系的核心。

这是一个充满希望的时代。利斯卡本人也是这十年当中的英雄之一,他发表了自己的著作,捕捉到了这些希望,但是也很快意识到了这个时代所面临的严峻问题。

> 我们努力实现突破,来建立一种理论研究的新模式、新层次和新范围,这些将使传统的分析和概括方法过时,使国际关系成为一个精确的社会科学,这将极大地激励新的研究视角。但是,从一开始问题就在于我们如何把那些精炼、缜密、抽象的如同公式般的理论与粗略、适时而变的国际关系数据联系在一起,如何来提供更好的观察和

解释，而不是单纯地解释那些过于负重的论断和术语。这样做需要我们参考新的问题和数据，它们会有助于我们提出新的解释，对于国际关系本身而言也更加有意义(Liska 1966:6)。

1965年至1975年的十年里，学者们为解决利斯卡所提出的问题付出了诸多努力。人们自然把更多的注意力从理论转移到了研究方法上。巧合的是，大量的资金支持以及计算机在美国的使用使学者们能够对国际关系进行更多的实证研究。但是，我们发现这样的理论还只是局限在一定的范围之内。例如，蒂娜·辛内斯设计了关于军备竞赛的模型(Dina Zinnes 1976)。罗伯特·杰维斯(Robert Jervis)借用社会心理学的知识提出了关于错觉的假设。尽管它们是处于理论的边缘地带，也不是摩根索所关注的理论核心内容，但这些研究同样显示出了活力和可信度。受托马斯·库恩(Thomas S.Kuhn 1970a)所描述的“常规科学”的影响，许多学者都致力于解决问题或是疑惑，把“知识积累”视为自己的首要关切(Rosenau 1976a:142—215)。

在1975年到1987年，在这第二个十年中，人们不再资助那些大型的研究项目，对于研究方法的兴趣也不断减少。研究界又出现了理论研究的复苏。在美国，在公共政策领域一直存在对摩根索的世界观的质疑，这种质疑也对这一变化起了一定的作用(Ferguson and Mansbach 1987:104—106)。美国的国际关系学更加开放为一个与之前的理念世界并不适应的学科，开始关注国际关系如何发生以及应该包含哪些活动，人们开始更多地讨论诸如“依附”“世界体系”“相互依赖”“跨国关系”等概念。

20世纪70年代末，在“英雄的十年”间不同理论之间的竞争所产生的不连贯性持续扩大。也许正是为了应对这种不连贯性，同时也为了应对人们对于美国世界地位的变化而产生的焦虑(Ferguson and Mansbach 1988:106—107)，很多学者重回摩根索的政治观，不再把权威视为国际关系的核心，而是认为经济问题毫无疑问也是政治的，经过人们的努力也会发展为严谨、精确的理论，这就扩大了国际关系的核心内容。这种新—旧理论的发展取向也使肯尼思·华尔兹(Kenneth Waltz 1979)和罗伯特·吉尔平(Robert Giplin 1981)的理论更加重要，尽管它们并不相似。在这个时期末，我们也看到一位更加年轻的学者(Snidal 1985a)，他的代表性理论作出了新的论断，他与前段时间相比可以称得上是年轻的英雄(如

Kaplan 1961)。

当国际关系学在1975年至1985年之间经历了一次理论复苏时,很多其他学科以及学术界也在经历一些变化。一个共同之处在于很多学科都开始排斥把实证主义作为理论的核心特征,反对将其作为研究的主要方法。实证主义对很多学科来说都是从学科的创建开始到20世纪70年代中期一直居于主导地位。在近些年,阅读国际关系学科之外的书籍实际是在汲取后实证主义的营养。这也是一种令人振奋的经历,人们开始要挑战原有的思维模式,通过不同的思考为理论注入活力。

自1985年以来,国际关系学界的很多学者一直专注于巩固70年代的研究成果,这也包括证实已有的理论观点。这样做的问题在于人们不需要为重回早些时候对研究方法的关注而付出代价并分散自己的研究精力。对于这些学者来说,他们的解决办法就是进行案例研究,之后进行非正式比较。他们也引导自己的学生这样做。尽管这样做非常谦逊,但是其后果是使国际关系学科丧失了方向。一些学者意识到这种停滞后,开始采纳一些其他学科已经使用的批判方法。

在他们当中比较引人注目的是理查德K.阿什利,人们认为他引领了"国际政治的社会批判理论",他主要是受到后结构主义的启发(Richard K.Ashley 1987, 1988)。后结构主义主要受两位法国学者米歇尔·福柯(Michel Foucault)和雅克·德里达(Jacques Derrida)的影响,他们在美国的文学批评领域备受关注。后结构主义批判理论"利用语言来推翻自己",德里达称之为"解构"(参见Norris 1982,他对此进行了充分介绍,此处引自一个章节的题目)。后结构主义摒弃西方的理性主义假定以及基于这种假定的所有理论,认为一切都是通过词语(words),并用词语建构的,所以通过解构进行反方向研究是一个非常可取的研究方法。

在过去几个世纪里,西方的一个伟大成就就是奠基了理论大厦:理论是一整套理念和目标,是一个事业,是我们对这个世界和我们本身的一种简洁概述,是我们判断的基础。后结构主义者和事实上多数后实证主义者对这座理论大厦的大部分驳斥之词是为人们所接受的。我赞同其观点,但并不认为我们因此就要放弃对理论的追求和研究。因此,我赞同福柯的"摒弃'事物'"(dispense with things)的警告(参见本书第一部分的引言),不仅仅是把它作为一种批判理论,而且将它作为构建国际政治社会理论的一个指导原则。

这就是我和阿什利的不同之处。在阿什利阐述理论的过程中，如果不涉及他所摒弃的西方理论的话，他就无法谈论理论。他至多所能做的就是“从更远、更高的视角纵览”(Ashley 1987:408)。我在此处引用包含这句话的段落，以帮助我们更好地理解：

> 有意识地放弃我们对所知事物的一些固有观点，比较恰当的是从一个更远、更高的视角纵览人们所建构的国际关系史。恰当的做法是采取一种近似于米歇尔·福柯的谱系研究的态度：“能够解释知识、话语、知识的范畴等的历史形式，而不需要参考某个学科，无论是超验于某个领域的某些事件还是通过历史追溯一种空洞的身份。”
>
> 从谱系研究的角度，最值得我们注意的是运动性、非连贯性、碰撞以及对于人类经历的多元力量和多元理解的相互作用。任何事物都不是最后稳定的，不存在永恒不变的事物，没有固定的意义，没有可靠的理论基础，没有完全的秘密，没有最终的结果和历史极限。如果从远处看，只存在理解，而理解本身可以被理解为发生在人类历史上的一种统治实践。历史本身也是基于理解之上的一系列理解，没有什么是最根本的，所有的都是任意的(Ashley 1987:408—409)。

显而易见，方法必须通过采用一种更远的视角与理论一起被摒弃，包括大多数后实证主义者所唯一接受的理解的方法。那么，对于近处又如何处理呢？后结构主义认为政治就是一种言辞颠覆，是一种言辞游戏。由于这些活动缺乏一种明确的方向，否定理论，并且方法拙劣(Megill 1985:227—231, 284)，因此都不会令任何人满意，也不会扭转像国际关系学这样一门学科，因为国际关系学所基于的是与文学完全不同的系列前提。对文学来说，其最基本问题是批评，而不是政治，人们为了乐趣而阅读是文学的最主要特点。

范　　式

人们认为国际关系所研究的政治问题已经不在政治学的研究范畴

内,这种看法使国际关系成为一个界限分明的独特的社会现实。同时,这也使国际关系成为一门独立的学科。这种看法并无特别之处。所有的学科都是由它们的独特之处构建而来,这也使它们成为更加广义的社会构建现象的一个典型例子。

声称构建一个学科还不仅仅如此,它们还起到一种范式的作用。"范式"这一术语主要是从库恩(Kuhn 1970a)那里借用而来,使用非常广泛,有时人们对它的使用甚至不够严谨。它主要强调一种"建构方案"(construction project)。在库恩著名的关于自然科学范式的论述中,这种方案为学者们提供了一种"范式理论"(Kuhn 1970a:26, 27),显示出他们的兴趣所在以及以往理论所不曾解决而需要解决的一系列困惑。[6]而很多解决方案更加清晰,也强化了以这些活动为导向的理论,这就是常规科学。如果不能做到这一点,慢慢积累起来就会威胁到理论的完整性,这时就需要人们以一种新的、更加有力的范式理论来解决那些现有理论所无法解决的理论困惑。人们需要不断重复这样一个过程。

在自然科学中,可以解释现实、解决困惑的理论会为科学提供方向;而对于社会科学来说,关于现实的断言,正如前文所提到的建构性断言,会为解决困惑及产生理论的科学提供方向。[7]社会科学有很多元理论,把很多建构性断言以某种合理的一致性理念聚合在一起。然而,社会科学的很多元理论与很多自然科学中的理论非常相似,它们也使人们相信支持这些理论的学者们必须有自己的学科主张和规划,同时也为学者们提供了一系列需要解决的困惑。

同样,这些学者们也充分意识到他们的元理论在解决困惑以及支持或挑战那些元理论方面无法提供更多帮助。而应对这些局限本身就是一个探索的过程。同样的探索也给国际关系学界的学术研究带来了活力。每个学科的学术群体都在追求适合自己的范式理论,而他们所提出的那些理论要么太狭隘要么太模糊而无法满足需要,所以会引发不断的自我批评,最后甚至会令人异常沮丧。

对于国际关系这一学科而言,人们所谈论的困惑是面对无限制的政治活动,国际关系所呈现出的秩序、平衡或合作以及国际关系对秩序、平衡与合作的需要。为什么无政府状态没有被混乱所替代?简言之,关于国际关系的构成性观点本身就提出了很多困惑。一个可能的范式理论必须要能够概括出解决这些困惑的办法，解释哪些只是出于一种建构目的而规定为如此，也就是说要解释国际关系的社会现实为何呈现权力分散、自助或是无政府状态。

我不相信国际关系学科内将出现一种范式理论。我甚至认为这是不可能的，主要原因是我对无政府性是国际关系的核心特点，是国际关系的最基本特征这种论断存有疑虑。我不否认国际关系存在一些无政府事件，但是这些事件总是在一些特定的条件之下才发生，而这些条件的特点是需要我们重新思考的。

因此，我针对这些条件提出并解释了另外一系列观点。在这个过程中，我借用谢尔顿·沃林对库恩范式理念的扩展（Sheldon Wolin 1980），对国际关系是否可以或是在多大程度上可以构成一种“可操作范式”（paradigm of an operative kind）提出了质疑。可操作范式是指那些从事或观察人类实践活动的人们对那些一致的活动所归纳的一种实践集合，并把它们与其他实践区分开来。那些在最大程度上被视为一致的活动进一步被认为是一种自然的客观现实。

库恩的范式模式基于自然科学的规律和原则构建了这些学科本身这一前提，但是它们并不能构成我在此所说的与它们所对应的操作性范式。物理学家们坚信物理是“自然”的一个组成部分，是一个独立、界限分明的学科，其连贯性体现于其所独有的特点；其他学科也基本都是如此。这就是人们是如何对待事物的，这使其对于可操作性目的来说具有了真实性。即使当物理作为一种学科经历一些范式变化时，它还是具有一种与物理学的操作范式本身相对应一致的身份。面对一系列的学科变化，物理学本身也在被不断重新定义。

对于库恩来说，操作性范式是自然存在的还是社会建构的并不重要。[8]无论是针对哪一种，构成自然科学学科本身的各种观点只是对操作性范式稍有影响，并不产生范式活动，而理论却不然。理论的这种生成力，至少在库恩的模式中，是源于它们永远不足以表象完全独立的现实这样一个事实。而对于一些像文学那样的学科，这样的事实却存在。如果以操作范式形式存在的自然现实可以被理解为可以与其相应的学科范式区别开来的话，那么对某些特殊的文本是不是文学这样的范式观点人们是无法使其与具体的文献相区分的。换句话说，文学并不是一种操作范式，缺少学科指示(disciplinary cues)的一系列人类实践也都不是。

社会科学实际是处于物理学和文学之间的某个中间位置。它比自然科学所具有的操作范式更明显，社会现实以及由此而来的操作范式只能通过人类实践建构而来。代表社会科学学科的各类构成性观点以及它们所产生的学科都属于这类实践。显然它们对整体产生了影响，其他一些更多的实践也是如此，更不用说物质条件了。在某种程度上，经济是经济学家教我们所想的那样，所以经济学家把经济说成什么样，经济的运作就是怎样。当然，因为经济学是在很久以前就已经被建构出来，任何一种激励经济学发展的操作范式都已经被这个学科以学科的名义而改变了。

对于国际关系而言情况不尽相同。国际关系学科本身在建构过程中坚信它是与一种操作范式相对应的，这就是国际关系学科所说的国际关系本身构成了一个界限分明的社会现实。如果我们认为这种现实是由一系列界限鲜明、变化缓慢的主体——可以简单地称之为“国家”——所从事的全部活动的话，这种说法还是有些道理的。而历史的具体性，正如“西方国家体系”这一术语所表达的，也更倾向于以一种操作术语来审视国际关系。实际上，这种观点对很多人来说都比较有说服力，因为他们自己并不想冒险去构建一门学科。如果国际关系学科不存在的话，国际关系也还是会和人们现在所看到的一样，并且会一直持续下去。

说了这么多，我必须重申我对国际关系建构了一种操作范式的质疑，就如同把国际关系学科建构为一种学科的前提一样。这一点就好像国际关系学科的一些建构性观点和早期的发展所产生的模糊现象所揭示的那样。当认为无政府性是国际关系所应对的特有条件时，这绝不表明西方国家体系是国际关系可以研究的唯一具体案例。但是，自从20世纪50年代以来，国际关系学领域的很多学者都这样认为(详见Onuf 1982a)。正如上文所示，我也不认为西方国家体系是无政府性的一个好的例证，即使在这个体系中有很多重要、无法协调的活动偶尔满足了无政府性的条件(在第五章我将对此进行系统阐述)。更糟糕的是，最近的学术研究都坚持认为国际关系的特点是无政府性，结果是阻止了国际关系学界的学者们去思考国际关系真正的操作范式：成分混杂(heterogeneous)、杂乱无章(amorphous)、难以理解(elusive)。

我们至此就比较清楚应该怎样做了。我们应该寻求一种实践整体，其连贯性并不是通过或是源于已有的社会科学学科的建构性观点或是由它们来体现的。我们必须放弃这样的思维，即每个学科的范式应该和它自己独特的操作范式相对应。如果我们抱着一种怀疑的态度，那么构成这些学科的观点，尤其是那些不仅仅是一个人提出的观点，就可以使我们产生能够跨越当前社会科学的操作范式。这样的范式可以有三种。

也许会令我们感到惊讶的是，第一种可能是由社会科学中最可行的也可能是最强的学科范式提出的，即微观经济学。作为经济学的核心组成部分，其理论具有高度的特殊性，也有很强的解释力。它的主要特点是假设人都是理性行事，即使用一切办法使自己的利益最大化（关于理性的内容，详见本书第八章）。我们可以简单地理解为微观经济学理论把这个假设限定在市场这个特殊的社会现实之上。

市场是指在独立的实体间所进行的任何大的系列交换（成对的选择）。在这个过程中，交换通过一种中间媒介而实现，其中涉及交换率或是价格的计算，否则交换过程就无法协调。通过限定使用的范围，作为一种独特的学科努力，微观经济学理论构建了微观经济学这个学科。市场交换是不需要协调的，其假设是市场上的任何一个单一交换活动都不会重要到需要干预的程度，这就划定了经济学与其他邻近学科如社会学、人类学和社会心理学之间的界限，甚至是与政治学和国际关系学的界限，在这些学科中政治总是以这样那样的形式普遍存在。

第二次世界大战后，精通微观经济学理论的学者试图扩大它的应用范围，首先希望它涵盖因公共福利政策而产生的另一种新的社会现实。因此，这些学者在使用政治学领域的内容方面最为成功。他们研究出了很多解决系列问题的精致且令人满意的解决方案，既没有挑战政治学家的意愿也没有回避他们关注的问题。这种超越出市场范围的变化对于微观经济学理论的特殊性和解释力来说并不需要付出什么代价。实际上，人们认为微观经济学理论变为了一个概括性更强，且发展迅速的关于社会选择理论具体而又高度完善的案例（关于社会选择理论，参见 Bonner 1986；关于正式的论述，参见 Schwartz 1986）。支持者们认为我们应该认真思考涉及权威的各种关系，这当然是建构一个新的、范围更广的学科观点，即政治经济学，对政治经济学来说社会选择理论被视为一个合适的范式理论。[9]

每当某一学科赋予“理性行为体”“利益”等术语以范式意义的时候，社会选择理论家们都会认可他们理论的实用性，无论这种语境是市场、投票还是战争。这些相关的实践扩展到几个甚至是所有的社会学科。一旦我们放弃了学科的先入之见，我们就可以看到确实存在这种连贯性，我们可以将其视为一个长久的标签：政治经济学后来所反映的操作范式实际是自由主义。[10]在这种情况下，作为政治经济学社会选择的范式理论来源，微观经济学成为自由经济学的核心，这一点就不足为奇了。而自由主义为政治学提供了一系列相悖的论述，它们只有借助社会选择理论才可以解决，也是这种情况。社会选择理论所持的后续观点，即国际关系是纯粹无政府性的（Young 1978，Oye 1985a）也就不足为奇了，因为无政府性就是自由主义达到极致的一种状态，对于理性行为的唯一限制来自物质条件。

如果国际关系处于完全的无政府状态，那么国际政治经济学是对国际关系最完美的描述。如果无政府性是国际关系的一个一般性条件，那么国际政治经济学可以通过市场失灵（Keohane 1982：332—337；1984：80—83）来解决国际合作中的一些特殊情况。如果像我所坚持认为的国际关系并不是处于无政府状态，那么国际关系就大多是处于自由主义的操作范式之外了。国际关系学是基于国际关系本身构成了一个连贯的操作范式这样一种假定而建构起来的。在这个假定之后还存在另一种假定，即国际关系的实践实际上和任何接近于自由主义的人类活动一样接近于自由主义。只要国际关系不被概括并列入自由主义的操作范式中，国际关系学科就只是一种自由主义的幻想。

马克思主义可以为现有的学科提供第二种操作范式。生产关系与自由主义的交换关系相对应，它们并不比市场这个概念更抽象。马克思主义在批判自由主义想当然地把市场视为操作核心之后，认为另一种可能是基于物质至上的生产方式。自由主义对马克思主义的这一特征表示质疑，主要出于以下原因：他们认为这种决定论与哲学意义上的决定论是格格不入的，其辩证逻辑过于简单，关于19世纪进化论的普世语言也是过时的，关于物质基础的概念也十分杂乱。

尽管大多数怀疑是有价值的，但是它们并不足以否定把生产关系作为一种操作范式的观点，而对自由主义的批评也是如此。当然，自由主义也认为封建主义和资本主义都十分重要，它们如马克思主义者所说的，都展现了与独特的生产方式相关联的历史经历。自由主义的批判以马克思主义的意识形态和纲领影响为核心，这些正是马克思主义者从一种不可否认的操作范式的建构中所汲取的。由于某些派别原因，与保留某种特殊的建构相比，当前的很多学者对阐述某种操作范式更感兴趣，结果就是在“政治经济学”名下的学科范式迅速发展。因此，正如我们所看到的，在“政治经济学”下面实际有两个分支，一个是自由主义，一个是马克思主义。从表面看，生产关系对于一个社会单位来说更重要。马克思主义的操作范式无疑是以政治经济为中心，但是对于马克思主义的学科范式来说并不一定如此。

卡尔·马克思(Karl Marx)是以劳动价值理论为出发点和理论基础来发展其资本主义的系统理论的，这是与当前的马克思主义政治学最接近的范式理论(可参见 Weeks 1981)。这一理论的生命力在于它在其术语中排除了那些资本主义社会认为非常重要的政治活动，政治只是被定义为产品价值和剩余价值分配之间的直接联系。

劳动价值理论从经济方面阐述了剩余价值，这主要是从市场角度，而不是从政治角度，当然一些模糊的情况除外，如一些剩余价值被用来支持权威的关系、支付国际关系中的一些费用等。其次，专门的理论大量存在，如列宁的帝国主义理论，但是它们缺乏学科的连贯性。很显然，马克思主义政治经济学，如同自由主义政治经济学一样，并不是一种具有能够适应全部政治经济理论范式的学科。因此，它也不能够替代与其竞争的其他学科，如自由主义政治经济学、政治学与国际关系，无论这些学科本身具有什么样的局限和缺点。

第三个可能的操作范式是在跨学科之间。它与自由主义和马克思主义的操作范式有些重叠，尽管其连贯性并不依赖于自由主义和马克思主义。作为一种操作范式，从历史角度看，它还是与政治和社会理论有很多关联，但是与它们并不完全相同，尽管它与马克思主义和自由主义范式相关。当沃林在谈到以下内容时也想到了这一点：

> 我们把政治社会本身视为一种可以操作的范式。从这个角度看，一个社会本身具有一系列惯常的政治实践、制度、法律、权威结构、公民身份以及有组织的、相互关联的信仰。一个政治上有组织的

> 社会包含特定的社会安排，对于权力的归属和权力的使用有共同的理解，对于权威阶层如何对待社会成员存在共同预期，期待一个社会可以公正地对待其社会成员……。这种实践和信仰的聚合本身在某种意义上就形成了自己的范式，这个社会会依此继续延续它的政治活动（Wolin 1980：183—184）。

沃林对社会现实的这种认识虽然有些无所不包，但还是有自己的范围。这主要依赖于它的循环论证和对于界限的组织形象化的描述，它们能够为社会提供界限（政治社会只要是延续了政治生活就是一种范式）。值得称赞的一点是他（两次）使用了“权威”一词，但是并没有赋予其突出地位，更没有说权威关系限定了范式的范围。如果沃林用权威来界定建构一个政治社会操作范式的全部实践的话，他的观点就可以和伊斯顿所认为的政治学是关于“一个社会中价值的权威性分配”的观点相一致（Wolin 1953：129）。而接下来，尽管沃林自己没有这么做，但是哈里·埃克斯坦（Harry Eckstein）精炼了伊斯顿的观点，把国际关系从这种操作范式中分离出来（Easton 1953：138—139；Easton 1965：387；Eckstein 1973：1157—1158）。

沃林不赞同使用政治的狭义概念，尤其是像伊斯顿和埃克斯坦在使用范式时所指的“权威”的含义。这样，沃林对于什么是操作范式就不可能提出一个更好的理念，而只是列举包括国际关系在内的政治实践。沃林所列举的内容在引领我们向与政治社会的操作范式相一致的学科范式迈进方面并不是非常有帮助。

我们首先需要努力的是在沃林的著作及其他所列举的类似著作中找到一种共同的特征。也就是说，我们必须找到一种概念性的术语，使其能够概括我们希望包含在这个范式之内的所有实践。我认为政治社会的表现存在两个概括性特征。一个是规则的普遍存在，这些规则引导人们的行为，赋予行为社会意义。政治社会的第二个特征是当规则在一个社会中产生了不平等的利益分配时，就产生了统治。统治的普遍存在体现了人们赋予优势统治（advantages rule）的重要性，这些统治通过规则使他们获得和保持某些优势。当然，人们也利用资源来获得某些利益，但是这也总是和规则相关。人们恰当地命名了政治社会的范式，因为它把一个社会的必要条件和政治的必要条件不可避免地联系在一起，社会的必要条件是规则的存在和不可避免性，而政治的必要条件是不对称社会关系的存在，我们也可以称其为统治的条件。

我在本书后面的章节中还会讨论这些特征和它们的影响。我现在认为它们在建构政治社会操作范式的特征方面是可行的，也应该构成任何一个与操作现实相对应的学科范式的基本因素。但是，接受这种观点并不意味着以政治社会的一般特征为中心，可以引导任何一个学科范式的理论就要来临。

沃林明白西方政治传统中的“大理论”(great theories)是为了应对政治社会的运作现实而产生的[Wolin 1980:182；沃林关于“叙事理论家”(epic theorists)的论述可参见 Wolin 1969:1078—1080]。但是，它们都不足以成为一种范式理论，它们都是在建构政治学和国际关系学的过程中被选择性地使用，从而建立了各自的元理论。这些说明在建构一种新的学科范式时，同样的方法也可以使用。在此，我可以不谦虚地说本书实际是在朝着这样一种范式迈出尝试性的第一步。受沃林的启发，第一步我是依靠过去的一些好的理论，但不仅仅局限在西方政治领域。如果把重点放在政治社会的话，那么一些社会比较理论也同样相关。

在使用这些材料的时候也同样要有选择性。一旦作了选择，我会非常仔细地研究这些材料。仔细阅读文本是哲学中一个非常好的方法。我在此处所作的努力并不是哲学方面的，而可以被理解为在通晓哲学的基础上来研究社会科学。也许有人会引用杰弗里·亚历山大的话问：“为什么要阅读，而不是直接讨论当前的实际问题……？”(Jeffrey C.Alexander 1982:1)我的回答与亚历山大相同。我进行细致的阅读是“因为从某种批判的角度，我们是通过‘理解和再理解’经典作品而进行社会科学中最基本的讨论”。换句话说，我认为这种方法为学科建构提供了一系列材料，并因此收到了回报。

在本书中，我也会接着进行第二步。我的细致阅读是想以更广的范畴来发展一种政治社会的操作范式。准确地说，我认为有三个类别(categories)的规则。可以将这里的类别理解为我们传统意义上的“抽象容器(abstract containers)，在其内外都有东西”(Lackoff:1987)。这些规则是来自语言，人们通过使用语言进行断言、指示和承诺，这些规则使人们履行各种社会行为，达到各种目的。

一旦意识到这些分类之后，在很多文本中，无论是古典的还是现代的，我们都会看到它们的存在。我们可以在很多国际关系学者所提出的国际关系是无政府性的很多大理论中看到，它们在讨论统治的条件时也非常突出。因为这些分类对于规则和统治都适用，我认为他们非常支持规则和统治这一对对于政治社会起决定作用的因素，因为它们影响人类的所有实践。而对人类实践来说，政治社会是一种运作方式，对于厘清学科建构所需的那些要仔细阅读的材料而言，它们是必不可少的。

我的研究方法没有什么新颖和奇特之处。我是回溯到亚里士多德的理念。确定类别的前提是在每个操作范式内都有一些实践的节点。我们可以将这些理解为人类在面对自己的社会存在时对于一些困惑或难题作出的反应。这些难题或困惑的解决办法经常是被代代相传，或是被广泛传播，或是被再发明创新，但是这些都还是会体现出一种连贯性或一致性，观察者们会把这些归为一种典型特征，这些特征对构建社会发挥着重要作用。这对马克斯·韦伯（Max Weber）来说是最理想的类型（Shils and Finch 1949：90—110）。当然，这种标签也有误导作用，因为人们会普遍认为典型化（typification）这种行为只是在观察者的思维中才会出现。

正如我们在“范式”这个术语中所看到的，实践趋势和观察者的描述是被分别建构的，但是二者会相互加强，这也正是韦伯的观点。[11]韦伯是在一个大的实践范畴下来理解实践与描述的互动的，而不是从内部看其连贯性，自由主义就是这样一个例子（Shils and Finch 1949：97）。他也会在一个小的范围内和不断重复的实践中来理解，这种连贯性即使是对于身处其中的人也是显而易见的。前者就是我所说的操作范式，后者是典型的困惑解决办法，但首先是由最先解决的人来进行。只要这种被典型化的困惑解决办法在联系实践和描述方面与范式共享一种建构功能，我们就可以在某一点上称其为范式，或是更具体一点称其为困惑范式。

如果仔细阅读，我们就可以看到观察者们对于困惑范式的理解。这些也是重复发生的。它们经常是高度抽象的，观察者们经常把它们称为“纯”类型。如果像韦伯所说的（Max Weber 1968：215；详见第六章）在一个政治社会中只有三种类型的统治的话，那就表明对于那些人类使用统治获利的问题也只有三种解决方法。我也认为对于统治问题只有三种持久的解决办法。它们和韦伯的三种方法不尽相同。我认为我所说的三种是比较纯正的三种。

实际上类型不可能是完全纯的，因为它本身就是事物的集合，也包括实践的集合，所以没有固定的界限。所以，我们会以元类型（proto-type）、模式化类型（sterotype）（Lakoff 1987）和范例（exemplars）（可以对比注释7）来代替纯类型。但是类别可以是纯的，“一个容器形式可以被称为‘纯形式’（pure form）”（Lakoff 1987：354）。这时，界限必须特别分明，成员非常明确或是在内或是在外，不可能在之间。为此，观察者也必须制定明确的分类标准，以此判断可以包含谁。[此后，我所用的“类别”都是指“纯类别”（pure categories）。][12]没有一个类别是独立存在的。至少，它是成对出现，因为所有的候选者如果被一个类别排除在外，就必须是另外一个类别的一员，这个类别就是被第一个类别排除的那个。换句话说，把困惑范式类别化就如同其他事物一样需要一个划分体系。

与韦伯不同，我尝试以类别把统治的困惑范式相互联系起来。每种类别的统治与三种类别的规则相对应，这些规则本身就是为了相应地解决由语言的社会特点所提出的问题。这些困惑范式的建构者与使用者不需要把这些范式同它们赖以产生的操作范式联系起来，但是实际上却经常甚至总是如此。[13]学者们如果想以类别来进行典型的划分，使各类别保持纯正则别无选择。如果没有类别，他们就不能提出理论，就无法建构一个学科。

把各种类别系统地联系在一起的分类体系也是通过实践和观察者的描述建构而来。我采纳罗伯特·默顿（Robert K.Merton）和塔尔科特·帕森斯（Talcott C.Parsons）的做法，把它们称为编码范式（codificatory paradigm）。[14]它们位于困惑范式与学科或是操作范式之间。怀特·米尔斯把帕森斯的建构嘲讽地称为“宏大理论”（grand theory）（C.Wright Mills 1959b：25—49），认为这样的努力不会受到学科的青睐。但是近来，人们对于“大理论”又开始重新感兴趣（Skinner 1985）。福柯的作品就是个例子，尽管证据表明他只是想揭露或是发明（Megill 1985：234—236）那些不被认可的操作范式。安东尼·吉登斯（Anthony Giddens）以及哈贝马斯也为手头所进行的研究列举出其他的事例。

从宏观角度看，这些努力都不是理论，不能指引学科的范式理论，因为它们是跨于当前的各社会学科之间，有些像一个学科建立之前的“大理论”，更可能是编码范式。它们是为了操作范式而设计，比当代的社会学科范式包含的内容更广泛。结果是它们削弱了现有学科和它们的元理论。所谓的大理论并不是没有再次指引一个学科的可能性，实际上这恰恰是它们出现和被接受的一个原因。与正常的科学的特征不同，大理论的出现正是说明了当前学科中不断增加的问题。

大理论是一种我们不能忽视的编码范式。我曾经研究了几种这样的理论，不是希望从中找到些支持，而是有更大的抱负。我希望把我的编码范式在“社会理论”方面加入到其他范式之中，因为没有什么更好的做法。当社会理论获得了一致性，它会取代那些不可信的学科范式。如果这些学科要持续发展下去，它们将依赖那些范式观点，即人们可以区分出那些操作性弱的范式，但这并不会推翻赋予其独特性的理论意义。

国际关系学的重构需要它去除现有的虚夸。如果我们将其视为放弃国际关系学科（该学科现在的样子）和国际关系现有理论（国际关系学特有的理论）的话，我同意这种观点。但是，我并不是说对于国际关系理论不抱任何希望。国际关系理论在国际关系以及在政治社会的操作范式中都至关重要。与其他政治内容不同的是，国际关系是本书的重点，主要是因为我对国际关系思考得更多。这也是我对这一学科的贡献。

本书规划

大多数书，即使像这本书一样无比抽象，都是按照作者的计划在讲述一个故事，有些非常连贯，有些连贯性会弱些，作者有时会把计划明确说出，有时则不然。当然，也有些例外，如路德维希·维特根斯坦的《哲学研究》(1968)，本书的第一章会讲到。有些当前比较流行的批判主义建构模式也是如此。现代小说或者是作者有意不提供任何计划，或者我认为经常是作者故意来误导读者。本书是现代性的[本书将明确定义“现代”(modern)和“现代主义者”(modernist)]，这种理性说服的传统一直主导了西方思想几个世纪。本书的计划是带着读者逐步深入，我也会尽量向读者表明每一步，而每一步都会自然地把读者引到下一步。在最后，如果能够成功的话，读者会自然接受我的观点，而不是又沿着原路返回。

我会进行两次论述。两次得出同一结论与一次逐步得出结论相比无疑要更有说服力，但是，也许与两次说服相比要差一些。我所作的两次漫长的努力并不是突然结尾，我还需要考虑美学的因素。所以，本书采用两种形式，两个部分相互对立和补充。在章节的安排上也体现这种对称性。按照结构主义的语言(参见注释 13)，第二部分的四章是第一部分四章的分别演变。第一部分与第二部分整体上也是如此。[15]因为第二部分的第一章是第一部分最后一章的演变，它们一起把本书的第一部分和第二部分联系在一起，就如同一个合叶，可以使前后相互翻转，彼此呼应。第一章和最后一章也是彼此的演变，就同一个扣环。本书的最后也是以开篇提出的问题结束，自然结尾。第二章、第六章、第三章、第七章也是彼此的演变。每章的观点不断向前推进，而不是生硬地捆绑在一起。

如果这些看上去还比较艺术、设计精巧的话(当我写的时候，感觉是这样)，我可以说实际上所有讲述一个故事的书都是如此，但经常是无意识的。我自己比较强的跨学科兴趣使我更加注意这些方面。而且，这也使我不再相信书不是艺术建构的。遵循周密计划的艺术更能够说服别人，至少我是这样认为的。

第一部分的标题是“规则”，第二部分的标题是“统治”。第一部分讲述什么是规则，规则的作用是什么。规则促成统治，使统治生效。第二部分讲述什么是统治，统治如何发挥作用。统治实际是以规则为媒介，因为规则可以转化为统治，统治可以生成规则，这样每个部分的各章节就可以彼此呼应。也许人们会认为规则和统治的对立实际是在重复社会科学研究中微观层次与宏观层次的各种现象。这种对立的力量与重要性无可否认。但是，第一部分和第二部分并不是按照微观和宏观的对立来组织的，因为我在第一章阐述的建构主义观点实际是在强调微观现象与宏观现象之间的互构。在互构过程中，因果与时间关系都不是非常重要。我对规则和统治的建构总是在宏观和微观之间思考，如果我开始把注意力放在这一点上，而后来又放在另一点上的话，我会总是希望把注意力集中在某一演变点上。

我在第一章讲述了建构主义之后，第二章着重在微观层面理解什么是规则，但是在阐述规则起什么作用时又回到宏观层面。第三章讲述人作为个体如何使用规则，但结论是拥有规则的能力如何建构文化，这又是宏观层面的问题。第四章讲述关于“秩序”的内容，但是从个人的角度以及个人对具体规则的反应来讲述。

第二部分同样如此。第五章讲述无政府性的前提，无政府性实际是秩序的演变，但并不是从宏观到微观的转变。但是，当我阐述在西方的政治思想中无政府性这个规范性极强的概念渐渐衰落，取而代之的是功利概念和社会选择理论的时候，又回到了微观层面。第六章完全以统治为中心，但总是脱离不了规则。第七章开始讨论国际政治中的统治，但是是从拥有技能的个人角度。最后一章是把个人选择通过兴趣、资源和资源的使用联系在一起。这么做不是以个人与自然的对立来代替个人与社会的对立，而是为了改变第一章可能造成的以及后面的章节会强化的印象，即社会建构不需要考虑物质条件和后果。这就是第八章在多次讨论规则与统治、个人与社会后又以社会建构为名重新回到第一章讨论的内容。

规则与统治的对立需要我们进行不同的理解。相当一部分致力于研究规则的著作都反映了作者的中立性。因为自由主义在过去 300 年里一直是西方的中心，中立性观点（centrism）或是适度保守，或是在以自由主义为假定而建构的世界中在规则的帮助下具有一些改善偏好。与之相对，也有很多以统治为核心的作品反映了作者的意识形态和易变的极端主义。无论是马克思主义范式还是统治范式都是位于西方理论的边缘，因为处于中心的是自由主义。那些承认这些范式的操作意义的理论也必须处于边缘，无论你对此感到愤慨还是表示赞同。

我拥有（我是出于讽刺目的而用的这个词）一个自由主义社会的背景，接受的是这样的训练，拥有优越的地位。我可以理解对规则的关注。我也得承认，尼采关于统治的观点以及关于剥削的左翼观点还是比较吸引我的（对于规则也是如此，详见所引福柯之言，第二部分以此开始）。我的建构主义观点可以使我在易变的和极端的思想之间进行选择，而不需要固守某一选择。这样做需要一种超脱的态度，就如在自我中心论中所表现的逻各斯中心主义的（logocentric）态度（在第一章中有详细阐述）以及讽刺倾向一样（在第四章中对此进行了定义，注释 21）。注意到不对称社会关系和剥削社会关系的普遍存在并不是要纵容这种状况。它并不排除个人和自由主义为尽可能改变自己所处的环境所作的努力，也不排除在那些处于优势、与世界脱节的知识分子当中很盛行的厌倦态度。建构主义可以包容这一切，甚至更多。

如果看一眼本书的目录，我们就会看出一种完全不同的对立。第一部分主要对社会关系进行一般性讨论，第二部分主要讨论国际关系。这样做对所得结论有益。第一章基本没有提及国际关系；第二章讨论了国际法理论，尤其强调了当前法理的局限，目的是为讨论根本不依赖于法学理论的规则提供一个背景。另一种观点是从语言这个社会现象开始。第三章继续一般性讨论，从认知开始，最后总结到文化差异。国际关系是第四章的重要内容，尽管该章的开头和结尾都是进行一般性讨论。

第二部分会把注意力更多地放在国际关系的特殊方面，但并非全部。第五章主要讨论国际关系的无政府性，但并不认为国际关系是无政府状态唯一甚至是最恰当的例子。第六章主要是表明统治在所有社会关系中都存在，而国际关系经常被视为一个范例。第七章的主题是当代国际关系中的统治。但是，这些讨论削弱了国际关系领域中传统理解的国家之间与在现代性环境下的其他活动的明确界限。最后，第八章把人们选择的手段和结果与人类赖以存在的物质条件联系在一起，把国际关系作为一个贴切的实例进行说明。

在讨论不是本书的中心对称内容的一些对立内容时，本书在每章进行了简洁的描述(实际是两次)。任何更加详细的讨论都不会帮助读者更好地理解，除非对更多的细节进行解释。这样，就需要每一章都再次重复所有的解释。在每一章的开头，我都会简单列举一下本章的主题。当然，为了避免重复，我并没有在各个章节或是本书的结尾给出一个明确的结论，而是在结尾做了一个概要表，列出了我所提到的三种类别的规则和统治，以及我在整本书中所讨论的一些相对应的内容。

注　释

1. 为了方便起见，学科和研究领域总是用大写，而它们具体研究的内容用小写。

2. 在本书中，我会使用“建构”(construct)和“构建”(constitute)两个词。与我持相似观点的学者们也是如此。

3. 康诺利与弗罗霍克都曾讨论过“群概念”，主要受 W.B.加利(W.B.Gallie)的影响，即很多概念，包括很多政治性概念（他是以民主和正义为例）都是“本质上的竞争”。加利认为定义此类概念的条件是它们来自“一个最初的例子，其权威性得到所有对该概念争议性使用的认可”（Gallie 1962：131）。虽然这个条件有效地消除了一些存在争议的定义的界限，但范围过于狭窄。借助于一个给定概念以及对该概念的使用也可以基于其他基础。

4. 虽然我也接受弗罗霍克关于指令性的标准，但是在讨论是用“指令性”还是其他同源词之后，我决定放弃。这主要是为了避免“指令性言语行为”与“指令性规则”之间的混淆，这一点我在本书第二章会介绍，之后会大量使用。

5. 可以解释为“国际体系是非中心、呈无政府状态的”（Waltz 1979：88）。在无政府状态下，自助必然成为行动原则（Waltz 1979：111）。

6. 加里·古廷把库恩的范式理论的内容称为“超理论”（super-theory），因为它把“规律、方法、形而上学等都聚集在一起”（Gary Gutting 1980：2，12—13）。我认为古廷指出了范式的特点。但是，库恩在对理论进行阐释时把规律和对规律的解释进行了区分。

7. 理查德·伯恩斯坦认为库恩从未想把理论作为他体系的中心（Richard Berstein 1978：243—246）。当人们要他澄清“范式”这个术语到底是什么意思时，库恩指出了两个相互强化的因素：作为共同责任的“社会结构”和解决问题的“范例”或是共同例子。他非常谨慎地指出范例并不是理论或是理论表述（规律或是规则），而是以一种特别明显的方式与理论联系在一起的物质场景（Kuhn 1970a）。但是遗憾的是，这种精确的表述弱化了库恩关于科学发展的模式，因为发展不是来源于对范例的挑战，而是来源于那些挑战理论，从而带来革命，而且一定是理论上的革命。为了与该模式保持一致，库恩在其他处表示：“元科学，如艺术与哲学一样，缺少一些因素，这些因素在成熟的科学中，会允许出现一些更明显的进步形式……这些条件当然就相当于对于一个好的科学理论的描述。”（Kuhn 1970b：244—246）对于与此处类似的观点，参见 Pocock（1971：13—14）。

8. 当前在科学哲学家们之间存在的激烈辩论，主要是由库恩的作品所引发的，辩论主要是围绕科学是否揭露独立于人而建构的事实。我在第一章也会涉及这一点。

9. 支持政治经济学是一个新的学科的人们使用这个名称，至少部分是因为他们认为政治经济学又重新涵盖了经济学最初更加宽泛的范围。当然，马克思主义者从不接受自由经济学家和政治学家关于劳动的分工，有些马克思主义者将关于劳动的分工归属为社会学，还是坚持使用“政治经济”这种说法。这样做的结果是产生了很多混乱：同属政治经济学的两个对立阵营所持的观点完全对立，在从事着毫无关联的学科研究。

10. 我所指的自由主义是把人视为一个独立个体，“各自拥有自己的能力和拥有通过努力所获得的一切，他们之间相互关联”（Mcpherson 1962：3）。关于自由主义的这种论述并不是把自由主义仅仅视为是一种操作范式。所以，对于自由主义机会均等的假定就如同在社会选择理论中一样是不言而喻的（Frohock 1987：

45—72)。从更广义上来说,自由主义对于社会条件的关注也使政治学产生了很多困惑,也使社会选择理论产生了很多特别的相关性(更多论述参见 Frohock 1987)。

11. 韦伯使用了“理想的”这个术语,因为理想的类型是一种“脑力建构”(mental construct)(Gedankenbild,译者们也把它译为“建构”“分析建构”“概念建构”;Shils and Finch 1949:88—93),但不仅仅是一个观察者所看到的。韦伯指出:

> 实践或是理论思想趋势的“理念”与被建构为理解手段的一个时代的理想的典型描述意义上的“理念”之间有一定的联系。某种场景作为从一个时代的某些社会现象的特点中抽象而来的理想类型,可能会总是出现在生活在那个时代的人心中,会成为在社会实践生活中规范某些社会关系的一种原则,这也是经常发生的(Weber 1968:95)。

12. 我应该强调大多数范畴都不是纯的。长期以来人们所持的假定是,概念是容纳某些事物的容器,从隐喻意义角度讲可以扩展到所有谓语(关于容器的隐喻,参见 Johnson and Lackoff 1980:29—30)。乔治·莱考夫把最近的研究巧妙地综合在一起,对以上观点提出了挑战(Georege Lackoff 1987)。人们可以更好地把不纯的范畴描述为家族,就如同理解“家族相似”中的家族成员那样(Lackoff 1987:16),或是像理解“物种”和“属”那样(Lackoff 1987:31—38, 185—193)。

13. 克劳德·列维-斯特劳斯认为范畴化和分类,在文字出现前的社会经历中非常明显,它们是认知作用的一个普遍结果:人的思维,就如同计算机一样,一直在进行二元运作,它们在一个变化的体系中不断地进行分类、再分类(nests and compounds)(Claude Levi-Strauss 1966;参见 Gardner 1981:133—144 有用的总结)(这里的 nests and compounds 是指大脑通过二元运作,首先基于事物的相同点,把它们分为不同的类别,之后又再次对这些事物进行分类以显示它们之间的区别,其结果就是一个“变化的体系”。也就是说,大脑一直在进行多个二元运作。当大脑在初级二元运作的基础上进行次级的二元运作时,这些次级二元运作会改变部分初级二元运作的方向,因此会带来整体体系的变化。而对于体系来说,我们通常是以一系列类别来表述的。——译者注)。这种结构主义观点给我的感觉与社会选择理论的观点相一致,社会选择理论也是以二元运作的重要性为前提来选择,但是没有思考这样的运作是如何产生所选择的范畴的。我不否认二元运作的重要性。甚至这本书也是在它们的基础上组织的,就如同我们现在所看到的这样。但是,我怀疑它们以及相关的运作是否包含了人的认识能力的全部,这一点我会在第三章谈到。

14. 默顿(Merton 1968:64—72)和帕森斯(Parsons 1978:352—353)(帕森斯也是通过默顿才这样做的)从 20 世纪 50 年代就开始参考编撰社会学的研究,使用了“范式”一词。“如在此理解的,编撰主要是把成功的研究步骤和通过使用这些步骤产生的结果进行有序和紧凑的安排。”需要注意的是,默顿并不关注社会学的元理论。而“理论”是对什么是解决困惑和如何解决困惑的简略表达。在实践中,默顿和帕森斯都试着用分类的办法来表明与解决困惑相关的系列问题。可能最好的是帕森斯对于任何一个社会体系的功能所要求的四个方面的“范式”说明：任何一个社会体系都可以从逻辑上独立的四个功能要求来分析，即“适应、达到目标、融合和潜在的模式维护”（Parsons 1967：260）。第一个明确与经济相关，第二个与政体相关，第三个与个性相关，第四个与文化相关（Parsons 1967：259—263）。它们如何被认为是“逻辑上相互独立”的，还不是很清楚。

15. 实际上，所有结构，从数学分组到亲属关系，都毫无例外是变化的体系。但是，变化并不一定是一个时间的过程：1 + 1“等于”2，3“继续接着”2；很显然，“等于”和“接着”并不是时间过程。而另一方面，变化也可能是时间过程：结婚“需要时间”。如果不是因为变化这个理念，结构会因为陷入一种静止形式而失去所有的解释力（Piaget 1970：11—12）。

第一部分

规　　则

简言之,我们所希望做的是摒弃事物。来重新表象它们……来取代话语之前的事物的神秘特征,它们只有在话语中才形成物体。不参考哲学基础,不以事物的基础来定义这些事物,而是把它们与规则的主体紧密地联系在一起,使它们成为话语主体,并因此建构它们历史存在的条件。

米歇尔·福柯(Michel Foucault)

《知识谱系》(1972:47—48)

第一章
建构主义

我想说语言是一种精炼(refinement),在一开始是行动(im Anfang war die Tat)。

——路德维希·维特根斯坦(Ludwig Wittgenstein)

(1976:420;比较 1972:第 402 段)

我们必须有一个起点。也许根本就没有开始,探究开始只会是在转圈。大多数国际关系学者还没有回溯到那么远,或是换个隐喻的说法,没有研究那么深。相反,他们都有社会科学家们的一个共同判断,就是人们在地面上开始,从数据开始(Glaser and Strauss 1967:1)。已经深入到地下的是地基,是"'知识的地基',是非常确定的真理。说它们是真理不是因为赋予它们的观点,而是因为它们是起因……"(Rorty 1979:157;一般可参见 pp.155—164; Connolly 1986:116—126)。这些基础都是古老的、持久的,是在古希腊期间所打下的,现在要被用来发展一种概念框架,来建构理论。

如果这是建构的语言的话,建构主义则不是这样的,建构主义要追溯到更远。基础本身不过是建构的碎石。我们所认为的真理与为它们提供的观点密不可分。人们可以从"事实"开始,就如同"事物"本身,人们会想当然地由于它们的真实性而接受它们的观点。人们可以从词语、观念、观点开始,想当然地接受它们所指的事实。而建构主义从行动开始。所做的事、所采取的行动、所说的话,这些都可以是事实。

社会科学家们假定他们拥有牢固的基础,因为这些基础是由他们的学科所赋予的。社会理论，我认为是源于那些不成功的元理论和衰败的学科而产生的松散的系列编码范式，它必然会挑战这些假定。所以，社会理论家们无法避开从哪开始这个问题。我认为我自己重建国际关系学科的努力是对社会理论的一个贡献。因此，我们也同样需要关注起点这个主题，它实际属于一个哲学问题。

如果我是以一个哲学问题开始这一章，然后转向社会理论的话，就会存在一些问题，这些问题就如同我借助维特根斯坦关于规则的研究所体现出来的。在这一章的结尾，我把我的研究与结构化理论（structuration theory）这个编码范式联系在一起。规则是整个研究的中心，但是相对于作为我的理论起点的社会理论的需要来说，关于规则的讨论还远远不够。

起 始 之 处

我从歌德的格言开始，这对维特根斯坦来说像是在表达一种哲学观点：从行动（deed）开始。[1]我把这种观点称为建构主义。用最简单的话说，人与社会相互建构（construct）或是相互构建（constitute）。因为我认为“建构”和“构建”是同义词，如果不是考虑“构建主义”（constitutivism）在英语中听起来不像一个好的术语表达，我也可以用它。[2]

作为一种哲学观点，建构主义并不是我个人所持的观点。在当代哲学和社会学理论中使用得都很多，只不过所使用的内容和程度各不相同。在哲学家中，纳尔逊·古德曼（Nelson Goodman）是最坚定的建构主义者。杰尔姆·布鲁纳在总结古德曼的观点时说：“没有一个‘世界’比其他的更真实。”（Jerome Bruner 1986：96）没有一个世界在本体上是一个完全独特的真实世界。古德曼所关注的不仅仅是作为社会现实的世界。

> 很多构成世界的事物——物质、能源、波浪、现象——是伴随着世界的产生而来的。但它们来自哪里？并不是没有任何源头，它们是来自其他世界。对于世界的建构而言，我们知道它总是从已经存在的世界建构而来；建构本身也是重构（Nelson Goodman 1978：6）。

古德曼的观点是唯名论，他称自己为建构主义唯名论者（Nelson

Goodman 1984:50—53)。唯名论在很长一段时间都不是很流行,它的观点是事物只有被命名为如此才会如此存在。世界就是我们所认为的那个样子。长期以来处于优势地位的是与其相对的实在论(realism)(古德曼也称自己为非实在论者),实在论认为世界独立于我们而存在,世界上的事物是在等着我们去命名。科学的发展使实在论得到认可。但是,按照莱布尼茨(G.W.Leibniz)的观点,这并没有阻止实在论者去思考"可能的世界"(possible worlds)的存在。按照我们的理解,"可能的世界"并不是真正存在的世界,但是在这个世界上有可能出现。戴维·刘易斯最近指出,只是简单地承认"世界的多元化"就使很多哲学问题迎刃而解了(David Lewis 1986)。刘易斯的观点并不是赋予多元世界一种存在的观点,但是我和古德曼都认可这种观点。

古德曼的唯名论建构主义实际上可能不像他作品中的一些文章所表达的那样激进(比如我所引用的)。他从不否认一些现象世界的独立存在,认为我们永远都无法知晓独立于我们话语之外的世界的所有特点。即使现实世界的有些特征是独立存在的,在我们对话语的依赖中,我们也无法知道哪些是这样(Goodman 1984:41)。我们在我们所不了解的世界中建构我们所知的世界。[3]

前人并不是没有提出过类似古德曼的观点,可以说他的哲学鼻祖是笛卡尔和康德,而不是莱布尼茨。建构主义接受康德的观点,即思想和物质的二元性,这种观点从谱系看是来自康德:"当康德以世界结构来和思想结构进行交换时,它就开始了。"(Goodman 1978:x;对比 Putnam 1981:60—64)但是,如果如布鲁纳所说的,说康德"全面发展了建构主义"就言之有过了(Jerome Bruner 1986:96)。实际上,康德所使用的"构建"(constitutive)是通过数量表达使在逻辑上的假定关系成为必要,而不是通过"经验的类比"来建构世界。类比的一般原则是:"所有的现象,就它们的存在而言,都取决于先验的规则,因为这些规则决定了同一时间内它们彼此间的关系。"(Kant 1933:208)康德把这样的规则称为"限定性规则"。[4]公正地讲,约翰·罗尔斯(John Rawls 1980)认为康德的道德理论是一种建构理论,尽管是较弱意义的建构主义。[5]

但是,康德对后来建构主义的影响很大。与其他人相比,康德实际是推动了哲学的"认识论转向",这种转向按照康德关于意识与世界的二元论，把对于研究意识的基本责任留给了哲学家们，而把针对世界的责任留给了社会理论家们。20 世纪哲学的“语言学转向”促进了哲学和社会理论之间的一些融合。[6]这也从人们对认知，即“人类心灵大脑的结构”所迸发的兴趣体现出来（Goldman 1986：1），但结果是导致了认识论的主导地位。通过语言这个媒介，意识与世界相比处于次要地位。在圣经《新约》里所表达的那种情感如此强烈，以至于它弥漫于整个古希腊和基督教文化中，而认识论的胜利正与此相对应：在开始时是词语。

根据词典的解释，“logos”这个词的意思是“控制和发展宇宙的理性原则”、“体现于耶稣的神圣词语或理性”（Random House 1967：843）。认识论的胜利为“理性原则”在意识中找到了一个永久的位置，而且这样做能够满足几个假定，即作为语言使用者的人类独特地与神圣联系在一起；认知活动被引向理性；思维发现或建构世界秩序。考虑到西方文化是倾向于语言与世界的二元论，以及在康德思想的支持下赋予语言的重要性，古德曼的建构主义打破了人们所认为的一般意义的实在论，即认为存在一个“那在”（out there）的真实世界。

建构主义也挑战了科学界的经验论和实在论的假设。[7]科学的建构主义哲学家，如巴斯·范·弗拉斯恩（Bas van Fraasen），用理查德·博伊德的话说是更倾向于认为“科学家们所研究的世界在很强的意义上说必须是由科学界的理论传统定义、构成或是建构而来，人们所讨论的科学界也是在这些理论传统中运行”（Richard N.Boyd 1984：52）。这些话有些像古德曼的话一样激进。但是，我们可以将其理解为科学界所知的世界在某种程度上也是一种社会建构。尽管方法是“依赖理论”，理论也是思维创造的，但是理论、方法、数据都不是简单地来自思维或是由人的思维所创造。这类建构主义并不否认现象的存在（当现象作为一个大的整体的组成部分时，范·弗拉斯恩对该现象的解释进行了保留），但是承认“观察的局限性，这不仅仅是能力方面的，而且是不可忽视的”（van Fraasen 1984：256）。

托马斯·库恩（Thomas S.Kuhn）就属于此类建构主义者，我们无须为此感到惊讶。在本书的引言中所讨论的范式主要是受了库恩观点的启发，同时对其进行了拓展，指出所有知识，包括科学知识都有社会建构的内容。但是，这并不否认知识与物质现实的联系，只是它们在不同领域的比重不同。不同的比重与不同的互动方式是范式在人类知识领域及知识传承过程中扩散的基础。

我所倾向的建构主义也基本上是遵循这些观点，并没有在物质和社会现实之间划分出明显的界限——物质和社会现实相互影响，但是程度不同，并没有通过否认物质或是社会现实的存在而赋予另一方主导地位。在没有否定个人作为物质存在的生物个体的“自然”现实的情况下，该观点确实注意到，在个体中或是对于个体而言，社会建构的内容居于主导地位。我们说社会与个人相互建构并不是简单地像古德曼那样认为这些都是发生在思维之外的。

然而，建构主义可以暂时成为我们的一个起点。后结构主义的观点更为激进。所有的理论都是没有理论基础的，所有的基础都似是而非。对于雅克·德里达(Jacques Derrida)来说，没有足够激进的观点，因为它只是观点而已。“德里达所表达的任何立场都有‘支持’(pro)与‘反对’(anti)的方面，他所采纳的任何观点实际都是无意义的。”(Megill 1985：266)在这种情况下，总是没有开始，只有保留或是推翻，就像德里达所说，一个人所说的总是暗示着他所不能说的(Derrida 1976：271—272)。

德里达如果不采纳“逻各斯中心主义”的观点就无法开始。正是这种立场一直阻碍着西方哲学从希腊开始(Derrida 1976：10—18，30—44)。对于德里达所使用的“逻各斯中心主义”，我们很难直接定义，因为任何这样的定义本身就是一种逻各斯中心主义的体现。我因而在此引用阿什利的理解，一是忠实于德里达的主要意思(就好像是说无论是什么，只要不破坏德里达所表达的内容就可以这样说)，二是考虑与国际关系的相关性。“逻各斯中心主义的特征”是：

> 所有实践必须通过依靠相同的认识、理解原则，或是一些必要的主体间性得到认可和获得力量，这些主体间性对于造就与理解人类历史来说有些是必需的，处于核心地位，有些是起始的前提，它本身被认为没有任何问题，源于历史之外，不需要任何批判性解释。这种历史叙事的真实性和核心内容当然没有一种必须采纳的形式，它们有可能在以下方面都可以得到体现：如占有欲强的个人、理性的国家、国内社会、科学的人、无产阶级意识、家庭的解体、女性声音、一般的意愿、人类普遍必须做的事、西方、结构主义的“没有一个了解主

体"(consciousness without a knowing object)的康德意识、哈贝马斯的"理想言语场景"(ideal speech situation)的普世语用学、上帝、国王、生殖器模型或子宫等。在这里,重要的是这些事物、观点和理解原则本身就被视为一种存在,是造就历史的基础或是起源,而不是在历史中政治实践的权宜效果(Derrida 1988:93—94)。

我认为后结构主义强调长期主导西方思想的很多二元性逻各斯中心内容是正确的。一边是思维、主体、意识、理性、立场、处于历史之外或是词语,另一边是物质、客体、不知道或是不理解、被载入历史或是逐渐消失。我或是完全放弃这种二元建构,或是进行完全不同的理解,以揭示这种二元思维的问题,甚至是使这些观点失效(我在此使用了德里达非常著名的观点,诺里斯的阐述非常有帮助,参见 Norris 1982:24—32,46—48)。

在此基础上,我认为我在本书中所用的建构主义成功克服了这种二元性,把人和社会都视为彼此建构的结果。读者可能会认为这像是在回忆被称为合题(systhesis)的辩证法运动中黑格尔所阐述的正题(thesis)与反题(antithesis)的关系。后结构主义不满于黑格尔哲学这种"三重韵律"(ternary rhythm),对于西方哲学中的二元性同样如此(Megill 1985:273;引自德里达的一篇未翻译的文章)。相反,缓慢出现的是"德里达四段"(Derridean four),就如同艾伦·梅吉尔(Allan Megill)所描述的,"一个有争议的第四段,是人们绝对拒绝的表现。辩证法的第四段的可能性完全摧毁了整个辩证机器……第四段是解构运动"(Megill 1985:273—274;也可参见 Nelson 1983:183—184,关于"第四段思维的反传统诡辩")。

在本书中,我不断使用关于社会建构的三分模式。我创造使用了这种模式,或是因为我对逻各斯中心主义特别感兴趣,当然与其原意并不完全相同;或是因为社会建构的一些普遍特点。显然,我更倾向于认为我是偶然发现了后者;后结构主义(还可能有谁呢)会认为这是把逻各斯中心行为驱动的透明理性化。无论怎样,我倾向于三段,这使我远离反传统的"四段思维",就如同三段思维远离西方传统的二元思维一样。

我并不是说人们没有建构二元性,并且不依赖于它。我们的主导传统实际是我们对此进行了多少扩展的最好例证。实际上我也是如此。我在本书中也是这样做的。我不是说后结构主义对于建构主义而言没有什么适当可以表述的。相反,我认为米歇尔·福柯关于谱系的观点是对我所称的"统治机制"的重构,福柯自己认为这是"统治的无休止的重复"(Foucault 1977:150;关于更加准确和有效的讨论,可参见 Connolly 1983:231—238)。

与建构主义无法调和的是解构主义,至少在实践较为深入的情况下是这样。如果可以说"福柯解构了现代这个主题",实际也是在说"它建构了产生这个主题的形成谱系……"(Connolly 1983:234)。与德里达相比,"构建(constitute)这个概念本身必须被解构"(Derrida 1976:li,译者前言)。我的目标是重构,有了此目标就自然出现了"逻各斯中心主义"。

我所接受的"逻各斯中心主义"是指:建构的行动以及人与社会的互构造就了历史。这样,"历史叙述的主题和主体事物……造就了历史"(Ashley 1988:93)。尽管我认为这种"观点"是"造就历史的基础或源泉",但是社会建构不过是"在历史中的政治实践的一种偶然结果"(Ashley 1988:93—94)。我可以以两种方式来理解,因为我不接受阿什利两种极端对立的观点,即我们或是在历史之内或是之外。我们总是在我们的建构之中,即使当我们选择与这种建构分开,甚至是批判或是对其重新建构。

在词语之战(war on words)中,解构认为词语最重要。它是坚持自己狭义上的逻各斯中心主义。当时歌德的名言"始物于行"的重要性在于它否认了词语或是世界的重要性(可比较 Redner 1982:56—58, 67—75)。一个"行动",作为一种现象独立存在,但是是通过人的思维产生,所以,它只有把社会建构与自然事件结合在一起时才是可以理解的。这种观点的创新之处在于它使哲学又回归到本体,带来了哲学与社会学之间的融合,它们彼此都不会以对方为代价来突出自己(比较 Aronson 1984)。至少在说英语国家,我认为可以这样说,这种"本体转向"(我的术语)是维特根斯坦所做的,而不是其他人。

维特根斯坦的地位

维特根斯坦对哲学和社会学都产生了深远影响,因为他既是哲学家也是社会学家。如今，我们很难发现有哪位学者的声望如此之高，尤其是针对（或是因为）这样一个狭窄、不系统的深奥领域。这甚至可能是维特根斯坦成功的秘密。他的大部分文章都需要读者自己去赋予文本意义。我对他的文章的阅读是从很多社会学家的作品开始的，而不是始于哲学家的作品。

我们都同意在维特根斯坦早期的作品中，他认为语言是呈现现实的工具（Wittgenstein 1961）。这是几个世纪的哲学积累，这种观点也支持“逻各斯中心主义”的世界观。语言使我们与世界之间产生了足够的距离，我们可以通过语言来呈现世界，包括呈现我们在这个世界中的位置。但是，维特根斯坦在其后期的作品中否定了这种观点，可以说这是对他之前观点的驳斥。他并没有系统攻击他的体系，因为他认为系统的论述，即对于一个连贯的现实的连贯呈现，是主要问题所在。但是，维特根斯坦所发起的并不是一场随意的攻击。如果某种语言的特殊概念支持某种盛行的世界观，那么，另外一种观点将是质疑这种世界观的关键，即对维特根斯坦来说，语言是什么实际是人们如何使用它的问题。

整体而言，社会学家们认为维特根斯坦在后期是一个自我意识很强的建构主义者，由语言转向行动。我不这样认为。我认为他由认识论转向本体论，他整个一生都在关注语言。他在哲学的基础上采纳了语言的一种特殊概念，使建构主义成为社会理论可以研究的一个内容。这么做并没有使他成为一个社会理论家。

维特根斯坦在一定程度上显示出对社会理论的兴趣，但是似乎是局限在我们所熟悉的主题内，即人类产生了习俗（custom）和制度（institution）。这些反过来又成为展开人类活动的背景。这种观点使维特根斯坦开始研究在特定的环境下个人如何使用语言。用他的话说：“讲一种语言是某种行为的一部分或某种生活形式的一部分。”（Wittgenstein 1968：para.23；与此类似，“想象一种语言实际上是想象一种生活形式”，para.19）

生活形式是达成协议的很多人一起共同造就的。赋予“生活”以“形式”的惯例（convention）和制度使生活具有了社会性。孩子们在学语言的同时也知晓了社会。用维特根斯坦的话说，是“在成长过程中，人们教孩子们做这些事情，教他们一边做，一边使用这些词语，一边做一边对别人说的话作出反应”（Wittgenstein 1968：para.6）。从个人角度看，形式非常稳定，足以引导人的认知活动，或是“语言游戏”，数量无限、变化多端（Wittgenstein 1968：para.23）。维特根斯坦的观点自始至终都是从个人的角度出发。

从这些方面看，维特根斯坦的社会理论是非常单纯的约定论（conventionalism），大卫·休谟（David Hume）对此在很久之前就作了非常经典的表述（第五章会进行更多介绍）。但是，还有另一种理解，与斯坦利·卡维尔（Stanley Cavell 1979：86—11）和汉纳·费尼谢尔·皮特金（Hanna Fenichel Pitkin 1972：132—139）相关。[8]我在此引用卡维尔的话：

> 这里所指的“惯例”不是指使人相互区分开来的生活模式，而是出于所有人类所共享的行为和感觉的需要。维特根斯坦所不断发现的是人类生活中惯例的深层内容，这种发现不仅是坚持人类社会存在惯例，而且是人类具有遵守惯例的天性（Wittgenstein 1979：111）。

关于这种理解的最引人注目之处在于言辞技能，这种理解通过言辞技能来证实维特根斯坦是一位卓越的原创思想家，但认为他的社会思想平平。首先是他的发现，之后，又受此影响，再发现，到最后又是发现。这种“发现”到底是什么呢？在开始的时候，在社会之前，是所有的人类都共有的一些基本特征，最初时是“人类的本性”。维特根斯坦经常被引用的“人类的自然史”可以支持这种理解，就如同维特根斯坦对什么是正常的和什么是自然的关系的兴趣一样（Cavell 1979：111—125）。

存在人类本性这样的观点是关于人类条件的最传统看法之一，至少是在我所认为的文化传统中，依然是“逻各斯中心主义”的观点，它以以下不同的形式在最近的几十年里非常流行，如让·皮亚杰（Jean Piaget）关于儿童认知和道德发展的不同阶段（更多参见第三章）、克劳德·列维-斯特劳斯关于人类思想和文化的对立与变化的普遍规律以及诺姆·乔姆斯基（Noam Chomsky）关于人类都具备的句法能力。人们或多或少是受到了结构主义运动的启发，认为认知有其自身的逻辑结构，独立于社会及传统。如果逻辑结构中的社会内容被去除，这些共性可以通过语言来体现（参见 Gardner 1981，关于结构主义运动详细、更易理解的介绍）。尽管结构主义是 20 世纪语言学转向的 个明显转变，但是它的前提绝不是建构主义。相反，后结构主义驳斥结构主义太专注于人类的思维是天生的实际是遵循了建构主义理念，几乎是出于辩证的需要，所以达到了一种激进的程度。如果任何东西都不是先天的话，那么一切也都是危险的（Fish 1980:215—216）。“解构”这个术语也正表达了这个含义。[9]

在这个过程中，维特根斯坦是如何看的呢？实际上根本就没有。无论他的社会理论是约定论者还是自然主义者，都是存在于任何微小与平凡的事件中。更贴切一点，这不是建构主义者。至多，维特根斯坦坚持“语言的多样性”（他所列举的例子是他的书中被单独引用最多的；Wittgenstein 1968:para.23）抵消了逻各斯中心主义希望在周期性的文化趋势中发现普遍认知规则的愿望，卡维尔认为维特根斯坦并没有努力去消除这一点。

关于这个话题我再谈最后一点。结构主义认为在最开始的时候一定是某种形式的词语，这是思维的一种本能特征，它直接影响认知并通过语言能力和语言的使用与文化联系在一起，这种观点也许是正确的。我在第三章还会再讨论这种可能性，在第三章我们也会看到一种不可知论观点。我这样做是接受了建构主义限制人们对于这些问题的了解的观点。我自己对逻各斯中心主义的心理文化有强烈的兴趣，这种兴趣被理性化为一种超然，同时受讽刺的影响，这些引发了以后总是无法实现的愿望，即希望从建构主义的哲学基础开始，而建构主义作为社会理论，在历史与社会构成之前或是之外就已经存在了。

维特根斯坦在此不能提供任何帮助，其他人也同样如此。我因此提出一种“伪开始”的建构主义：始物于行。寻求哲学基础会导致像逻各斯中心主义那样脱离社会经验的基础，在任何情况下都只会发现一些局限性。也许我应该将这种观点称为有限建构主义（bounded constructivism），而不是基础建构主义（grounded constructivism）。不管怎样，它都是建构主义。人类无论自然或社会为他们提供了什么，都建构社会。社会对于人类实现他先天的一切而言也是不可或缺的；社会在自然的基础之上建构人类，包括人与生俱来的内在天性和所处环境所产生的外在天性。

那么维特根斯坦对于除了我所称的伪开始（false beginning）之外，对作为社会理论的建构主义的贡献有哪些呢？从激发维特根斯坦后期思想的大量作品看，应该是他对所使用语言的关注，这一点是他对早期的语言表象观范式的修正。维特根斯坦从语言“图像论”（picture theory）

转为“语言游戏论”(language games)。如果语言是一个使用(使用是一个社会性问题)的问题的话,他发现了,应该说是重新发现了在社会上所使用的语言中的规则的作用(卡维尔如果在的话会反对这种说法)。我也许可以这样认为,维特根斯坦没有确立基本原则(logos)与约定法(nomos)之间的关系,但是坚持二者之间联系密切。最多他在使用“规则”这个术语的时候,指出了在它们之间存在的模糊“家族相似性”(family resemblance)。[10]

维特根斯坦坚持语言的使用观,希望表达出语言在被使用时“规则”的含义。他所说明的是在游戏时所使用的规则(因此是“语言游戏”;参见Wittgenstein 1968:para.53—54),尽管并不是非常明确到底什么是游戏。对此存在两种可能。第一种游戏是逻辑上相互联系的一个系统:本身没有社会意义的语言。人们是否进行这个游戏或是使用它的语言是偶然的。第二种是一个游戏必须有语言,或者逻辑,但是只有当人们玩这个游戏时它才真正成为一个游戏。在这两种情况下,都是规则告诉我们如何来进行游戏。在第一种情况下,规则“控制”(govern)游戏,不使用这些规则实际是改变了游戏,导致了游戏的多样性;第二种情况是规则告知如何玩游戏。不使用规则,规则就失去了指导作用,但是并不失去玩游戏这个行为和游戏本身。

我认为哲学家们更倾向于认为维特根斯坦的规则是对语言和逻辑的游戏的一种管理。这样的游戏并不是依赖于游戏者如何玩游戏,而是依赖于游戏的规则。“我遵从规则时并不是选择,而是盲目地遵守规则。”[11](Wittgenstein 1968:para.219)依据此观点,游戏与相关规则必须是公开的,人人皆知。维特根斯坦也清楚不存在私人语言。规则是公开的并没有使规则直接成为社会性的,就如同它们的存在取决于“常规的使用”(regular use)或是“习俗”[12](Wittgenstein 1968:para.198)。规则规定了语言,人们以某种社会目的使用语言。

那些希望在维特根斯坦的作品中发现社会理论的人们不认为控制语言的公共规则和指导具体使用的社会规则之间存在明显区别。相反,他们希望抛开语言受制于规则(无论是表象现实还是作为“一个活动的组成部分”)的观点,取而代之的是人类所做的一切,任何社会性事物都是受制于规则。彼得·温奇(Peter Winch)在其《社会科学的理念及其与哲学的关系》(1958)中对后者在方法上进行了阐述。与维特根斯坦相比，温奇在其书中提供了许多可研究的内容，学者们后来也对该书进行了评判(如 Flathman 1972：17—33，Bernstein 1978：63—84，Bhaskar 1979：169—195，Bloor 1983：168—181)。我怀疑有些批评是出于保护维特根斯坦声誉的目的而作，而其他一些人认为温奇是维特根斯坦这位大师的一个有用替身。

不管怎样，在任何情况下，温奇认为"所有有意义的行为(可以指人类的所有行为)事实上都是受制于规则"(Winch 1958：52)，这一点值得我们关注。温奇的研究主要想表明自然原因和由此产生的自然科学领域与人的意图以及由此产生的社会科学之间存在决定性差异。但是，罗伊·巴斯卡尔认为"遵守规则的范式是以因果为先决条件"(Roy Bhaskar 1979：186)。我认为这是正确的，我们很难坚持以下这样的说法，即因果关系与意图是最基础的互不包含的现实来源，就如同认为自然科学和社会科学是两个完全不同的领域而得出的一些推断。

温奇可能要表达的是规则不仅决定意义，而且直接决定行为，规则是原因。在这样的建构过程中，温奇通过使人成为(不会用脑的)自动化人而成功地把原因与意图分开。不管他们意图如何，他们都不会导致什么结果，即使是规则本身，虽然人们认为规则自身会发挥作用。如果规则本身能够导致行为，那么我们就没有必要再谈受制于规则的行为。但是，没有行为不是如此。在对规则没有进一步澄清时，温奇无法对行为进行任何解释，无论是语言的或是社会的。

温奇认为"维特根斯坦关于遵守规则到底是什么的论述，显而易见，主要是说明语言的本质"(Winch 1958：45)。温奇需要将这个论述扩展至所有有意图的活动，这样就可以反驳迈克尔·奥克肖特(Michael Oakeshott)的观点(如温奇的认识，Winch 1958：57)，即"大多数人类行为都可以由习惯(habit)或是习俗来解释，规则的概念以及对规则的反思都不重要"。温奇为了清楚表明他的观点，用"规则"代替了"习惯"，这样就支持了以下观点，即意图性的社会范畴与自然原因是可以区分的，无意识的习惯或是习俗可以很容易被同化。温奇完成了一个有限的目标，即指出奥克肖特用习惯来解释一切，范围太大导致失败，但是他本人用规则来解释一切，也同样如此。

不仅如此，温奇也没有看到对于维特根斯坦来说习俗对人类的自然史所起的核心作用。其他一些学者也注意到维特根斯坦作品中多次体现出这种保守影响和倾向（Bloor 1983：160—181，Flathman 1986：159，169；相反的观点参见 Pitkin 1972：328—340）。如果我们发现维特根斯坦采纳了与奥克肖特著名的保守主义相类似的观点，也无需惊讶。在有些情况下，甚至有些讽刺，温奇对奥克肖特的反驳也暴露了维特根斯坦单纯的社会理论的一些问题。奥克肖特在他处发展了重要的社会理论，主要是表明人类实践，也包括规则与习惯是如何分为与人类相关的两大类的（Oakeshott 1975）。与维特根斯坦和温奇（Bloor 1983：169—171）相比，奥克肖特并不是温奇所作说明的一个牺牲品，但奥克肖特还是依赖于维特根斯坦的观点。

温奇所缺少的是关于对控制语言的规则提出具体问题的方式。以巴斯卡尔所列举的温奇从没有考虑过的问题为例："（1）什么解释了规则本身？（2）什么可以解释施动者在特定的场合对规则的遵守？（3）一个社会个体是如何首先习得规则的？"（Winch 1979：185）这些问题也可以采用其他方式提问：（1）谁制定了规则，制定规则的人这么做会得到哪些益处？（2）人们为何遵守规则，而不考虑规则的制定者以及他们与其他人这么做会受到哪些影响？（3）规则的定位（"规则习得"）是如何与思维、习惯、认知的发展相关的？本书第一部分的大部分是在回答以上问题。这里我只是采纳巴斯卡尔的重要观点来重新阐述这些问题。

巴斯卡尔批判温奇没有区分构成性规则和限制性规则。这种划分可以追溯到康德，它在最近几十年进一步发展。按照巴斯卡尔的观点，"规则告知我们什么样的行动是可以的（如果是构成性规则）或是被允许的（如果是限定性规则）……"（Bhaskar 1979：184）。温奇采纳维特根斯坦的观点认为规则是构成性的，然后在规则必须具有限定性的语境下让构成性规则发挥作用。如果考虑划分规则的基础，毫无疑问，巴斯卡尔的结论是正确的。

但是，我在本书提出，构成性规则与限定性规则的划分是站不住脚的。在人们建构（社会现实建构人）的社会现实中，人们认为什么是可能的以及社会允许什么取决于不同的观点，取决于人们与实践的关系，而不是实践本身。康德不支持对可能的和被允许的进行的区分。他关注的是严格区分作为一个类别受制于构成性原则的逻辑关系和限定性原则的存在关系。

我所引用的巴斯卡尔的话还说到“规则通常不是告诉我们如何继续”,这实际是错误的。规则确实告诉我们如何继续,它们是以三种方式起作用,在下一章我会详细说明。规则并不是告诉我们在继续的时候想知道的一切,人类的任何发明都做不到这一点。换句话说,规则不可能在我们继续的过程中告诉我们如何结束,因为规则并不完全等同于施动性,而意图可以完全等同于原因。如果温奇是为了使意图与原因分属不同的领域,赋予它们同等的重要性,进而能够把自然科学与社会科学分开,那么我们并不需要这样做。我们可以简单地把规则理解成是人类为了实现意图的施动性,它们至关重要,发挥决定性建构作用,是人类在一个社会建构的世界中得以“持续”的不可或缺的一部分。

当前,关于康德对构成性规则与限定性规则的区分的讨论源于罗尔斯的一篇重要文章,尽管他并没有使用“构成”和“限定”这两个词。罗尔斯使用了另外两个概念:一个是“总结观点”规则,另一个是“定义实践”规则(Rawls 1955:24)。前者是指一般性的规则或是科学规律,从存在论角度看,是对“经验的总结”(Rawls 1955:24)。后者——实践规则——既是限定性的也是构成性的(Rawls 1955:25, 30)。我认为罗尔斯是在澄清我们对既指原因又指意图的“规则”这个词的使用。对于不同的领域,针对规则我们有不同的概念。因为我们可以站在试图建构社会模式的活动的网络之后,来观察因果模式。而对于社会建构的世界,这两个概念我们都使用。但是,这并不会改变在社会建构的现实中所有规则都与实践相联系的事实。

不仅仅巴斯卡尔,其他一些区分构成性规则与限定性规则的人(Searle 1969:33—42, Flathman 1972:77—81)也坚持认为进行这样的区分使规则更容易混淆。[13]我重申:规则既是构成性的又是限定性的。罗尔斯把实践和与意图相关的规则的概念联系在一起,这一点恰到好处。实践是继续的内容。当人们为了继续而考虑规则的时候,他们经常是在“实践意识”层面这样做,就如同安东尼·吉登斯所说的(Anthony Giddens 1979:53—59; 1982:30—32, 1984:41—45),“在实践意识中涉及的知识性一般与维特根斯坦的‘了解一个规则’或是‘知道如何继续’相一致”(Anthony Giddens 1982:31)。

结 构 化

哲学家们至多是偶然的社会理论家，这就限制了他们为社会理论建构一种建构主义观点所能提供的帮助。但是，大多数社会理论家同样如此。即使他们有建构主义倾向，他们也没有系统地发展自己的观点——他们的起始点不够早。我对用英语进行的研究进行了这样的归纳，但是即使在这个范围内也有些例外。

第一种是对日常生活构成的现象的关注。这种关注大部分是源于埃德蒙·胡塞尔（Edmund Husserl）以及他提出的让人难以理解的"生活—世界"（*Lebenswelt*，life-world）概念。

> 客观科学世界的知识是以不证自明的生活—世界为"基础的"。生活—世界是预先给那些科学工作者或是工作共同体作为基础的，但是当他们以此为基础建构的时候，被建构的是不同的东西。如果我们不再沉浸在科学思维之中，我们就会意识到科学家也是人，也是生活—世界的组成部分，这个生活—世界总是为我们而存在，甚至是预先给定的。因此，所有的科学实际和我们一起被融入到这个仅仅是"主体相对的"生活—世界中（Husserl 1970：130—131，引自Bernstein 1978：129，参见伯恩斯坦精彩的讨论，pp.126—135）。

胡塞尔对英语语言社会理论的影响由于他作品的难度（比较 Husserl 1970：xxi--xxii，关于译者的问题）以及他对主体性和超验哲学的兴趣而受到一定的限制。在胡塞尔的哲学中，"超验的"不是指康德的先前经验范畴，而是指"我—自己"（I-myself）（Husserl 1970：98）。"所有超验问题都是围绕这个[我—自己]，以及我的'我'……和我所意识到的生命与我所意识到的世界的关系而展开"（Husserl 1970：98）。关系本身来自"超验者"长期感受到的但是一直处于隐藏状态的"直接经验"（Husserl 1970：100）。直接经验无论怎样都不是社会的。

通过阿尔弗雷德·舒茨（Alfrcd Schutz），从现象学角度观察日常生活进入了英语世界。理查德·伯恩斯坦认为这可以归为两个原因（Bernstein 1978:135—136)。与主体状态和意图相比,舒茨的兴趣更多是在主体间世界或是在社会的建构方面。为了发展他的兴趣,舒茨在20世纪30年代从德国移民到美国,开始从美国哲学中学习实用主义观点来支持他的现象学。我在此补充伯恩斯坦所清楚表明的一点,但不是在现象学所接受的语境下:舒茨轻视了胡塞尔的超验观点和对主观主义者的执著(Schutz 1978:141,关于舒茨"对于胡塞尔的超验哲学和现象学的矛盾态度",参见 Husserl 1970:158—159)。

审视一下,我们可以看到关于舒茨的现象学,伯恩斯坦所归纳的特点可能比我提供的更加充分(Bernstein 1978:135—156;也可参见 Giddens 1976:27—33, Shapiro 1981:100—107)。但是,它在理论基础上存在一些裂痕(cracks)(这是伯恩斯坦所作的隐喻;参见 Bernstein 1978:156—157)。它们只是同一个问题的不同版本。对现象的建构是沿着两个路径进行的:一个是主体意义的建构,一个是社会的建构。建构主义视角假定意义和社会相互建构。我在此引用伯恩斯坦的话,因为我完全赞同他的观点:

> 实际上还是存在一些关键的歧异。我们首先要关注的是任何一个超验的自我建构一个有意义的世界的先验模式吗?还是我们在研究在日常生活中每个个体赋予世界意义的建构模式?抑或是我们更关注一个个体对人们的理解方式、类型化的形式以及他的生物特征所决定的相关体系的影响方式?(Bernstein 1978:160—161)

伯恩斯坦认为,"一个真正的现象学必须应对所有这些问题"(Bernstein 1978:161)。因此,在本书中我也以不同的方式来设法回答这些问题。舒茨和他的追随者并没有这么做。或者说他们在拒绝承认伯恩斯坦所提出的这些非常重要的显而易见的问题的同时对意义和社会的相互建构进行了仔细研究。我此刻想到了哈罗德·加芬克尔的民族方法学(Harold Garfinckel 1967, Heritage 1984);或是意义与社会的建构陷入到"现实的社会建构"这个有用的短语中(在本书中我也会偶尔用到)。这个说法因1967年彼得·伯杰(Peter L.Berger)和托马斯·卢克曼(Thomas Luckmann)在他们的书中所使用的标题而流行起来。

当伯杰和卢克曼开始提出伯恩斯坦的问题时,"他们最多只是进行了一些重要的基础区分,而没有设计出一个充分的概念框架"(Bernstein

1978:255，n.49)。因为任何关于"现实"的不合格的参考都掩盖了意义建构和社会建构之间的矛盾，容忍了认为一方比另一方重要的观点。如果是伯杰和卢克曼忽略二者之间的矛盾的话，他们实际是更重视意义的建构。但是，我们不能责备伯杰和卢克曼的扼要陈述，就如同一个有用的短语成为一种陈词滥调，成为以后人们不再对其进一步讨论的借口。

有建构主义倾向的社会理论家不能在方法上为自己的观点提供辩解，但吉登斯是另一个例外。吉登斯社会理论的复杂性以及他谨慎地将其置于社会理论的伟大传统语境下也是如此。两个传统对吉登斯来说是非常基础的，一个是实证主义，一个是解释学(interpretive)。前者是以结构主义和功能主义为代表，后者的代表是现象学和诠释学，即"文本理解的艺术"(Dallmayr and McCarthy 1977:285—363)，也包括维特根斯坦的追随者(Giddens 1982:31—32，1984:21—23)。

在吉登斯的社会理论中，这两个传统在一些重要方面完全相反。前者是采纳一种"自然主义观点"，"更倾向于客观主义"(Giddens 1984:1)。这种传统因此认为自然科学和社会科学之间没有区别。正如"功能主义"和"结构主义"所表述的，这种传统强调"社会整体相对于其个体组成部分(如:构成整体的行为体、人类主体等)的突出地位"(Giddens 1984:1)。与此相对，第二种传统则强调人这个主体。

> 主体性是文化与历史经验预先建构的中心，也正因如此它为社会科学或是人类科学提供了基础。在主观经历之外是物质世界，主要受与人无关的原因与结果的影响……如果阐释性社会学是建立在主体的本体主导(imperalism)之上的，那么功能主义和结构主义就提出了社会客体的主导地位(Giddens 1984:1—2)。

吉登斯在社会理论中对场景的建构与国际关系或政治学中经常讨论的典型场景很少有相似之处。国际关系理论由两种对立的观点所主导(可比较 Singer 1961；Wendt 1987a:340—349)。一种观点完全是客观主义的，但是强调个人的突出作用，认为人有能力把自己的环境客观化为一系列选择，之后再对这些选择进行理性应对。个人总是会根据自己所知道的(一般都会有缺陷)作出能确保得到自己想要的结果的选择。[14] 另一种观点是相对客观主义，但是认为社会具有整体作用，作用于个体。这实际是吉登斯的第一种传统，以结构主义和功能主义为代表。国际关系中没有吉登斯的第二种传统,无论是从经验上还是名称上看。

吉登斯似乎颠覆了两种对立:一种是认识论方面的,一种是本体论方面的。客观与主观的对立是认识论方面的,个体与集体对立属于本体论方面的。吉登斯认为一般的实践只是注意到了第一种(Giddens 1984:2),这确实正确。但是,在努力指出第二种时,吉登斯并没有把它完全与第一种分开。每一种对立实际上都是社会学理论家们产生重要分歧的独立基础。如果接受这种观点,我们就可以为社会理论建构一个含有四个组成部分的矩阵图,表示出各种可能性。

吉登斯的研究充分意识到了后结构主义和社会选择理论的作用。他从二者吸收了相关的内容,但是并没有承认它们具有诠释学、现象学或是功能主义与结构主义的根本特征。这样做是错误的。所有为了建立一种可以用于社会的理论模型而转向认知心理学或是自由经济学的社会学家们一般来说都遭到否定。对于国际关系来说,这主要是指那些关注决策制定的人。

后结构主义呈现出一种更加困难的情况。只要人们接受解构主义,所有的基础就都被否定。只要谱系学流行,人们就会关注历史:比如福柯的疯狂史、医疗史、监禁史、性史等,这些可以被统称为集体性表现的主观经验史。这样的历史在国际关系中并不存在,尽管在卡尔·W.多伊奇的作品以及在北美关于国家身份的历史和国家形成史中存在相关的与此最接近的研究(Karl W.Deutsch 1957)。但奇怪的是,吉登斯关于暴力在欧洲国家形成的历史的研究(Giddens 1985)更多是传统的功能主义,尽管福柯在一些实质性问题方面也对其产生了影响。

吉登斯把社会理论表现为两大对立传统,实际是把社会理论的情况过于简单化了。他这样做"结束了它们各自建立帝国大厦的努力"(Giddens 1984:2)。我完全同意这种观点。如果我用两组对立,一组是认识论的,一组是方法论的,来代替吉登斯简单的一组对立,以产生四种"本体主导"(imperial)可能,我也清楚解决它们之间的竞争会更加困难。

吉登斯提出了自己的理论,把主观个人主义和客观集体主义联系起来,我还是称之为极对立观点(polar position)。如果要重新建构这种情形的话,吉登斯的理论必须沿着两个轴展开,一个是认识论的,一个是本体论的,这样才可以把四种观点都连接起来。但是,略有不同的是,吉登斯不愿把自己的理论置于现有的理论传统中,而是完全将其置于关系范围内来操作。在某种程度上说，具体说明一个理论意味着占领某个观点或是位置，而吉登斯把他的理论置于所有其理论所依赖的理论之上，这样他认为适合时就可以借鉴使用。

		认识论的	
		主观主义	客观主义
本体论的	个人	诠释学 现象学	社会选择
	集体	后结构主义	功能主义 结构主义

图 1.1 社会理论：一般的可能性

吉登斯称他的理论为"结构化理论"（the theory of structuration）（Giddens 1979：69—73；1981：26—29；1982：7—11；1984：1—40）。

> 根据结构化理论，社会科学研究的主要范围既不是个体行为体的行为，也不是社会整体的任何形式的存在，而是以时间或空间为序的社会实践。人类的社会活动，如同自然中可以再生的事物，是会重复发生的。也就是说，并不是社会行为体使它们产生，而是通过将它们自己表现为行为体这一形式而使它们不断重复产生。在这些活动中，也是通过这些活动，施动者会不断创造使这些活动发生的条件（Giddens 1984：2）。

通过这样的描述，我认为可以用建构主义社会理论来定义吉登斯的这些研究。"在结构化理论中，我认为主体（作为施动者的人）与客体（'社会'或社会制度）都不是首要的。所有内容都是通过不断的实践建构而来的"[15]（Onuf 1982：8）。

这种理论是否在现有的社会理论传统中架起了四个方向的桥梁？这个问题问起来容易，但是却很难回答，因为吉登斯自己只是涉及了作为施动者的人和社会客观现实这两个方向。尽管如此，他的一些核心观点还是支持一个肯定的答案。从图 1.1 中左上方的方格开始，吉登斯接受了那些对于以理解为核心的人来说非常宝贵的观点（但不是全部；参见 I.Cohcn 1987：293 295）。规则可以使参与社会生活的人理解社会生活。我们可以解释一下吉登斯的话（Giddens 1984：1—2），即人类单纯依靠遗传基因是不能生存的，还必须具备认知技能。规则可以使他们获得生存需要的知识，同时也为他们的生活提供了主观意义。结果就产生了社会现实。

下文我们转向图1.1右上方方格中的内容。吉登斯坚持认为人是有能力的施动者。当他们遵守规则时他们清楚自己在做什么——他们根据所作选择产生的结果来决定是否遵守规则。

> 实践意识包括了解规则和策略，社会生活正是通过它们而跨越空间和时间被建构和重构的。有时社会行为体在关于这些规则和策略可能是什么时也会犯一些错误……。但是，如果社会生活存在持续性的话，大多数行为体在大多数时候必须是正确的。也就是说，他们清楚他们在做什么，他们成功地相互交流了他们的知识(Giddens 1984:90)。

社会选择理论家们会接受吉登斯的观点，即施动者有时并未把知识说成是如此(Giddens 1984:41—92)。吉登斯也同意社会选择理论家们的观点，即一个观察者可以系统地指出规则及行动的条件，这样任何施动者都可以说是进行了“理性的”行动。

图1.1左下方的方格实际与福柯的观点联系紧密。从吉登斯的作品中也可以看到(Giddens 1979:88—101, 1981:49—63, 1984:14—16, 256—262, 1985a:7—17)。人作为施动者可以建立规则，并且会根据这些规则来使用自己的资源以确保自己获得比其他人更多的优势。规则会导致行为体在时间和空间上控制其他行为体行为能力的不对称性，同时也产生处于劣势但是能力强的施动者颠覆或是扭转这种不对称的可能性。

尽管吉登斯在功能主义和结构主义方面的阐释有所保留，但他还是认同社会生活展现连贯性的观点，这属于图1.1右下方的方格所涉及的内容。人作为施动者不仅创造了社会生活，而且受制于规则的理性行为会继续重构社会生活，使之体现连贯性，这样社会生活会呈现出客观特征。社会体系以及它所包含的不对称性会被人们作为真实的事物而接受(Giddens 1984:331—332)。某些特殊施动者的行为一般不可能决定性地影响一个连贯的社会现实的持续出现。施动者们也清楚这一点。他们生活在社会现实中，而社会现实是以事实形式而存在的。

另一种观点对于确保吉登斯所确立的联系非常必要：物质条件发挥

重要作用。规则与资源联系的前提是规则至少要控制一部分物质条件，人们的实践意识也是要把物质条件以及社会建构的规则包含在考虑范围之内。物质条件通过社会规则限制或产生控制力，当然这取决于人们在考虑规则和资源时对所处环境的认识。

吉登斯所要联系的四个条件中没有一个要求或是禁止物质条件发挥重要作用。当规则、施动者、权力或是结构被赋予内容或是获得历史性时，物质条件的重要影响就得以体现。由于诠释学和现象学更倾向于唯我论，它们对此几乎不予认可。对于多数后结构主义和功能主义的历史来说，物质条件只是提供了一种背景条件。物质在一些结构主义者的阐述中被忽略。物质条件起重要作用这种观点对于社会选择理论来说根本没有什么影响。

但是，对于吉登斯来说，这种观点尤为重要。它在自然和历史方面联系起他的四个方向，而并不是像维特根斯坦那样想当然地认为物质条件只是一种背景现实，他认为物质条件是一种环境：是眼前的、可以理解的，同时又是我们所无法选择的。人作为施动者在这种环境中造就历史。我在此也释义马克思的《路易·波拿巴的雾月十八日》中"经常被引用的著名表述"(转引自 Giddens 1984：xxi)：人可以造就历史，但"不是在自己可以选择的环境下……"吉登斯对自己观点的描述(Giddens 1984：xxi)实际是对马克思的话进行的"思考的扩展"。实际上，他花了很多精力来重塑历史唯物主义，以避免结构主义理论失去依托。

很显然，结构化理论的主题范围令人瞩目。但是，结构化理论是否把它关注的不同方面紧密联系在一起，这样吉登斯就不必受社会理论不同的传统观点的彼此限制而作出更高层次的论断？吉登斯的观点结构是否可以承载起他的观点？他自己对这些问题的回答始于用结构的二元性(duality of structure)来代替社会理论所需要的二元性(duality)——主体、客体；他用"施动者"和"结构"来代替结构的二元性，但却将它们阐释为结构和体系的二元性。

结构的二元性把"规则与资源"看作是"社会体系的组织特征"。体系的二元性把"行为体或者是集体性关系的重构"作为"正常社会实践的组织"(Giddens 1984：25)。结构缺乏主体，并且处于"时间和空间之外……"体系取决于"人作为施动者处于某种场景下的活动"。但是，在它们的阐述中，没有规则和资源的位置。问题是要通过规则与资源的使用把关系的变化与作为正常社会实践的关系的重构联系在一起，而解决的办法就是把结构化定义为“控制结构的持续或变化，从而重构社会体系的条件”(Giddens 1984:25)。

一切都取决于可支配的统治条件。它们具体指什么呢？我认为关于这一点吉登斯可以表达得更直接一些。答案取决于“社会体系的结构特点既是它们不断组织的社会实践的媒介又是结果”(Giddens 1984:25)。这是他所给出的“结构二元性”的定义，实际上是双重二元性，因为它涉及人们所理解的关系改变的结构二元性，同时也涉及人们所理解的关系重构的体系二元性。

把这两种二元性联系在一起的是行为的重复性(recursion)，即一个有知识的施动者总是参考他们自己或是别人的过去以及预测可能产生的行动来选择自己的行为。他们实际是在进行“反思性的自我限定”(Giddens 1979:78; 73—81)。吉登斯通过用“组织的”(organized)这个术语把结构的二元性和体系的二元性联系在一起。在总结我所称的结构化理论所依赖的双重二元性时，吉登斯使用了“组织”这个词，并把重复性作为一个特点加入到组织之中。组织是以重复性为前提的，因此不能被视为组织的媒介，只有规则才可以。

吉登斯把规则定义为“用于实施或是再现社会实践的技能或可归纳的步骤”(Giddens 1984:21)。而且，“所有规则都是内部可以转化的”(Giddens 1984:17)。规则由于其“可归纳”的特点，并使结构与体系的二元性具有重复性，对于结构和体系来说都非常基础。如果是这样的话，所有规则都既是建构性的(也就是可以改变)，也是限定性的(也就是具有重塑性)。吉登斯也非常清楚、正确地表达了这一点(Giddens 1979:66)。简言之，规则使吉登斯可以穿越二元性中涉及的所有内容。在这种语境中，他应该略去对“组织”的参考，因为“组织”是以已经存在的规则、结构和体系为前提。如果重复性在概念层面是核心的话，那么在操作层面的核心则是规则。

吉登斯的结构化观点是否能够承载起他所赋予的内涵，很显然，还要进一步取决于另一个问题，即针对结构化理论吉登斯是否已经有了一个完整的规则概念。我认为他还没有。他重回到构成性规则和建构性规则的区分，但这是他的社会理论与其他建构主义社会理论所必须驳斥的。有学者批评吉登斯“受到了维特根斯坦《哲学研究》中我所‘青睐’的‘规则’概念的强烈影响，我认为这种说法是正确的”(Giddens 1985b：169)。我们可以看一下吉登斯对这类批评的反应。

我不认为社会实践是“受制于规则”或是“以规则为基础”，我也不认为行动的过程和导向是“由规则决定的”。在说到作为规则的结构时(先不谈资源)，我认为所有的社会实践都反复涉及两个因素——意义或是含义的准则以及规范许可(Giddens 1985b：169；1984：19—20)。

吉登斯重回传统观点，即规则以以下任何一种方式重复发挥作用：或是通过建构意义或是让那些违反规则的人为自己的行为付出代价。这就使他的理论有别于温奇对维特根斯坦的理解。吉登斯使自己不同于温奇是正确的。但是，我不认为他对维特根斯坦的解读有说服力——维特根斯坦把规则视为“实践(praxis)的方方面面”(Wittgenstein 1984：21)，这也是具有特殊社会意义的最后一个术语——我完全同意，这一点，即使它不是维特根斯坦的观点，对于社会建构理论来说也是一个必要的起点。问题主要出自意义(siginification)与许可的二元性，它们很容易就变为构成与限定的区分，而这种区分又无任何根据。

吉登斯虽然此刻没有提及“资源”，但是他之前对资源的讨论也指出了他这样对待规则时所一直没有解决的一些问题，即把规则进行分类的可能性。在吉登斯的定义体系中，规则产生结构，资源使规则成为“统治的结构”(structures of domination)(Giddens 1984：258)。吉登斯把资源分为两类：配制性资源(allocative resources)和权威性资源(authoritative resources)(Giddens 1979：100—101，1981：47，1984：258—262，1985a：7—8，13—14)。这些术语对我们来说非常熟悉，因为它们传统上经常是用来区分市场和管制经济(directed economy)，而且很遗憾的是，它们也经常与构成性规则和限定性规则的二元对立相呼应。[16]我们审视后会发现，他所列举的分配性资源，即环境的物质特征、物质生产方式、生产的人工制品，这些实际都是与现实的社会建构相关联的物质条件的类型。与之相对的他所列举的权威性资源，即社会空间—时间的组织安排、人们在相互联系中的组织、生活中机会的组织安排等，这些实际是描述了规则的类别。[17]

因为对于出于社会目的而被认定的物质条件而言，规则是必须的，并且规则只有与物质条件联系在一起才能够组织起人的各种努力。上文所列举的分配性资源和权威性资源都必须与规则和资源有关。但是，从分析方面看，这种区分是有用的。在所有的努力中，规则是社会组成部分，资源是物质组成部分。吉登斯认为资源不是固定的；“它们是权力的一种中介和一种可以扩大的权力的特征……”(Giddens 1984:258)。这种阐述并不非常贴切。资源如果没有通过规则调动起来就不会发挥任何作用，规则只有与资源匹配在一起而实现统治才有意义。[18]

吉登斯为我们提供了更有说服力的规则分类方案，因为它与不同的物质条件相联系，即使那些条件通过规则的使用被建构为不同类别。在下一章我会提出一个划分规则的标准，规则也分为三类。我认为我的分类，虽然提供了不同的理论基础，但是与吉登斯的资源/规则的划分相对应。我把吉登斯的三类规则描述如下：(1)与时间和空间相协调的存在和意义的构成/限定类别；(2)物质条件以及统治形式的构成/限定类别；(3)与施动性和机会的构成/限定相匹配的具体努力、协议和交换类别。

如果需要用规则对资源进行分配的话，由于规则建构和限定其他资源，规则本身建构了资源，那么结构化理论本身还是保持了建构主义的前提，并认同物质条件起重要作用。人们批评吉登斯不可能二者都接受，实际是没有看到这一点(Callinicos 1985)。吉登斯从没有称自己是通常所说的历史唯物主义。“如果由规则与资源取代自然和历史，吉登斯的观点很显然是实践的经济学概念”，这是正确的。吉登斯的观点是要表明自然和历史并不是作为人类行动所依赖的基础的客观现实。至多它们是由人类行动建构的规则和资源的错误标签，这种标签会起误导作用，即使它们本身以及它们的行动是通过规则和资源被建构和限定的。

在本书中，我对吉登斯的观点提出另一种批评。吉登斯可以以资源为依据来专门划分(错误的)人类活动的三种类别以进一步澄清资源与规则的关系，以加强他的建构主义。如果这样，吉登斯就需要加大对资源的关注。换言之，吉登斯需要抛开维特根斯坦关于先天的内容，以赋予规则为实现建构目的而需要的内容。把规则分类就是要明确规则的内容，并不是以某种特殊含义通过规则进行统治，而是以特有的方式，把自己建构成这样的同时，把物质条件与所有社会都会体现出的统治条件联系起来。

注 释

1. 这不仅仅对维特根斯坦如此。“马克思、尼采、维特根斯坦和海德格尔都是福斯特(Faust)的继承者……他们每个人都以自己的方式把福斯特的第一个原则作为起点,‘太初有为’(Im Anfang war die Tat),但是,每个人的理解都不同,对它的发展也不同。”(Redner 1982:52, 41—77)

2. 我在此处所用的“建构主义”与苏联“十月革命”后在艺术方面作为一种运动的建构主义只有一点相近之处。苏联的建构主义认为艺术一定是社会的,认为它的视角是“物质结构的共产主义表现形式”,他们把注意力放在技术过程和加工材料[Lodder 1973,引自阿列克谢·加恩,“建构主义者的第一个工作小组的理论家”(Aleksei Gan 237—238)]。

3. 一些实在论者所持的观点与这种观点接近。我想到的是希拉里·普特曼的“内部”实在论(“internal” realism)(Hilary Putman 1981:49—74)以及乔治·莱考夫的“经验”实在论(experimental realism)(George Lackoff 1987:260—268)。注意普特曼所说的:“纳尔逊·古德曼和我发现我们的观点有共同之处,……”(Goodman 1981:xii)

4. “这与那些寻求把外表的存在置于规则之下而作为先验之物的原则不同。由于存在是不可以被建构的,这些原则只能适用于那些存在关系,只能产生限定性原则。”(Kant 1933:210)

5. “康德的建构主义认为道德客观性应该从恰当解释的社会角度来理解,即所有人都可以建构。”(Rawls, 1980:519)

6. 杰罗尔德·阿伦森(Jerrold L.Aronson 1984:260)认为“认识论转向”这一个术语来自罗伯特·保罗·沃尔夫(Robert Paul Wolff 1963)。理查德·罗蒂(Richard Roty 1967)把过去35年来一系列有价值的材料收集在一起时用了“语言转向”这种表达。

7. 经验论者和实在论者在关于把不可观察的实体地位作为科学理论的术语方面进行区分存在分歧。我发现理查德·博伊德在划分哲学界现在所争论的关于经验论者、实在论者和建构主义者的观点方面非常有帮助(Richard N.Boyd 1984)。

8. 虽然直到1979年才出版,但卡维尔的成果是1961年出现的,当时是他的博士论文,皮特金以论文形式引用了很多。

9. 现象学一直强调社会制度总是也只能是主体间妥协、包容的结果,所以也会一直面临干扰与失败。哈罗德·加芬克尔(Harold Garfinckel)著名的关于“违反”的实验生动地说明了社会意义的脆弱性。关于苏茨(Schutz)与加芬克尔作品的相关介绍,详见 Heritage(1984)。

10. “家族相似”是维特根斯坦的术语(Wittgenstein 1968:para.67),也是最著名的、最有用的术语之一(参见本书“导论”:注释12)

11. 维特根斯坦也接受随意玩游戏的观点,如“无目的地随意玩一个球……”

(Wittgenstein 1968:para.83),此处的规则是任何与人们所知的球类规则被暂时停止。任何随心所欲玩球的人将继续遵守这个规则,随意地玩。自由玩球实际上也是在遵守规则。

12. 维特根斯坦关于不可能存在私人语言的观点引起了哲学界的激烈争论。一方面,索尔·克里普克认为维特根斯坦指出了令人怀疑的激进观点,即在规则管理的关系中,词语或是符号不可能有稳定的意义,即使是对于它们自己本身,除非社会约定为它们提供了稳定的意义。克里普克认为这种观点类似于休谟的"怀疑问题"(skeptical problem)关于推测原因的不可能性。休谟对"怀疑问题"的"怀疑解决"(skeptical solution)是约定——我们使用约定来替代原因,以使现实具有一致性(Kripke 1982:67—69, 92—101)。我不肯定休谟的约定论是解决问题的办法,除非是偶然的。但是,他所解决的是已经被建构为遵守约定的人是如何建构具有规律性和行为具有可预见性的社会的。换句话说,我认为克里普克把作为哲学家的休谟和作为社会理论家的休谟混淆了。

我们转向争论的另一面,我认为克里普克的批评者们拒绝接受是维特根斯坦提出了类似于休谟提出的怀疑问题。他们随之所得出的结论是维特根斯坦不可能想的是克里普克的解决方法。这一点不是很清楚。休谟可以设计出约定的观点来应对原因问题,而维特根斯坦则是休谟社会理论的一个不可靠的使用者,可能会以此为前提来提出他自己关于遵守规则以及私人语言的不可能性观点。我们可以仔细思考一下以下另一种可能:

> 因此,遵守一个规则是一个活动,一个实践(praxis)。在这里把"实践"理解为表示一个社会实践是错误的……要点在于不是确立语言一定要涉及一个社会……而是"词语就是行动"……在这个讨论中的任何事物都不涉及施动者的多样性。所有重点都在行动的规律性和多个场合上……(Baker and Hacker 1984:20)
>
> [维特根斯坦 1968 年的著作(Wittgenstein 1968:para.198—202)]最突出的特点是"习俗""实践""使用"都不具备"社会的"或者"社区的"资格——"社会习俗/实践"不是一个冗词赘句。维特根斯坦确实表示要维持遵守规则的社会概念的话,他一定会把这些符合资格的形容词加进来……维特根斯坦确实使用了"习俗"和"实践"来表示多样性的概念,但是是表示遵守规则的情况的多样性,而不是指遵守规则的人的多样性(McGinn 1984:78)。

如果这些批评正确的话,那么对维特根斯坦来说规则可以根本就不具备社会意义。这对我来说是对维特根斯坦所要表达意思的随意的狭隘建构。但是,如果克里普克的观点正确,那么维特根斯坦就有一个想当然地为一个想当然的社会语境提供规则的社会理论。

13. 罗尔斯自己在此处可能有些模糊:"有些规则会适用于一个概念,其他的适用于另一个……"(Rawls 1955:29)。只要规则是作用的总结,这种观点就可以站得住脚。因此,法哲学家哈特(H.L.A.Hart 1961:77—96)把所有的规则分为首要的和次要的。前者是限定性的,后者是构成性的。在以前的作品中(Onuf 1974:

22—35)，我把“互动性规则”和“制度性规则”进行了区分，前者的作用是限定，后者的作用是建构。至少从建构主义观点看，规则必然是限定性和构成性的。但是，这并不排除对规则的区分，主要是根据期望它们所起的特殊作用来区分。制度就是起这种特殊作用的规则。因此，把次要的规则或是制度性规则作为所确立规则的概念节点，而不要求区分它们属于哪一类规则是完全合理的。更多关于制度与构成的关系以及它们与各类规则的关系，可参见第二章和第四章。

14. 那些在大多数实质的和方法论问题方面遭到反对的学者们持这种观点。一边是那些借用大量的公理化的社会选择理论的人，在社会选择理论中，理性行为体在外部限制固定的情况下确保自己希望得到的结果。另一边是借用经验传统，认为存在知觉偏差、知识局限以及行动的内部障碍的人，这些是因人的思维复杂性而导致的。第一种情况认为人的理性是预先给定的，人们依此推理行事，第二种情况始于或多或少接近于理性要求的行为，并依此归纳行事。各自的原则性倾向非常明显(也可参见 Hogarth and Reder 1987)。

15. “结构化”这个术语的选择对吉登斯来说是有问题的。他似乎是重点强调与可以参考的固定结构相关的过程，因此更倾向于客观这一边。但是，吉登斯在文章结尾时又指出是一个“诠释的起点……”(Giddens 1984:3)。吉登斯这样处理结构，尽管非常清楚，但是也有难度，主要是想避免这样的倾斜。“结构作为一种范式存在，就如同任何一系列差异，只是在社会体系的建构时刻在具体事例中体现出来”(Giddens 1979:65)；结构本身只是一种“虚拟的存在”(Giddens 1979:63)。因此，结构不可能占据参考的固定点并产生结果。我在吉登斯最新的作品中发现了一种改变，他最初把结构视为“差异的虚拟秩序”(Giddens 1979:64)，主要是借用了德里达的差异(différence)(Giddens 1979:33—38)，倾向于具体的理解(rendition)。这使“结构”与“结构化”的客观化在理解方面必然面临风险。

16. 所有资源如果要适合这个术语的意义，就必须要分配。分配可能看上去缺乏权威，比如市场，但是这种看法忽视了规则在构建市场和限定市场方面的权威，因为市场上的资源分配既不是统一的，也不是任意的。第二章、第六章和第八章会讨论没有创始者(authorship)的规则与没有规则统治的分配。

17. 这些资源的列举压缩了吉登斯(Giddens 1984:258)以表格形式所给出的定义，但用的都是吉登斯的话。

18. 吉登斯之前一直没有用“统治”这个词和“规则”相对，直到最近才这样做。控制(domination)是统治的条件，统治是主导的一种稳定形式(Giddens 1985a)。关于规则以及相关术语的详细讨论，参见本书第六章。

第二章
法律与语言

为了表明针对现实的建构主义观点有必要是社会性的，但又并不完全是，我会尽量指出规则的重要性。当我以安东尼·吉登斯的研究为例转回到与建构主义一致的社会理论时，我还是努力来表明规则的核心作用。但是，我认为无论是追随路德维希·维特根斯坦的哲学家们还是作为社会理论家的吉登斯都没有充分说明规则建构社会现实的途径。

我们必须考虑其他内容，至少有两个方面。一个是法律，它是建构在一个前提之上的系列原则，该前提是某些规则，即法律规则，把人的行为与社会系统地联系在一起。人们制定规则，规则建构社会，社会规则使人们必须按照特定的方式行事。但是，我也发现法理学在对于什么是规则，规则起什么作用等方面的狭义概念有局限性，而最近人们试图摆脱这种局限的努力也有些令人不解。

第二个方面是致力于语言研究的哲学家们，尽管不是按照维特根斯坦所说的那样。他们当中也有一部分人对规则感兴趣。但是，只要避免涉及理论，认为社会是预先给定的，他们的贡献尽管超越了法理学，也还是有限的。但是，我认为言语行为理论是个例外，该理论把所有的规则都划分为几个类别。这些类别把既是限定性的又是构成性的规则划分为三种，并且只有这三种。

实 证 主 义

客观主义认识论认为科学以及几乎所有的一切都与现代性相关，人们称其为实证主义。我们把追求科学学科范式的人称为实证主义者，对法学和社会学都是如此。实际上把法学建构为一门学科的范式就是我们一般所说的实证主义。为了避免混淆，我把这种范式称为“法律实证主义”(Legal Positivism)，它的原理论(proto-theory)是“法律实证主义”或是“实证主义法学理论”，其后的哲学观点都是“实证主义”。

哈特被公认为是当前法律实证主义最有力的倡导者。他对实证主义法理学的重构与之前的版本一样都依赖于“法律的重新制定是满足道德的某些需要，这并不一定是必然的真理”(H.L.A.Hart 1961：181—182)。这种观点体现的是法律实证主义的建构历史，而实证主义是为了适应当时盛行的自然法范式而在两个多世纪之前出现的。

对于自然主义者来说，规则作为一种特有知识是在社会关系中获取的，这种关系来源于环境，而环境是由自然给予或是在自然中获得的，它是必要且不可改变的，我们通过思考、揭示或是道德意识来获得规则，并把它们作为一种特权知识。因此，规则应该说什么和它们确实说了什么之间没有区别，就如同我们应该做什么和必须做什么之间没有区别一样。规则必须是法律，否则它们就根本不是规则。如任何范式一样，这就产生了一些困惑：为什么理性、道德的人会与自然所规定的不同？是由谁决定的？对于那些我们认为没有道理或是不道德的规则，我们必须遵守吗？自然对于规则的违反又要如何弥补呢？

自然主义者以更多的智慧来解决他们的困惑。但是，随着实证主义与科学态度在西方思想中的盛行，其可信度也越来越低。法律实证主义在自然、道德以及与人的行为相关的道德之间建立了另外一种联系体系。自然本身就是实际存在的。而规则的存在只是因为人们造就了它们并赋予了其真实性。实际上，不存在法律，只有“实证法律”。虽然自然与惯例(convention)之间的区分可以追溯到诡辩学(sophists)，把正义与自然结合在一起可以追溯到柏拉图(Manley 1980:25—28),但是实证主义进行的区分则有所不同。实证主义把道德归为惯例的范畴,而不是自然的范畴。规则反映了对道德的考量(对诡辩学派来说是观点),人们经常将其理解为道德义务,并定为法律。

显而易见,法律实证主义者依赖的是道德哲学领域的一个重要变化。康德是先锋,在讲英语的国家,法律实证主义者与功利主义同样盛行。边沁是法律实证主义的开拓者,同时也是一位功利主义者,他提出了一种特殊的道德原则,即"功利原则",该原则主要取决于想要的结果,而不是特定的知识。其他观点也基本上如此。功利主义接受道德的多重性,即道德的相对主义,而其批评者认为这就等同于否定道德。

道德与社会规则也只能是它们所表明的事实,这种看法体现了一种本体转变,就如同在认识论和伦理学方面的转变一样。自然有它的法则,就如同重力或是死亡是不可避免的,但是它们的影响——它们约束我们这一个事实——呈现给我们的就是必然的事实。一个落体、一次死亡:每个都是一个事实。每个事实,被认为如此,必须是具体的、可以识别的一个可实证体(positivity)。如果人类所做的事情,就如同发生在他们身上的事一样是事实的话,那么它们都必须是可实证体。把它们称为"事物"表示的是同样的意思。[1]

无论是自然现实还是社会现实都由可实证体构成,这种观点与实证主义本体论相互关联,也是科学方法所必需的。由于它必须强加于现实,这样做就是把这种社会现实分为具体的、可以识别的实体,每一个和其他的有些相似,但不是与所有的相似。这种惯例化(conventionalizing)的步骤已经包含在实证主义概念形成的理念中,并由大卫·休谟完善,它通过声称发现了关于现实自然、可实证的构成部分而掩饰了其构成性特征。自然和社会现实由于都是以同样的方式被社会建构而都呈现出自然性。

我在第五章会再讨论休谟关于现实惯例化的步骤。这对法学和社会科学来说都留下了一种模糊的问题,在这之中客观主义认识论和它的道德涵义以科学的名义被认为是想当然的,但是个体主义的本体论(回忆一下在上一章讨论的吉登斯对各类范畴的划分)则是一个存在争议的问题。与其他社会科学一起,法律实证主义所建构的法律从来没有解决个体主义和集体主义本体论观点之间的问题。在这些方面它们显示出与自由主义共同的联系。

个人（被习惯性地认为）是施动者，他们是独立的，以目标为导向，且可随机应变。同时，他们也是道德的施动者。他们自己决定要做什么，思考他们应该做什么。每一个具有实证性的行为都会影响其他行为，就像自然的实证性所产生的影响那样。但是，其结果是产生某种集体意义，它作为一个整体起作用。实证主义法理学具有同样的问题：我们想要什么样的法律？法律实践使他们决定他们将有什么样的法律。同样，其结果是一个运行的整体。我把它称作一个特别的令人信服的操作范式，而它一般被称为法律秩序。

法律实证主义者从边沁开始把规则视为一种连贯的、可以即刻识别的语言形式，或是一个命令或是一个祈使语句（Bentham 1948：330—336）。在它们的范式中，规则总是表明它们所做的。它们总是以祈使的内容对行为提出要求。这些规则清楚地表明颁布这些法律的人的愿望。

但是，需要注意的是，并不是所有的祈使句都是规则。"给我拿一杯牛奶"是一个祈使句，我将其"视为一个规则"。我这样做是以具体的事例为基础，主要是出于功利目的。约翰·奥斯汀（John Austin）把命令分为几类，并重点研究具有一般应用性的那几类。[2]为了这几类命令，人们提出了重要的问题：我有一种持久的、每次都不受功利目的影响的责任来执行这些命令吗？法律实证主义的一般观点是我确实需要至少遵守一些规则。责任是实实在在的（不是超自然的），那些规则也同样是合法的。

现在我们明白实证主义法学理论希望解释的内容了：法律为某种特殊的法律义务提供基础。这种理论把我们带到了规则之外，即法律秩序中。法律秩序的存在解释了赋予规则的责任以及人们遵守规则的功利目的。这种秩序具有两个特点：一个是颁布法律规则的能力，另一个是确保它们被遵守的能力。只要我要求的话，我也可能有能力确保你可以为我端一杯牛奶，所以法律秩序的特点一定是第一种。

实证主义法理学在此就遇到了一个困惑。如果某种秩序是一种法律秩序，因为建构这种秩序的规则是合法的，所以这种秩序也一定如此。但是，只有在之前的法律秩序创立了这些规则之后，这些规则才有合法性。结果就是一种无限的回溯（regress），这种回溯只有通过在自然的状态下（社会契约或是休谟所说的惯例）引进一种基本的协定或学习过程才能够停止。另一种可能是认为规则的法律特征是由人们遵守它们这个事实所导致的。换言之，遵守是在义务之前，前者产生了后者。[3]任何这样的解决方式是以循环代替了回溯：发挥作用的规则使自己成为了法律，而合法的法律使它们发挥作用。

法律实证主义的原理论实际解释不了任何问题。原理论通过规定法律规则必须有正确的权威性且一般情况下必须遵守，用汉斯·凯尔森的话来说，是生效的或是起作用的（或是有效的）（Hans Kelsen 1945：39—42；1952：412—415），而把法学建构为一个学术领域，同时它也使我们明确实证主义法律是属于谁的职业，什么样的规则可以被视为法律。我们可以思考一下奥斯汀的话：

> 每种实证主义法律或是每种法律被简单而又严格地这样称呼是由一个代表主权的人或是由人组成的主权机构对一个独立的政治社会中的成员而设立的，在这之中，这个人或是机构具有主权或是被认为是至高无上的。或者换种表达，即是由君王或是议会对服从其统治或权威的人设立的（Austin 1954：132）。

我们也必须审视与规则相关的各种社会关系。每当有主权和国民关系存在时，这些规则就具有法律效应，各种关系就构成一种法律秩序。奥斯汀的阐述指明了义务和遵守与实践需要之间的关系，但其前提是主权所在地或服从的依据不存在问题。

对于法律的实践者和学者来说，他们努力的一致性来源于对什么是合法的狭义建构。这之中不包括看上去似乎是法律的规则，因为有一些在法律上被授权说是法律，但是在日常中并不被遵守。而对于那些无法回溯到谁是规则的制定者，但是规则却一直被人遵守的情况也是如此。所以，决定是不是实证主义法律的简单步骤对于使用它的人来说是一种优势，而不是一个问题，但是对于学者来说只要他们坚守法律的内核，那么这一简单步骤就是一个严谨清晰的法律概念，而不是一种优势。当然，当实践者希望争论某些事情或是学者们对其感到困惑时，也需要考虑比较模糊的一些情况，如法律的谱系不规则或是遵守不连贯。

当法律实证主义者偏离法律的硬核时，更严重的问题也随之出现了。在诸如国际关系或是无文字记录的人的关系的社会环境中，如果有的话，也很难知道存在什么样的权威关系。这种模糊性也会产生一种不确定性，即什么是合法的，同时这也引发了一种可能性，即合法性只是一种相对的条件。令人困惑的一类规则，如国际关系的相关规则是合法的还是不合法，所产生的挑战导致实证主义法理学进行了多次调整与适应，但并不是很有说服力。合法性并不是像它看上去的那样，这种可能性对法理学提出了严峻挑战，使人们质疑本体假定，即至少那些处于法律硬核的规则是一种可实证体，是一种独特的现象，应该使自己成为一门学科。

法律理论的局限

法律实证主义，就如同构成社会科学的许多范式一样，已经陷入一种僵局。它的原理论无法就法律作出任何解释，只能参考一些规定的法律特点。解决的办法只能是重新修改法律理论，使其能够具有解释力，但不丧失法律独有的特征。如果这种修改是可能的话，这个学科将会被重新构建，最后会产生一种适合的范式理论。

所有这些观点都不是新的。社会法学与现实主义法学（legal realism）作为20世纪的一场重要运动，都是沿着这一主线展开。传统的法律实证主义把努力局限于拓宽法律的理论范围。他们清楚地看到使法律实证主义避免回溯或循环（circularity）也会产生一种可能性，即没有什么独特的法律内容可以保留。如果法律实证主义者坚持的话，他们的挑战者们则会单纯地认为他们会提出更好的法律理论，还是关于法律的。也许他们想要的是无法建构出来的。

在追求更大、更好的理论过程中，社会法学与法律实证主义都转向在很多社会科学中都无所不在的实证主义。人类学家和社会学家也对所有和法律相关的可实证体感兴趣。这些发展也自然会影响到国际法学理论，其本身本来也是实证主义法学理论的一个分支。由于国际关系的传统观点以及法律实证主义的前提假设，“国际法”这个术语本身实际上就是一种矛盾表达。在过去的30年中，学者们，尤其是占比过大的美国学者向社会科学自由借鉴以使自己摆脱最困难、最尴尬的难题：他们所关注的主题与能够解释其存在的理论之间没有相互看似合理的联系。如果解决的办法是关于法律的理论，但是不是法律理论，这样的理论就会拒绝法学对法律的狭义建构。这些人将成为社会科学家。

从极端角度看，那些认同社会科学的国际法学者满足于在国际行为方面确立一些规律性的东西，并通过参考“心理压力”(psychologcial pressure)来解释这些行为出现的原因(Kratochwil 1984:350)。义务作为一种不易解读的概念消失了，或是转变为“共同期待”和社区政策。[4]另一种不太极端的观点认为规则对它们的使用者发挥不同的作用，并且从逻辑上看，对作为一种生存的、有序的实体的整体“系统”也发挥不同的作用。[5]在这个观点之内，同样也存在多样性。由于所有的规则都被认为采用了同样的形式，不受其功能的影响，所以依靠某些特殊规则对于解释它们的特殊作用没有任何帮助。换句话说，规则并不会说它们起什么作用，做什么，只有观察者才会这样说，而且观察者对于理清他们所看到的功能意义和体系意义也没有一致认可的方法。

当然比较容易理解的是，功能主义者倾向于保留法律的实证主义概念，把它视为通过强迫和控制而实现的一种功能类别，将其作为主权与国民间关系的一种表现。这就把所有其他可能的功能划分为一个单独的、界定松散的类别，即交流功能(Coplin 1965)。因此，标准的功能安排，尽管不是不可变的，却是一种两分法。规则要么是控制行为，要么是交流意图或知觉。属于后者的规则处于法律的边缘，但是决定其法律地位的是它们的功能。

在任何一个功能的类别之中，运作的规则对于体系的存在都是必要的，无论它们看上去对于体系的参与者是否发挥作用，或者说其作用是否显而易见。那些对于参与者来说不是必需的规则，对于体系而言却是必需的，但对于个人义务来说则不明确。这种不确定性甚至会外溢到对于参与者来说是必需的那些核心规则中。这部分是因为一个系统在其参与者忽视一个命令或是缺失强迫性手段从而不能保证规则的遵守时都不会垮掉。实际上，执行经常是一种假象，尽管可能是必要的。

在国际法理学中功能主义的较高地位从1974年开始，当时吉东·戈特利布把功能的可能性分为两类，把第一种还原至其作为法律的一种充分特点或历史地位，并把第二种建构为法律的另一种选择模式(Gidon Gottlieb 1974:363—364)。他后来把这种模式称为接受模式，它并不仅仅是总结一些规则的功能特点，而是所有规则的功能特点，以确保它们的内容被接受。

在发展接受模式的过程中，戈特利布从政策研究开始。政策是表达愿望或意图的一般陈述，而其他人被鼓励接受这些内容。有时接受是通过暗示强迫的可能性而实现的。当然“对谨慎(discretion)进行限制的意愿”也暗含了一个原则性内容，这也是接受模式所表示的含义(Gottlieb 1974:373)。法律规则一定是指那些原则性的政策，能够确保人们愿意接受，同时也具体到可以为人们提供指导。从这方面看，规则不必要说它们做什么，因为这一点总是相同的。它们具体的原则性内容可以使人们交流那些当它们被遵守时的合理预期。

接受模式如其另一种替代模式一样，主要解释法律规则如何发挥作用。但是，解释对规则的遵守而言不是法律责任，而是一种行为习性，即“在任何可能的情况下都决心做一些与原则性一致的决定……”(Gottlieb 1968:369；也可参见 pp.373—374)。戈特利布尽管看上去像，但并不是就人类的行为作一个经验性论断。规律并不是重点。相反，他推断人们遵守规则的习性是来自“推理步骤”(reasoning procedures)和“逻辑选择”(logic of choice)[6](Gottlieb 1968:374—376)。只有当规则提供了“一个指导的确定性的‘标注点’后，法律推理才是可能的，反过来这也对语言的具体性……”提出了要求(Gottlieb 1974:371)。需要如何具体呢？对此戈特利布也无法回答。实际上，他也是利用了不能回答这个事实。“这就再次显现出法律和政治庞大而无边际的范围。但是，在一个体系中，指导越具体，规范就越具体。政策目标以及它们的应用越是这样，这种体系就越有‘合法性’。”(Gottlieb 1974:371—372)

戈特利布的文章由于被多次引用而使功能类别在法律的语言之内被理解。他努力以接受模式来取代权威模式，这也为以下观点提供了理论保证：位于法律软性边缘的规则是法律，即使这些规则并没有表现为已经通过一个具体的“法律化”生效过程而成为了法律。从功能主义角度看，法律模糊性是一个体系特征，它一直向下扩展到一些特殊情况，在这些情况下，规则总是相关，但很少起决定性作用。戈特利布将其解释为法律的模糊性产生了规则与推理的关系及语言的使用。

由于国际行为体以及关于法律立场的协定或是实践的快速发展，尤其是在国际经济关系中，法律实证主义实践者非常愿意接受软性法律(soft law)这个概念。对这种法律的解释比比皆是(如 Carreau and others 1977；Sedl-Hohenveldern 1979)。致力于研究法律实证主义的理论家们对此非常敌视，认为法律的模糊性与它们的义务(obligation)理论是无法调和的(Bothe 1980；Weil 1983)。戈特利布实际上就是想要这样的结论。这就使双方陷入了僵局。法律实证主义者坚持法律的狭义建构，但是在实践中具体操作和使用却更加宽泛。对戈特利布来说，他坚持以更广义的视角看待这些重要规则的理论，但是又无法解释为什么有些规则比其他规则更重要。

无论倾向于使用科学方法的国际法学界的学者取得了怎样的成就，法律实证主义都已不再像过去几年那样流行了。在社会科学中，实证主义随着其范式局限的出现而开始衰退。同时，关于功能主义的本体前提以及最近针对实证主义认识论的质疑也不断出现。非常有意思的是，与科学观相比，以权利思维形式出现的自然主义理念的复兴，对实证主义产生了更大的影响。

罗纳德·德沃金(Ronald Dworkin 1977)指出作为法律原则的一些规则毫无疑问要比其他规则重要，他以此攻击了法律实证主义，我们可以想象一下人们对此作出的反应(如 M.Cohen 1984)。但是，法律原则是法律的硬核，是法律秩序所不可或缺的。德沃金在法律实证主义中发现了这种比重所存在的问题，而只有挑战范式的方法才可以解决这一问题。很显然，他的解决办法属于自然主义。[7]实证主义运动尽管取得了很多成就，但可能很快就会过去。

我们大致研究一下当前的文献就会产生这样的印象，即国际法理论没有什么方向。但是，哲学和社会科学中的后实证主义思潮使至少两位学者对实证主义的前提提出了挑战，就如同我现在所做的一样。他们是戴维·肯尼迪(David Kennedy)和弗里德里克·克拉托赫维尔(Friedrich Kratochwil)，他们的努力与他人不同，把重点放在了话语而不是规则上。这样的研究重点使他们可以集中在对法律的使用方面，而不必解决诸如什么规则是合法的这样的问题。

对于肯尼迪来说，法律主要是在一些对立话语的背景下用来加快冲突的解决(David Kennedy 1980:386)。如果该过程成功的话，它就会导致“原则性的决策制定”(prinicipled decision-making),结果就是在随后类似的互动过程中具有合法性价值。这些结果实际就是法律规则。很显然,肯尼迪关于法律使用的隐含模式是法院或是特别法庭。但是,原则性的决策制定以及对于先前原则性决策制定的援引以进行新的决策实际是在更加多样的背景下发生的活动。有些场景,比如公共集会或是政府机关(bureaux)不是有意对立的。那么,在这些场景下进行的原则性决策是合法的规则吗?即使肯尼迪遇到这样的问题,他也不会这样认为。

对克拉托赫维尔来说,法律使用中的共有因素是“在逻辑上没有好的解决办法”的情况下进行的说服(Kratochwil 1983:43)。规则具有说服性,可以提供指导,并反映对道德因素的考虑。由此,我们可以推断当规则既非常具体又体现原则性的内容时就如戈特利布所坚持的具有了法律特点,但是并不仅仅因为存在这些特点。合法性是通过言辞或是实践推理来赋予规则的特点,这些特点是由经过专业训练的人士在对具体的原则性规则进行说服性使用后而赋予的。进行类比、援引以前的做法、为某种说法辩护、权衡各种选择是人们所熟悉的经常采用的方法。当说服起作用时,实际就是我们所说的法律起作用了。

克拉托赫维尔意识到言辞依赖于观众。尽管这种观众模式是要听取对手的恳求,但是他指出了另一种存在,也暗示了第三种存在。被认为是观众的是那些在“技术层面”进行评价说服的人们,主要指官僚(Kratochwil 1983:43)。他试图把他们与法律的关系最小化(与他严格对待细节时所暗示的相反),但并不是要弱化他们对于一个稳定秩序的重要性。只有被示意作为观众而存在才是有意识的观众,他们在一些高度原则性的问题上能够听到说服性的言辞。虽然克拉托赫维尔对于具体问题的关注似乎是否定了在这种情况下的法律特征,但他满足于暂不考虑它们,因为作为言辞,它们限制了容忍,从原则的角度看只是为说服别人进行了辩护。

如肯尼迪一样,克拉托赫维尔在针对一些作为法律规则的使用范式的对立场景方面处理得过于简单。他把与该场景既是具体的又是原则性的特殊说服风格与定义规则的法律性条件等同起来。其他场景因具有自己的以规则推理的形式而不在考虑的范围,并且在这些场景中使用的规则也不具备合法性。当然,克拉托赫维尔把重点转向话语以及把认为在公共场景下或出于公共目的而进行的实践推理的解释(explication)作为法律的独特特点,实际是对戈特利布1974年研究的突破性重构的一种扩展。

当然克拉托赫维尔也扩展了戈特利布的一些理论缺陷。人们在分析时把原则与非常具体的规则分开,但是为了建立一个统一的法律操作模式又把它们结合在一起。这种模式忽视了规则多样性的特点,如从原则到看上去像法律运作的程序,尽管传统上人们不这样认为,至少戈特利布承认这一点。但是,克拉托赫维尔努力在戈特利布的基础上改进,使他不能持这样的观点。出于类似原因,肯尼迪也无法做到这一点。

肯尼迪与克拉托赫维尔把规则置于话语使用的语境中。他们这样做就打破了法律实证主义理论自身带来的局限。但是,他们没有考虑原则与程序的话语,这种做法是错误的,也是不必要的——他们没有认识到这样的话语是真正具有合法性的。基于这些自主的努力,可以得出没有太多根据的结论,我确信对于规则及其特征的系统研究是任何想突破实证主义局限的法律理论所不可或缺的,包括以话语为中心的后实证主义理论。[8]

行事的语言

实证主义法律理论从奥斯汀开始就把"规则"定义为命令的一种特殊形式。在哈特的阐述中,规则是"持久的命令"(standing orders)(Hart 1961)。无论如何定义,它们的存在都是明确规定的。受社会科学影响的学者由于规则的效果而忽略规则的存在,他们认为规则的效果就是行为的规律性,有时他们也会把这样的行为误认为是规则。如同我刚说明的,肯尼迪和克拉托赫维尔在追求规则的使用时忽略了规则。这里有一个共同的特点:我们必须要研究那些被人们认为是想当然的事:规则本身就是语言的问题。

在当代哲学中的情形恰恰相反。我们可以思考一下马克斯·布莱克关于规则的分析,他的分析非常有影响(Max Black 1962:95—139)。

在规则与阐述规则的词语之间似乎有一种特别密切的关系。词语和用词语组成的表述之间的关系并不是外部的或是视情况而定的，就如同任何事物与它的语言所指的关系那样：规则在一定程度上是通过它的表述建构而来的。一个判决、一个承诺、一个命令都是这样……

但这并不是说一个承诺必须通过词语的组成来完成。我们确实能够作出或是讨论一些暗含的承诺或其他人从没作过或是想过的承诺。因此，研究含蓄性规则（implicit rules）（别人从来没有阐述过的规则）或是永远都不会被说出的规则的可能性就不足为奇了。

规则必须是一个正式的陈述，或至少能够进行陈述。考虑到本书第一章所讨论的（注释12）关于“私人语言”的一些矛盾，为谨慎起见，我们可以加上一个条件：没有被陈述的规则必须要成为一种公共陈述。布莱克指出了“规则形成”的两个方面：（1）针对一类行为的描述，这类行为可能是限定在一个指定的阶层内；（2）表明这类行为是否被要求、禁止或是被允许（Black 1962：108）。

规则以所叙述的方式帮助规则的使用者即其行为被描述的人推断他们应该如何行事。布莱克认为规则是一种“指示”（indication）。同样，维特根斯坦把规则称为“指示牌”，吉尔伯特·赖尔（Gilbert Ryle）称规则为“推断声明”（inference-tickets），戈特利布则称其为“推断许可（inference warrants）”（Gottlieb 1968：33—34）。正如我们从布莱克所列举的指示所看到的，强调指导扩大了奥斯汀的要求，即把什么是被允许的、什么是被要求或禁止的都包含了进来，哈特在重新解释法律实证主义时也包括了这一点（Hart 1961：26—43）。

人们所作的各种推断，如我必须、绝不能、可以、不需要、应该、不应该，也大致表明了“规则”所使用的情况。布莱克认为在一般使用的语言中有三种“感觉”（senses）（他使用的术语）（Black 1962：109—115）。它们分别是规章意义的规则，主要指命令性规则或是持久的命令；指导或是指令意义的规则以及准则意义的规则。这些规则与第四种意义的原则规则的区别在于“祈使性语言或是情态动词（应该、必须、可以等）的使用很显然不适用于原则规则”（Black 1962：113）。原则规则主要指逻辑规则、自然法则、数据的规律性等。只有前三种意义的规则属于社会规则。正因如此，它们必须具有行事功能，“必须是关于人类能够做的一类事情”(Black 1962:107)。

但是，布莱克认为提供指导的规则是指示如何取得一种结果——“既没有规则的创始者，也没有历史”，我认为这是不恰当的(Black 1962:110)。当然这对于第四种原则规则来说是正确的。任何陈述总是有其创始者，无论是什么意义上的规则必须是被叙述的或是可以被叙述的。但是，指导是社会性的，即使它所陈述的条件不是人所能控制的，这是因为人们总是要判断在这样的情况下是否值得去取得某种结果。我们可以看一下布莱克所举的一个例子：“在第一场霜之前不要种土豆”(Black 1962:110)。人们自己决定是否这样做，并自己承担后果。在人类的历史中，有很长一段时间，人们都是用这种规则来作这样的决策的，因此有无数的陈述者。但是，人们不能决定什么时候会下第一场霜，即使有统计数据预测出可能下第一场霜的时间。

尽管社会规则必须有创造者和历史，但是要使规则发生作用这两者都不重要。在以上这个例子中，人们通常会把这种规则称为“习惯性的”，承认其长久的历史，但是并不承认其中蕴含的知识。奥斯汀认为，创造者的愿望或是希望是以祈使形式包含在规则所表达或叙述的规则中(一般情况下是有一个创造者，无论是谁或是关于什么)，而关于创造者就不必再有任何表述。在布莱克所指的广义的规则中，也包括各种推理，创造者的意图包含在规则的陈述之中或通过规则的陈述表达出来。[9]

在这两种情况下，我们从规则本身就可以知道或是推断我们需要知道的一切——规则是关于什么的，以及我们与规则的关系是什么。这一点在奥斯汀的例子中非常明确，因为规则只有一个功能，即表达一种命令。但是，从广义角度，什么可以表示规则起着不同但是相关的作用。问题在于要知道什么时候需要对一个规则所表达的内容作出反应，什么时候只是简单地推荐。

情态动词并不能解释清楚。众所周知，它们甚至在语言内部都是多变的。尽管利用规则的语境可以解决这些歧异，但是同时也产生了一些新的问题。语境会影响规则的内容，即使是在语境有助于使规则的作用更加明确时，但是规则也就因此失去了提供明确指引的作用。如果要研究规则“到底”说了什么，依赖语境要么会支持完全客观主义的观点，即规则只是体现行为的规律性，与规则创建者的意图无关；要么会支持完全主观主义的观点，即规则只体现创建者的意图以及所发生事情的独特内容。这两种观点都否定了规则的社会性特征。

要了解规则的作用，我们必须要采取布莱克所不愿意采取的一步。布莱克认为几种意义的规则是一个“连续体”(continuum)中的几个点(Black 1962:123)。我们需要做的是认为这些分类是具体的，因为它们是独立的功能类别。我们通过规则所表达的意义了解规则的功能，也通过了解规则的功能了解规则所表达的意义。

这样做的问题在于我们需要再次避免回溯或是无限循环。很显然，“指导意义”的规则的作用是提供指导，意义与功能相互建构。因此，我们必须找到建构布莱克所表达的作为独立功能类别的三种意义的社会规则的其他基础。我们也想了解布莱克是否忽视了规则的另外一种意义。只要任何被建构的事情都是以这种意义确立的，那么我们需要做的一点就是确立布莱克所指的三种意义的社会规则是唯一可能的三种，它们实际包含了所有的功能类别。

我认为语言哲学最近的一些发展可以支持布莱克所划分的三种意义的规则。我所想到的是言语行为理论。如果我们用“言语者”(speakers)代替“创始者”(authors)，这种关联性就非常明显。言语行为理论(更恰当地说是一种编码范式)非常系统地把言语者的意图与语言活动联系在一起。听者通过辨别以言行事(illocutionary acts)，以及根据所说的主题内容来推断言语者(创建者)的意图。以言行事主要是指建构有社会影响的行动的言语。通过确定“所说内容的交流功能”(Habermas 1979:34，59—65)，词语被转化为行动。

为了突出以言行事这一特点，我们需要抛弃人们长期所持的观点，即语言的(唯一)作用是呈现现实，这种观点也是实证主义所依赖的。言语行为理论的主要观点是语言既有表象作用，也有行事功能。人们可以用语言来描述行动，也可以用语言本身来完成行动。很显然，言语行为理论与本书的建构主义前提相一致，也为在建构现实的过程强调社会规则，而不仅仅是强调语言的公共使用规则提供了依据。

J.L.奥斯汀是第一位认识到语言的行事功能的学者(Austin 1963)。他与其他研究一般语言传统的哲学家们并不是被语言使用的一般性特点所吸引,吸引他们的是一些特殊例子或情境。[10]只有到了约翰·塞尔,言语行为理论才被定位为一种编码范式。塞尔的起点既是我们所熟悉的,对我们的目的来说也是适合的。"讲一种语言就是在进行一种由规则控制的行为。"[11](John Searle 1969:12)塞尔把言语行为引入到了社会学领域。

据我了解,只有一位社会学家,即哈贝马斯真正抓住了言语行为理论的重要性,并深入研究它的影响和意义。他认为"以言行事是语言与社会的制度秩序相互影响的一个平台"(Habermas 1984:321)。我的观点与哈贝马斯的观点在有些方面相似,但是,就如同我们在发展言语行为理论方面的分歧一样,我的观点和他的也有些不同。我希望把语言的一些特征作为区分规则功能类别的基础,而他希望发展没有强制性的交往能力理论(theory of communicative competence)。[12]

我们首先应该把言语行为中的以言行事行为置于奥斯汀首先发展的理论之下来指导后面的讨论(这是奥斯汀的又一传统,尽管为了避免混淆我不这样表述)。哈贝马斯进行了非常有益的总结(Habermas 1984:288—289):

> 通过以言指事(locutionary acts),言语者可以表达出事物的状态;他说了一些事。通过以言行事,言语者在说的同时也做了一件事。以言行事的作用实际是建立一个句子模式……通常是作为一个声明、一个承诺、一个命令、一个誓言等等。在一般情况下,句子模式是通过第一人称的行事动词的现在时表达出来的;而行动的意义可以通过"特此"加入言语行为的行事部分:"我特此向你承诺(命令你、向你悔过)主题的内容,即事物的状态。"而通过以言取效(perlocutionary acts),言语者在听者那里产生某种影响。通过言语行为,言语者使世上的某些事发生或成为可能。所以,奥斯汀所区分的言语行为可以总结如下:说事,通过说事而做事,通过说事而做事从而使某些事发生。

通过遵守构成句子的规则,任何一个言语者都能够让言语对象明白自己的意图。通过观察规则来实现以言行事,使句子采纳适当的形式,我们因此可以通过使用表示行动的特定规则的词来行事,组合本身已是规则形式的句子。也就是说,这些句子需要或者是允许听者推断言语者的意图。尽管所有的句子都有行事成分，但是，并不是所有的具有以言行事功能的句子都是规则。我们最多只能说它们有转变为句子的可能。

这些可以转化为规则的句子是否都可以转化为规则取决于它们的被接受程度。如果听者明白了言语者的意图，用一个肯定句表示出来，那么他就是“接受了言语行为所表达的内容，也为达成一致奠定了基础：这种一致一方面包含所表达的内容，另一方面也包含与该言语行为相关的保证或承诺以及与互动的后果相关的义务”(Habermas 1984:296)。哈贝马斯认为这是一种“弱规范联系……”(Habermas 1984:304；1979:62—63)，我也这样认为。尽管比较弱，但它还是赋予了言语行为以言行事的作用，并对言语行为规则的形式产生决定性作用。我们说它是一种弱规范是指在所有的言语行为中它都普遍存在，这主要取决于言语者和听者。

人们也许会反对，认为所赋予的这种规范性不足以建立一个规则，因为规则必须是针对“一类行为”(Black 1962:108)，而单个的互动不是。这种反对并不能质疑哈贝马斯，因为他把活动的结果称为“规范”，这可能是个人的行为，而非规则。而对我来说，为了避免模糊，我把规范性限制在言语者和听者之间开始的互动以及后来以此为例的所有这类互动。也许这就是哈贝马斯所说的“互动结果”。

这样的弱规范性可以解释一个指导如何变为一个规则。如果我在此声明把X算在Y内，并且你接受它，认为它在你我之间起作用，而且没有任何条件(如果提出条件，我也可能接受)，那么这个声明实际是规定了你我之间关于X与Y关系的主体间内容。我们总是可以同意去改变一个规则；其他人也可以加入这种一致的认同；它也可能被普遍接受。如果发生的话，通过具有补充以言行事的其他言语行为的作用，可能就会出现一种惯例。惯例在规范性方面并不比最开始所达成的一致弱，实际上规范性存在于所有补充的言语行为中，但是因为它涉及更多人而影响面更宽。

惯例一旦以这种方式建立起来，它就会代替一系列新的其他类似一致的情况。我们不必说我在此声明把X算在Y内，我会说把X算在Y内是惯例，你难道不同意吗？最后，我认为征得你的认可是一种义务；我只是把这个惯例表达出来。我们可能可以说惯例已经制度化了，在这个过程中，惯例获得了额外的规范力，即它们产生了不受新的一致影响的预期。制度化的惯例不会只是因为在规范性方面更强了而更像规则，它们只不过更容易被看到,更不容易被忽视。由于它们在规范性方面更强,所以要改变包含在这个惯例中的指导就困难多了,但是它们也并不是不可能改变。

在以上把X算在Y内的指导中的一种特殊情况是Y是一种价值观。这样它们就成为一种原则,尽管布莱克不这样称呼。我们看一下以下作为规则的这个例子:好人没好报(Nice guys finish last)。如果我们说做一个好人和吃亏是一种价值观——好的或不好的,那么,这个指导就不仅仅是避免吃亏,不要做好人。完整的理解是:成功比对人好更重要,所以为避免吃亏,不要当好人。

制度化加快了把价值赋予提供指导的规则的过程,或是通过提供指导的规则赋予其价值。原则一般都已经比较好地制度化了,这也可以解释我们的一般感觉,即它们在规范力方面与其他类的指示不同。但是,它们的规则性,通常也是规范性所依赖的,始于言语。“言语的道德力量是惩戒,甚至令人不安:制度只不过是言语行为达成一致时的(暂时)影响,它们与决定一样脆弱,总是会被遵守,但也会被废除。”我在此也补充斯坦利·费斯(Stanley Fish 1980:213)的观点:制度化和评价会阻止对某种制度的随意废除。

为方便起见,我在此只继续讨论具有指导意义的规则。我认为它们构成了规则的一个功能类别,我把它们称为指导性规则。有些学者认为指导性规则和惯例都不是规则(如 Bach and Harnish 1979:108—110,120—117)。其他学者(如哈贝马斯)认可其规范性,但是不接受它们的限定性特点(Habermas 1979:54—55,1984:303—305)。这种观点实际是让我们再次讨论限定性规则和构成性规则。一个建构主义者总是认为这种区分是任意的且无任何益处。言语行为理论也无法支持这种区分。之前的叙述表明当断言性言语行为成功时(它们的内容被肯定,并被赋予了规范性),它们就产生了规则,尽管其制度性和规范性都比较弱。当任何一个这样的规则变为一种惯例时,通过接受言语行为所建构的规则就开始取代那些对具有补充内容的言语行为的重复。当规则的规范性增强时,它的限定性特征会制止这种独立的建构,反之亦然。条件的变化是通过命名的变化显示出来的:建构变为制度。

所有的社会规则,不仅仅是指导性规则,都同时具有限定性和构成性特点。如果在产生指导性规则的过程中，断言性言语行为可以接受它们的限定性和构成性特点，至少在后一种情况下如此，那么人们可能会质疑是否所有的言语行为都有这样的影响，还是只有断言性言语行为如此。在此我们需要思考的是言语行为使语言具有了行事功能。通过作一个断言，人们实际做了一件具有社会意义的事，至少说的话引起了某种反应。但是，作一个断言远非言语行为的全部，它所蕴含的作用比社会规则提供指导这一功能要大得多。

因此，不仅仅是阐明事物的状态的言语行为(用哈贝马斯的术语来说，就是具有其他以言行事功能的言语行为)可以通过产生限定性和构成性效果而产生规则。但是，并不是所有的言语行为都能够产生规则。这要取决于所选择的动词和针对所说的话而期望产生的结果。如果我们想知道除了断言性言语行为之外，哪些言语行为还有可能转化为规则，我们需要有一系列能够在使用语言时产生社会行为影响的动词，或者更好的情况是，有一种把它们分为不同类别的言语行为的标准。

语言哲学家们从奥斯汀就开始列举具有行事功能的动词，并把它们清晰地分为不同类别。由于这种行事性是社会性的，这些类别也毫无疑问是功能性的。这就解释了塞尔对言语行为的划分的可信度和影响。他的分类还是正确的，至少对于他所关注的受众来说。塞尔的这种划分是言语行为理论能够进入社会理论的关键。他把言语行为分为五类：断言性(assertive)、指令性(directive)、承诺性(commissvie)、表述性(expressive)和说明性(declarations)。

断言性言语行为主要是指阐明一种信仰的言语行为，当然同时伴随着言语者的希望和意图，即让听者也接受它。二者都无意产生这两种行为在一起时所产生的限定性后果。断言性言语行为中所使用的典型动词主要有：声明、肯定、汇报、描述、归功于、坚持、不同意。虽然指导性规则是从断言性言语行为转化而来，但是布莱克认为指导性言语行为和指令性言语行为对于有指导意义的规则来说应该是同义词，这就使二者混淆起来。因为这样理解的指令不是从指令性言语行为而来，指令性言语行为是塞尔划分的下一类，因此最好避免使用"指令性"。

指令性言语行为呈现给听者的是言语者希望听者完成某些行为的意图。用于指令性言语行为的典型动词主要包括：问、命令、要求、允许、警告。尽管并不是所有的指令性言语行为都是祈使句,但是祈使句对于那些被视为命令的规则来说是最典型的形式。尽管如此,所有的指令性言语行为——但不是所有的祈使句——都期望对听者产生限定性作用。正是指令性言语行为的这个特点促使我们错误地认为它们所产生的规则是限定性的,这是其特殊之处。因此,布莱克所认为的具有限定意义的规则完全与指令性言语行为相呼应。成功的请求与命令也会产生限定性作用,尽管程度不同。换言之,即使以言取效的主体相同,但是以言行事的效果还是会随着动词的变化而变化。

布莱克对术语的选择在此再次产生了一些混淆。所有产生规则的言语行为必须具有某些限定性效果,因为所有的规则都具有限定性这一特点。如果所有的规则都是某种“限定”的话,那么那些产生于指令性言语行为的规则需要有它们自己的名称,我称之为“指令性规则”。

承诺性言语行为主要是显示言语者承诺完成某个行动的意图。最常见的例子是承诺什么或是主动提供什么。对于听者来说,接受言语者所提供的内容或是承诺对于言语者来说都是建构了承诺。“承诺”这个词本身就是有意产生一种规范关系,这种关系远比成功的断言所具备的规范关系要强。指令性和承诺性言语行为的意图也产生同样的效果,即让以言取效的主体做某事。它们的区别在于主体身份的不同,即另一个人或是自己,也由此产生不同的责任归属。对别人所作的承诺也有可能转变为规则,被他人接受的承诺为那些作出这样承诺的人提供了规则。

对自己作的承诺是否也会产生规则是很难解答的问题。[13]我们可以说,我自己承诺每周去教堂,或是也可以说我把每周去教堂定为一个规则。因为公共声明是规范性的一种来源,那么这样的个人承诺只有在被公共声明所遵循时才是规则吗?规范性不需要被叙述为人们所思考的那样,我认为如果一个承诺能够产生公共声明,而作出承诺的人不回避使其公共化就足够了。希望把承诺保持在私人之间表明了言语者对所作承诺的不安全感,言语者也拒绝接受其规范后果。如果人们把某事作为自己的个人承诺,那么实际上这个承诺对他来说就是规则,因为这个规则在这时对他既有限定性作用又有建构性作用。

大多数学者会忽略由承诺而产生的规则,或是把它们降级为“指令性规则”。也许这是因为他们倾向于把规则视为或是建构性的或是限定性的，前者提供指引，后者要求遵守。但是，承认另一种规则的存在则暗含在关于权利和义务的语言中。表述一个义务，如每周去教堂是我的职责，这是我（向父母、牧师、自己）承诺每周去教堂的另一种说法。而表述一种权利，如去教堂是我的权利，也可以另外表述为某个人向我承诺我可以去教堂。我所作的承诺赋予了我责任，同时这也是别人所说的我所赋予他们的权利。当其他人所作的承诺对我产生影响时也同样如此。我所称的承诺性规则总是以这样的方式产生影响。

人们也许会认为承诺性规则和布莱克所划分的格言性质的规则相同。但是事实并非如此。在开始时，布莱克列举了两类格言规则：一种是审慎性规则（prudential rules），一种是道德性规则（moral rules）（Black 1962：111）。布莱克认为审慎性规则可以被视为提供指导的规则，这也肯定了一些价值观。这实际就是我所说的原则。布莱克认为道德性规则则不同，因为我们不能选择使它们不适用于我们自己（Black 1962：111—112）。这种说法缺乏说服力。人们如果无视这些规则就需要付出巨大的社会代价，但是如果这样，规则就成为指令性规则或是指导性规则。

布莱克所要探求的在他的两类准则中已经显示出来。“按时还债是一个好的规则”；“一个好的规则是：慈善优于正义”（Black 1962：111）。第一个是审慎性规则，欠债实际就意味着一个需要按时还债的承诺，这个规则必须和履行承诺相关。第二个是道德性规则，很明显存在一些争议（几乎不是一个例子）。布莱克认为人们无法免于规则，但是我认为问题在于如果某个人没能遵守诺言，我们也应该理解或是谅解，而不是根据那些告诉我们依照正义对这样的行为应该怎么做的独立规则来直接行动。这两种情况都是关于承诺的，都是承诺性言语行为。规则本身恰好在承诺性规则及违背规则的情况下被人们认可为一种原则。布莱克在试图明确准则的意义时是以承诺性规则为先提条件的。在该过程中，他错误地把前者的特征赋予了后者。

断言性、指令性、承诺性言语行为与布莱克所划分的规则的功能类别之间的对应，表明塞尔所划分的其余两类表述性和说明性言语行为不能演变为规则。如果我们仔细思考一下就可以肯定这一点。更准确地说，两类言语行为都不能单独产生规则。

表述性言语行为主要是针对事物的状态表达一种情感或态度，说明性言语行为可以是致歉和祝贺。它们不可能转变为规则，因为接受它们对于言语者来说就足以满足此言语行为的意图。如果我说我在此向你道歉，而你也接受了，那么，在我们之间就不需要再解释我道歉的原因了。在你接受我的道歉后，这个言语行为就完全完成了想要的行动，不需要扩展以言取效。表述性言语行为变为礼貌时，它们和其他类言语行为结合在一起产生了限定性特征。

说明性言语行为甚至连接受都不需要就可以完全完成言语者的意图。比如我说你被解雇了，这个言语行为根本不需要言语对象接受就完成了，至少塞尔这样认为。说明性言语行为与其他言语行为相比所产生的限定性作用更是立竿见影。实际上正如我举的例子说明的那样，说明性言语行为所提供的信息并不充分（对比 Hancher 1979）。言语者因为有权威这样做就可以解雇其言语对象吗？如果是这样的话，如有规则存在，并且就是这样说的，这些规则就赋予了言语行为这样的限定性效果。如果不是这样，解雇言语对象这一行动只有得到言语对象的同意才有限定性作用。前面的例子实际是一个涉及高度制度化的指令性言语行为，后面的仅仅是一个断言性言语行为。其他一些较常见的例子，如我在此宣布你结婚了，我在此宣战，表明前者是说明性言语行为的一种运作，它们应被视为正在以言行事且行事充分，不是通过以言取效而是依赖制度化的规则来完成的。如果解雇什么人是指令性的话，那么宣布战争就是断言性的，获得一个竞标就是承诺性的。说明性的形式是为那些有可能成为规则的言语行为而存在的。

换个不同的表述，所有的规则或是断言性形式（如我说 X 属于 Y 的范畴），或是指令性形式[我说 X 人（应该、必须、可以）做 Y 事]，或是承诺性形式[我说我（能、将要、应该）做 Y 事]。尽管每个都是单独的类别，但是，在产生规则的过程中三者相互作用。人们会对其他人的承诺做出断言性言语行为，会用指令性言语行为回应断言性言语行为，等等。下面我用“声明”（claim）这个词举例说明，这个词我在前面的章节中也提到过。

看以下这个陈述：我在此声明这是我的钱。这个叙述可以是一个断言的意义，主要取决于语境：这个钱是我的。加上“因为我舅舅的遗嘱是这样说的”，实际就是一个断言性说明。第二种可能是它可能有指令意义：我要求允许我拥有我所应该有的。加上“因为我是国王”，实际就是在做一个指令性说明(或是以幻想取乐)。我们可以注意到"声明"一词所表达的无论是指令性还是断言性言语行为都取决于之前的承诺,即赋予我拥有这些钱的权利。无论我以什么形式来说,我声明的核心是我得到承诺我拥有这些钱。我甚至还可以对自己作出承诺,使我自己得到这笔钱。在这种情况下,我不是提前承诺我要做什么以确保我得到钱,而是取决于你听到我的声明后会做什么。

这个例子中承诺的这种视情况而定的特征要求一种战略性互动(在第六章注释14中会解释)。正如哈贝马斯所说的,这不是以理解为导向,而是以成功为导向。它是有意控制以言取效的可能性,使以言行事的方向从言语者转到言语对象,即你要完成至少是一部分我所承诺的我自己的事情。言语对象通常会以反对的形式予以回应。针对这些声明进行互动的过程实际上是一种行之有效的形成新规则的方式,以双方都接受的结果的形式来完成(参见 Kratochwil 1983:17—21; 1984:691—697)。这样的规则源于共同的承诺:我们都承诺……如果是双方的联合承诺性说明,我们应该称其为合约。[14] 在高度制度化的环境下,人们通常会用法律规则来支持这样的声明,我们具有对立的环境和推理观点,肯尼迪与克拉托赫维尔认为它们是法律情形的象征。但需要注意的是,其他类型的声明则不太适合进行类似的法律思考。

我认为在法律上,没有一种对于"声明"的使用是在言语行为理论所提供的类别之外的,所有的使用都是属于这个或那个类别,或是在复杂的使用情况下属于不同类别的结合。在这些使用的背后都是一个最初始的言语行为,即承诺性言语行为。相对而言,断言性言语行为与指令性言语行为开启了规则的形成过程。其他的言语行为则做不到这一点。这就使我得出了自己的结论:从断言性言语行为、指令性言语行为和承诺性言语行为开始,我们实际上具有了产生所有规则的分类体系。

但是,还有一个问题。正如我们所注意到的,塞尔的划分完全是功能性的。他完全根据言语者的言语意图,即针对言语对象的目的对言语行为进行分类。那么我们如何才能知道他是集中在人类语言活动的基本类别上?哈贝马斯认为塞尔的分类"清晰、明确……"(Habermas 1984:320)。我非常赞同这一点,但是这还不是我们所需要的完整答案。让我们欣慰的是,塞尔在他的分类体系中指出了一种本体原则。但是,令我们不太满意的是，他关于本体的类别划分并不是非常适合，塞尔他自己也认为这是“不太简洁的解决办法”(Searle 1979:15)。

塞尔认为言语行为涉及言语者用来实现其意图的词语与言语者所指的世界或是事物状态的嵌入(fit)关系问题。他认为断言性言语行为作为一类是把词语嵌入世界。相反，指令性言语行为是把世界嵌入词语，主要让言语对象通过这样做来改变世界。承诺性言语行为也是把世界嵌入词语，就如同指令性言语行为一样，是言语者承诺自己做某事，而不是让其他人来完成。塞尔要表示指令性言语行为与承诺性言语行为“实际是属于同一个类别”，但是不需要使其中一种服从于另一种(Searle 1979:14)。

哈贝马斯对于该问题的理解不同。他认为断言性言语行为是把词语嵌入世界。他认为需要把祈使句与其他“具有规范权威的”(Habermas 1984:324)指令性言语行为区分开。他对承诺性言语行为的看法是，实际上只有承诺是把世界嵌入词语。但是，在这样做时，“言语者以一种规范职责限制了他的意愿；……”(Habermas 1984:324)。我认为哈贝马斯是指，承诺性言语行为中普遍存在的规范性实际是颠倒了词语与世界的嵌入关系。在他看来，它们是词语嵌入世界的关系。因此，哈贝马斯重新使用塞尔的划分方法来命名祈使句；我们也可以推断，对我们自己的承诺是通过言语行为改变世界的努力，而断言性言语行为和大多数指令性言语行为和承诺性言语行为则相反。对于哈贝马斯来说，后者的条件是对国家事务与意图合法性的主体间认可的途径。

哈贝马斯为了自己的规范目的而改变了塞尔的本体原则。嵌入方向十分重要：人们期望词语嵌入世界，而非其他，至少对个人的言语行为是这样。只有当世界嵌入词语这种关系是合法交换的产物(词语嵌入世界)时，它才是人们所期望的。那些具有限定性特征的言语行为(不包括祈使句)或是在规范性方面不具有冒犯性的言语行为(断言性言语行为)才属于这一类。对祈使句与其他指令性言语行为的区分以制度化程度(规范性权威化还可能是什么呢?)代替了最初的本体原则。

我们必须回到本体角度所理解的嵌入方向问题来看塞尔所选择的词语是否正确。有些词语在不适合的情况下嵌入世界，或是使世界嵌入词语。我认为对断言性言语行为来说是这样。它们或是反映了现存的词语嵌入世界的关系，或是提出了一个新的关系，[15]并不是要改变原有的安排。我与哈贝马斯不同,我同意塞尔的观点,认为指令性言语行为属于把世界嵌入词语的类别。例如,我请你把楼梯修好。事物的状态这时是指楼梯的状态。在我的要求下,你的行动改变了楼梯的状态。我的词语(与相连的行动一起)改变了世界。

但是,我与塞尔观点的区别是,我认为承诺性语言属于词语嵌入世界的类别。向自己作出承诺是表明一个自己希望的事物状态,使它对自己产生影响。再看一下我举的例子:我承诺我会把楼梯修好。我对自己承诺事物的一种状态,在这种状态中楼梯不再是一个问题。我的行动,受我的责任的影响,将被指令来完成修楼梯这件事。我的承诺因此将被解除。我的词语——作出承诺——是嵌入事物的状态;任务完成后,我的责任也就被解除了,这也是改变世界的一种方式,就如同楼梯坏了,需要修理一样。"世界所呈现的样子"并不是承诺性言语行为所指的"事物状态的世界"。[16]

如果我对词语与世界的嵌入关系重新建构的方式是正确的话,那么本体类别就与言语行为与规则的类别相对应。尽管这是令人欣慰的,但它只是一个伪成就(bogus accomplishment)的一个重要方面。塞尔的本体原则主要是依赖于后结构主义以及语言的表象观。"嵌入"这一术语是以可实证体的独立为前提条件的,在这种情况下就是词语与世界的关系,关于"嵌入"的关系问题也正是围绕此而提出的。建构主义不认为语言与世界是独立的,它们彼此相互建构。如果存在的类别是语言建构的,那么应该说它们也具有社会起源。

正如我在本章开始所说的,对于基础的追溯可能会导致循环,找不到源头。那么当我们发现每一类别确实可以导致另外一类时,有什么能确保关于功能与本体类别之间的对应呢?至少对我来说,答案是相似类别的积累。没有哪一类是完全基础的、"超验的",或是基本的。当我们努力发现下一步所要努力寻找的内容时,我们会使用(或是误用)这些术语。我认为有三种关于词语—世界的嵌入关系。我的研究风格是"更加深入",或是追溯至人们所普遍接受的"开始"。每一种新的类别都比其上一种更加"基础"。

我最好在此表明我是通过把词语与世界、言语与规则联系起来而选择了一个方向,之后再研究其他方向。本章我是以法学理论开始,实际是沿着另一个路径，即把规则与法律和秩序联系起来。我采用了一种更加间接的方式，因为我认为法律理论忽视了语言的作用，没有把个人行为与社会规则充分联系起来。言语行为可以起到一种连接作用，但并不完全。

我们还需要更多地研究个人的行为，尤其是人们如何学习什么是规则，何时需要遵守规则。这也是下一章的主要内容，即文化。我把文化定义为个人行为的一般模式。如果法学理论没能把个人行为与社会规则联系起来，那么对于规则的使用与社会安排，即“秩序问题”也会同样如此，“秩序问题”也是第四章的标题。在第四章中，我将以针对言辞的讨论结尾，但不是人们所认为的法律领域的行为，而是修辞与规则一起在社会安排的建构过程中所起的作用，当然这种社会安排不是我们所认为的那种法律安排。

注 释

1. 埃米尔·涂尔干(Emile Durkheim)在他的实证主义先驱之作《社会方法的规则》中这样讲道：“首先也是最基本的规则是：把社会事实视为事物。”(Durkheim 1964：14)。

2. 他得出结论，尽管不是十分恰当，即所有命令都是由明确的法律制定者或是主权颁布的(J.Austin 1954：18—24，133—135)，也可参见哈特对奥斯汀观点的重构(Hart 1961：18—76)。

3. 最清晰的例子是汉斯·凯尔森关于“国际法的基本规范”的假设：“国家应该表现得如它们传统上所表现的那样”(Hans Kelsen 1952：417—418)，其基础是人们的行事方式确实如此。所有法律规则都是以此获得了其法律特征，因为凯尔森认为国际法律秩序使其他的所有法律秩序生效。凯尔森用英语和德语出版、发表了很多作品，其观点被认为是20世纪前半叶法律实证主义的主要观点。

4. 这些是纽黑文学派组织法理学(configurative jurisprudence)所青睐的概念。其代表作可参见 McDougal and Reisman(1981)。关于纽黑文学派对科学的观点，参见 Young(1972)。

5. 主要参见 Richard A.Falk(1971)。福尔克(Falk)认为其观点介于凯尔森的实证主义和纽黑文学派之间。

6. 后面的短语(即选择逻辑)实际是戈特利布的书名，在书中他系统地阐述了他的观点与逻辑原理(Gottlieb 1968)。

7. “严肃地对待权利”(他1977年出版的书的名字)使德沃金沿着自然主义发展。他当前关于“作为整体的法律”的概念指出了建构位于自然法律和实证主义法律之间的第三种方式，尽管这种方式与非实证主义法律相比更接近自然法。这和目前德沃金所强调的理解结合在一起就显示出与建构主义的相近之处。

8. 克拉托赫维尔不会同意该观点。他一直对规则感兴趣(Kratochwil 1978：45—66)，他所出版的著作阐述了对规则这个概念的理解，并对他关于言辞的观点进行了补充。因为我是以规则为起点，所以我到第四章才会讨论言辞问题。

9. 依赖于"管道"的隐喻(表示包含和传送的词语)充斥着关于语言的概念性语言(Lackoff and Johnson 1980：10—13)。这样的隐喻也不可避免地主导着关于规则的语言。

10. 由于奥斯汀反对哲学是当时建构的，我更愿意称他为一位哲人(philosopher)，而不是哲学家(Philosopher)。他的方法是选择一些日常使用的语言，把它们作为语言复杂性的范例。学科范式把实例(发生作用的理论的例子)与困惑(需要理论来解决的问题)视为必定不同。奥斯汀不考虑理论，认为所有值得选取的例子都是有疑惑的。可参见他著名的关于借口的阐述(Austin 1964)以及它们与事件、错误等关系的例子。

11. 并不是所有人都对言语行为持这样的观点。一种观点是使用意图语义学通过去掉规则来简化对言语行为的分析。它通过以一种简单的有限方式来定义规则而取得了成功(我认为是受害于此)(Bach and Harnish 1979)。

12. 哈贝马斯认为，这样的理论基于代替语言镜面观的"语言哲学范式"，将会扭转几个世纪以来作为理性必备条件的工具理性的发展，而建构我所称的一种社会操作范式(Habermas 1984：386—399)。

13. 约翰·埃尔斯特把束缚自己的行为称为"事先承诺"(precommitment)(John Elster 1979：36—111)。我发现这个命名非常独特，因为它表明了承诺之前的行动。实际上，埃尔斯特详细的讨论是以战略关切为中心，必然要求其他人的存在。之前的行动正是针对他们提供了指导或是指令。这样的承诺在埃尔斯特的讨论中是无足轻重的。

14. 迈克尔·汉彻使用的是同样的推理脉络，但是认为合约和其他合作性言语行为是类别(generic categories)结合，而不是说明性言语行为(Michael Hancher 1979)。

15. 塞尔认为表述性言语行为没有嵌入方向，因为"用表述性言语行为所表述的内容是有预设条件的"(Searle 1976：16)。最好是说根本就不存在嵌入，因为没有什么与其他事物相关。他同时也认为说明性言语行为存在两个方向的嵌入，因为这里为了以言行事要求一个"语言外的制度"(Searle 1976：18—19)。制度化，虽然是先前的，几乎不能算作语言外的，与嵌入方向的联系也是模糊的(Habermas 1984：324—325)。

16. 嵌入方向(direction of fit)可以用事物预先期待的状态来塑造。我要求你修楼梯表达的意思可以是：我希望楼梯被修好，你能来做这件事吗？这是一个两个步骤的言语行为。我通过让你把你的词语嵌入世界(就我所期望的事物的状态作一个承诺)来把世界嵌入词语(努力让你做修理楼梯这样的事)。但是，我并不需要把我的要求以你愿意作出承诺来定，尽管我可能会这样做以加强我所希望的以言取效效果。我可以根本不考虑你是否愿意作出承诺而命令你修楼梯，你也可以不依赖这样的承诺就这样做。这样理解的要求与其他指令性规则的区别就是当哈贝马斯认为简单的祈使句与具有规范性的被授权的指令性规则是有区别时所认为的。为了确立嵌入方向，后者是承诺性言语行为，而非指令性言语行为，这是哈贝马斯误认为的它们的规范化特征。

第三章
认知、判断、文化

行事性语言与规则的类别与推理模式相对应。我们重新思考一下前一章所讲述的嵌入“方向”问题，我是支持这种说法的。如果从建构主义者的视角来看，推理模式是在物质环境中的一种长期人类实践。具体而言，我认为是“世代相传的制度”而不是逻辑或是基因遗传，使人们拥有了特定的推理模式。推理要实践，认知是行为。[1]

建构主义对推理的理解扩展到了学习和了解层面，不仅仅是获得知识，而且是学习和了解这些知识，包括关于规则的知识。我把这种学习称为如何进行判断，因此，我赞同哈罗德·加芬克尔的观点，即人类不是“判断呆子”(judgmental dopes)(Harold Garfinckel 1967:68；也可参见Heritage 1984:110—115)。相反，孩子们学习如何在不同的社会和自然成长阶段进行判断。让·皮亚杰(Jean Piaget)以及劳伦斯·科尔伯格(Lawrence Kohlberg)分别将此称为“道德发展”的阶段和水平。在我对他们的研究所进行的建构主义解释中，第一阶段主要是与获得指导性规则相关的知识以及使用这些指导性规则的能力相关；第二阶段是围绕指令性规则；第三阶段则是围绕承诺性规则。

正如皮亚杰所指出的，使用哪类规则取决于实践与意识。意识是对规则的一种自身的内在支持，而每种规则也有其外部支持。对每类规则的支持的聚合以及被人们内化并在实践中而使用的规则一起构成了文化。文化把各类规则以及这些规则所产生的各种形式的相关支持以不同的比重混合在一起。虽然任何文化的构成都会发生变化，但是确实没有必要也不需要列出一个发展顺序。正如文化与规则的类别相关，性别也与推理的类别有关联。我会以这个结论来作为本章的结尾。

认知的普适性

人类行为的某些类别是否最基本的，这是一个没有被回答的问题。如果我们问这样的类别划分是否普适性的(universal)，可能就可以得到答案。"普适性"在这里是指人类的共有特点或是活动，或更具体一点，是指所有有能力的人所共有的，无论是在什么地方或是在什么环境下。"能力"(competence)主要是指大多数成年人所具备的认知发展水平。当然，一个人也许做不了大多数成年人都能做的事，例如讲话，但是他们还是有能力的，比如照顾他们自己。

语言，包括行事性语言，是人类共有的。如果我在前面的章节所谈到的断言性言语行为、指令性言语行为、承诺性言语行为以及与它们对应的规则不是人类所共有的话，这是难以想象的。但是，它们的这种普适性并不是想当然的。据说，在新几内亚岛的伊马斯语(Yimas)中只有 90 个动词，其中只有一个具有行事性，即"说"(to say)。[2]尽管这让我们十分诧异，但是，我认为伊马斯语有可能不仅仅是在断言性言语行为中使用这个动词。比如，"我说你或是我(应该，必须，将)离开"这个句子，如果伊马斯语具有任何时间性的话，这个句子可以具备指令和承诺作用。如果这些人具有推理能力的话，这些句子就一定会具有这个功能。

从经验层面看，毫无疑问，推理如同语言一样是普适性的。实际上，推理能力是判断一个人认知能力的标准之一。我们普遍认为有两种推理方式，即归纳推理(inductive reasoning)和演绎推理(deductive reasoning)。皮尔斯(C.S.Peirce)在一个世纪前提出了第三种，即溯因推理(abduction reasoning)(Buchler 1955：150—156，Habermas 1971：113—139，Eco and Sebeok 1983)。我认为这是普遍存在的一类。我也认为这三种推理包含了推理的全部。如果要解释其中的原因，我们可以重新回到关于言语行为的"嵌入方向"问题。

言语行为的意义是对事物的状态产生一种影响。对于断言性言语行为来说，一种事物的状态可以解释另一种事物的状态。指令性言语行为是要改变最初一个较大的事物的部分内容。承诺性言语行为则是用一种受限制的事物状态来改变事物更大的状态或是结果。断言性言语行为无论在空间上还是时间上都是整体与整体的关系；指令性言语行为是把整体与部分联系在一起，而承诺性言语行为是把部分与整体联系起来。对于指令性言语行为和承诺性言语行为而言，时间性（temporality）是前提条件，这些言语行为使部分或是整体的事物状态从一种转变为另一种。[3]

如果这样理解的话，言语行为实际是对推理的应用。从整体到部分实际就是通常我们对演绎推理的描述；从部分到整体是归纳推理。而皮尔斯所说的溯因推理是从一个整体到另一个整体，但是不是必须从整体到部分，再到下一个整体。这三类实际包含了所有的整体与部分的关系；因为在这之中没有假定部分与整体的联系，所以，部分与部分的关系就是整体与整体的关系。

演绎推理作为一种独特的推理方式被接受的时间最长，因为它看起来无可置疑：一个整体只能是其各组成部分，而部分与部分之间必须是以明确的方式相互联系在一起，否则它们就不是整体的组成部分了。例如，A、B、C 作为表达一个整体的组成部分，如果 A 等于 B，但是 B 在某些特定的方面（对于整体的定义）不等于 C，那么 A 在这些同样的方面也不可能等于 C。但是，需要注意的是，如果整体是不定的，可能会发生变化，那么 A 就有可能等于 C。归纳推理就没有演绎推理这样的逻辑严密性，因为整体的内容事先无法知道或是固定。最有问题的是溯因推理，因为整体的内容不同，同时又是不确定的。如果整体确定的话，那么它们只是一个所知整体的一部分（由两部分组成），关系明确；否则，整体的关系就只能是推测（conjecture）的问题。

如果溯因推理作为一种推理方式最后被接受的话，这只是因为推测确实是非结论性的。当推测被用于其他推理模式时，我们只是把它作为理论的一个重要创新部分。不仅如此，这对于我们通常所说的部分到整体（归纳）、整体到（更简单的）整体、整体到部分（演绎）的模式也至关重要，整体与部分的明确关系也使部分与整体之间的模糊关系更加清晰。在没有这样的支持活动的情况下，推测总是充满挑战和反推测（countcr-conjecture），除非人们接受它是出于一种信仰。卡尔·波普尔曾警告说理论永远不能被证实，这是认可以下观点：即使是其他推理模式可以为推测提供支持，推测也还总是具有非结论性这一特点（尽管他不接受演绎推理）（Karl Popper 1968：40—42）。

演绎、归纳和溯因都是人类的实践活动，具有普适性，它们作为认知活动的特殊领域先于对它们进行的抽象概括。它们是由基因导致的自然产物，还是由物质环境所产生的自然结果？归纳在此会起误导作用。大脑作为一个物理与化学系统，毫无疑问是使用同样的开/关、不是/就是等推理模式，这也是演绎的特点，但是这并不必然使大脑在没有实践的情况下就一定会使用、倾向使用或是能够使用那些推理模式。无论自然是否我们进行推理的前提条件，推理本身是一个具有社会性的问题。

归纳更适合于以上这种情况。如果演绎似乎更受自然所驱使（可接近的自然似乎从未违背演绎逻辑），那么归纳并非如此。我们选择进行归纳，因为我们知道它在我们的努力过程中对我们有帮助。实际上，归纳是我们谈论经验积累效果的一种方式。我们的努力和经验更多是社会使然，而非自然造就。

马克斯·布莱克也在他非常著名的以下段落中表达了同样的观点。

> 因此，所有的成年人都在参与一个复杂的学习系统，我们可以称其为归纳惯例（inductive institution），这种看法并没有什么奇特之处。就如同战争、法律等其他惯例一样，它具有一个相对固定的形式，代代相传，但并不是不能改变。它以禁止、许可、行为准则、非正式的格言等形式体现出一种透明性。就如同其他惯例一样，归纳惯例也需要其参与者掌握一系列的概念体系，既有描述性内容，又有规范性内容（Black 1970：86—87）。

我认为演绎也是一种惯例。我们进行演绎，是因为它对我们起作用，即使是当我们认为这是自然规定的，我们别无选择时。而另一个极端，即推测，顾名思义，并不是被强迫的，而总是自发的。但同样，它也是一种惯例。就这样，推测作为一种推理而稳定化，从而保证了可以得到的结果。通过实践，我们改变了规则，也改变了结果。

布莱克认为“我们不能把归纳性的推断作为一种如银河般‘给定’（given）的自然事实，对其进行批判是荒谬的。理解归纳就必须接受它的权威性”（Black 1970：89）。布莱克的观点是有说服力的。即使我们把演绎视为“给定的”，我们明白如何去演绎（就好像我们知道如何归纳或是推测）这一点意味着我们接受“它的权威性”。那么，我们所讨论的“它”就是一种惯例：无论归纳、演绎还是溯因，其权威性都是社会性的。

正如布莱克所使用的术语，权威性主要是指规范性的创建者成功地将规范赋予规则的历史。人们不知道那些个体的创建者，但人们所无法知晓的历史并没有使其失去规范性。相反，那些众多的无名创建者为其增加了权威性。[4]这并不是意味着我们不可能重构惯例的历史，至少是在一个宽泛的框架之下，它们的普适性和相关性使我们视其为认知的普适性。

如果我们认为人们以某种特殊的方法进行推理，因为这能够对他们的努力有所帮助，那么我们需要考虑我们所熟知的，几乎人人都会使用的这三种推理当中，哪一种能够有助于他们的努力。这些必须是在人类的经历中反复出现的，我们也可以断定它们是不断被发现，或是被广泛传播，或是既被发现也被传播。并不是所有的人都要直接参与这些努力，但是每个人都可能意识到这些努力以及向他们所在社会单位的传播。除了这三种推理所推动的具体推理之外，它们还受制于表达、概括、制度化等——它们是行动的规则性建构。

布莱克认为有一类实践满足所有这些条件，即战争。士兵们被认为是容易从整体到部分，即演绎。面对某种形势或场景，他们通常是将其分解，然后分析，以便推荐或选择最佳的进攻路线。“进攻”这个隐喻是对所面临的情况的定义。对手和目标同时存在，目标是要击败甚至是毁灭敌人。我们也需要注意这里的隐喻并不一定是指军事方面的。即使没有真正的敌人——没有需要击败的人——我们也可以想象有：我们可以进攻问题；我们可以进攻自然。我们把这视为科学的语言，这里的对手是指所有我们所不了解的或是不能解决的。（关于“争论是战争”这种隐喻，参见Lakoff and Johnson 1980：4—6。）

分析演绎方法的结合使用、控制自然的不断努力、用机器来帮助和代替人工劳动、以分析实践为模式在社会机器中对人力的使用（我们称为劳动分工）等，都是一种战争，是真正的战争之外的战争，也是一种惯例，是对士兵们的推理方式的精炼和扩展，它明确了我们所认为的我们的思考方式——只有以理性的方式进行思考、进行言说才是理性的。[5]

在这种情况下，人员规划或是人员安排是军事上发明的一个术语就不奇怪了，而现在的军人很少打仗，在一些新的国家他们处于“现代化者”的最前沿，[6]“军事—工业指数”还具有它所描述的作用之外的很多效力。而各类组织中的人员也像军衔一样使用等级、实施纪律，说话时也如同他们在打仗一样，这些也都不足为奇。各类组织人员，不是指影片中所描述的那类叛徒或是雇佣兵，实际是我们这个时代的士兵的例子。

在人类的推理历史上满足所有条件的第二类实践与狩猎有关，首先是猎取食物。狩猎与进攻在特点上刚好相反，进攻在前面的分析中已经提到是从整体到部分。而狩猎刚好可以描述反方向的活动，即从部分到整体。人们努力发现线索、判断所面对的情况，把零散的信息组合在大脑中形成一个具体图像(可比较 Ginsburg 1983)。如同推理那样被抽象，这实际就是归纳。

在这里我们不能把狩猎时所涉及的暴力与对整体进攻的局部分解相混淆。我们需要明白对此类行为至关重要的社会是“狩猎与采集社会”。任何以获取某种物质来满足人类需要的活动实际都是一种狩猎活动，这也是对我们能够获得所需要的事物的一种证实。狩猎和采集实际上可以说明我们人类在进行社会活动中所经历的很多情况。

总结植物和动物的自然特征会促使人们思考对它们进行有效干预或是进行一些效仿，这就产生了农业和畜牧业。新石器时代也是一次革命，更准确地说是为了满足物质需要的一次革命。[7]农民是系统的采集者，不再需要像他们过去“狩猎”时需要做的那样，尽管他们也需要关注一些情况，如早期的天气、动植物疾病、土壤的补充等等。

也许狩猎的独特方法对于那些治疗人类疾病和其他疾病的人来说是最清楚的了。诊断是开药方前必须要先做的。我们习惯上总是把医学作为一种科学，但是，这样做会导致方法的混乱。[8]医生在一开始并非首先依赖科学的方法。发现病人的病症之后，他首先是看这种病症是否与所描述的一些疾病的特征相吻合。与哪种病的特征最吻合，就确诊病人是患上了哪种病，然后医生根据过去针对类似疾病的经验进行治疗。[9]如果病人没有什么反应就意味着需要继续寻找其他病症，看这些病症是否与其他疾病的病症相匹配。科学无疑使这一过程加快，但是它并不能取代诊断在治疗过程中的关键作用。[10]

与推理相关的第三类实践是牧师的推理。我们一般的印象是，为了保护和传播某个社会的核心信仰，牧师们独断地重复那些有限的内容，不断地阐释、不断地说明，有时甚至是夸大，但是很少改变。宗教仪式使人们坚守自己的信仰，宗教被赋予的神圣性确保宗教具有了永久性。为了更好地理解人们所熟悉的牧师技能的建构，我们必须要在一个更加简单的平等的社会场景中来思考牧师的这些技能，我们会发现预测与祈祷是比较突出的。[11]牧师们实际从一开始就是推测、联想、启迪方面的专家。他们的话语建立了意义，证实了世界上所发生的一切的意义。重复性的祈祷和各类仪式使他们的推测掩盖了其最初的联想而具有了可信度。[12]

在我们当前所处的世俗环境中，心理医生代替了牧师，教师甚至可以发挥更大的作用。教师们如同牧师一样也会经历猜测的自由联想和灌输信仰的限制之间的矛盾。像我一样的教授一般会认为有责任掩饰自己的推测，主要是通过建立假设，并引用其他权威或是通过科学的仪器或是分析步骤等这类语言来支持自己的假设，或是说这是个人观点。我们也可以注意到与推测同时进行的一些推理活动有些被人们相信并接受，有些被忽略，而我们的推测被赋予了特别的声望。一些人成为无所不能的评论员或是成为官员们的顾问。其他一些人则忙于向年轻一代兜售学术上流行的内容或是向他们盲目灌输一些颠覆性的思想。

无论教授们是否表达通过自己的推测而建构现实的兴趣，实际上他们确实起到了这样的作用。当他们碰巧是牧师时（想一下什叶派的毛拉），他们就代表了一种声音，这种声音可以调动起一种资源，这是士兵们很少可以调动起来的。预言、灌输信仰以及大众支持的结合是当前群众运动的一个共同特点，对于那些极权主义来说还是一种必备条件。由于西方的教师们太关注于分析步骤，而像我们这些希望在事件中发现真正意义的人从他们那里就无法听到类似于我们的观点。当我们在赞扬分析的优点、教授掌握各种步骤程序，以及以战争应对战争、犯罪、贫困、癌症、文盲与迷信时（普通人所想的最后一种具体的世界），我们实际上都是通过推测来完成。如果牧师们是宗教研究领域的教授，那么教授们则是世俗世界中的牧师。

简言之，人们通过推测和一些仪式来理解所面对的情况，通过使用一些破坏性技术来应对其对手，通过狩猎和采集来满足需要。如果我们广义地来理解这些实践,每个人都有能力做到这一切。专业化也随之出现。有些人在某些推理模式方面更加娴熟,在实践中也可以更加熟练地使用这些推理。他们自己组成一个群体,并使其制度化来控制其他成员、获得资助、制定实践标准以及传递技能。这样的群体逐渐演变为职业、公司和社会阶层。按照哈罗德·拉斯韦尔的观点(Harold D.Lasswell 1965a:3—20),我把他们称为“技能群体”(skill groups),在本书第七章我会对它们再进行讨论。

但是,无论有多少这样的群体,无论这些群体多么专业化,所有这些都可以追溯到传统的三种制度,分别与预言、战争与供给(provisioning)相关。但是,一些专门的次级惯例都有一些强制性历史。人们不仅忘记了那些长远的联系,甚至还会对其压制,并提出一些新的联系,获得一些实践意义,这些新的联系成为制度,同时也丢弃了历史。例如,假想演绎(hypothetico-deductive)与归纳假想(inducto-hypotheticative)这两种推理模式在被称为正式推理的制度中完全对立、互补。假想实际是一种训练推测(domesticated conjecture),而自由推测(free conjecture)则是被降级为猜测、想象、迷信——根本就不再是推理。作为一种推理模式被再次发现时,推测被赋予一个新的命名,即溯因,这样它可以成为与归纳、演绎一样的术语。

人们这样借用、修改、结合以及减少他人的实践,然后忘记或否认这样做是明显的语言惯例(institution of language)。毫无疑问,我们所使用的语言,如同任何一种其他制度,是经常变化的,但是,没有变化的语言实际上包含了过去语言的使用情况,现在的使用会起到消除其历史的作用。这种情况在印欧语系上就可以体现出来。印欧语系是最大的,也是最成功的语系,印欧语系也包括英语。它从欧洲一直到南亚,可以追溯到人类历史早期的农耕时期。因为历史上和现代有很多种属于印欧语系的语言,因此,通过这些语言讲述的故事、神话也很多,也有很多相关的实践,比较的过程也促使人们进行有根据的推断。我的推测可以作为一种假设,然后去核对历史记载。

幸运的是,我并不一定必须这样做。印欧比较语文学,既可以提供原始材料,也可以提供被重新构建的内容,后者是乔治·迪梅奇(George Dumezi)主要讨论的。以下我引用对迪梅奇研究的一个很好的介绍(Littleton 1982:6):

> 总而言之,在对古印欧语系所讲的不同社会和神话形式进行对比分析的基础上,迪梅奇得出结论:(1)家长(parent)或是前印欧社会(Proto-I-E society),在其解体之前,其特点是三分意识形态(tripartite ideology);(2)这种思想的元素由那个社会的继承者们通过在印欧领域的范围内传播;(3)这些元素可以在大多数,但并不是所有早期的印欧神话和史诗中发现,从古印度的《吠陀经》(*Vedas*)到前冰岛时期的《爱达经》(*Eddas*),从《摩诃婆罗多》(*Mahabharata*)到《挪威王列传》(*Heimskringla*)。而且,这种思想无论是在神话、史诗,还是在社会组织中表达出来,都是印欧语系所特有的,在公元前2000年之前印欧语系的人们开始移民之前,在近东、尼罗河谷、中国以及古代世界的其他地方都没有类似的情况。

人们也许会猜测印欧的"三分意识形态",就是我所说的三种古代的制度,它们在一起构成了三种元制度(meta-institution)。可能最清楚的表达可以在古印度的社会安排以及神化与宗教中找到。从可以找到的最早时期的证据中,我们发现有三个等级阶层(castes),分别由牧师、武士和农民组成,其他人则都在等级之外。在印度的古代文学中,对诸神灵的描写也都显示和支持这种社会安排。

同样的三类划分(工匠和农民为一类)在古代的印度—伊朗语族、希腊、拉丁、日耳曼、古斯堪的纳维亚以及凯尔特语中都可以看到。举一个明显的例子:欧洲社会的三种秩序在印度的等级社会中被重新构建为三个种姓(Duby 1980),尽管二者在实践中没有直接联系。欧洲人没有必要向印度人学习他们早已实践过的内容。[13]

但是,正如我引用的段落所表明的,并不是每个人都能够赋予古代的祈祷与仪式、战斗、线索寻找这三种安排以这样的社会意义。他们并不能把他们的实践分为或是塑造为这三类。当然,我们不能将此理解为他们不能像印欧语系的人们那样推理,或是他们的规则不是分为三类。它表示他们对事情的特点所进行的总结和我们所总结的并不一样。归纳的特点本身就是建构,但是,我也有责任说一些含糊、没有什么帮助的话,如"他们不像我们那样了解他们祖先的制度"。

而我努力以可以作为一种模板的分类方式来建构人们的实践,但别人可能不这样认为，这就促使我把我的分类强加给他们。印欧语系的人们遍及全球，他们总是把自己的实践强加于他人。也许他们的三分意识形态的清晰度和效率可以解释他们千年来的成功扩张。在任何事件中，任何一个群体的人都没有免于三分意识形态对于其思维和言辞的影响。从建构主义角度讲，人们的思维与语言从行动开始。由于我们的影响，他们的不同行事方式转变为与我们接近的思维与言说方式。

把实践建构为类别（甚至人们的感知也需要实践）并不具有普适性，它是最基础的。康德把它追溯到经历的物质层面和可以建构的方面。[14]在过去的 10 年中，杰拉尔德·埃德尔曼发展了一种理论，使分类成为大脑更高级的作用，即广义的认知基础，就如同二重运算（binary operation）对于作为一个物理—化学系统接受感性信息的大脑来说是最基础的一样（Gerard M.Edelman 1987）；但是需要注意“在概念层面，分类的标准既不严密，也缺乏逻辑，也没有统一的标准”（Edelman 1987：246；参见 Lackoff 1987）。[15]

如果分类是社会基础的话，那么所分的各类别并不是。两分法（binarism），即对成对的类别的最普遍划分方法，是一种很普遍的认知方法。规则的存在以此为基础，因为规则总是为人们提供一种选择，或是遵守或是违背。我在本书中所基于的三分法也许在最初是普遍存在的，在当今人们的实践中它逐渐变为普遍性的，或几乎是普适的。如果这些分类在实践中是普适的，它们在认知方面也一定是普适的，当然除了它们所建构的和借以表达的制度之外。

规 则 能 力

心理学家和社会学家长期以来一直对人们如何具备使用规则的能力持一种比较简单的解释，但听起来比较有道理，现在很多人也接受这种解释。这种解释是实证主义的，尤其是行为主义的。人们学习规则，之后他们通过了解行为的后果而知道需要遵守哪些规则。规律性是最关键的。如果一个重复的动作在每个场合都导致了同样的反应，这种规律性就使人们学到了这个规则的内容。无论是否能够清楚地说出规则的内容,行为者都学会了遵守。也就是说,这些规则被内化了。行为体的行为是受规则控制的,就如同这个短语被大家共同和大致使用的那样。

很显然,这种解释的问题在于一些人类行为是在知晓的基础上进行判断的结果,主要基于相关规则以及对规则部分遵守、全部遵守和不遵守的结果。这些行为似乎超越了面对某种情况时人们由于受内化规则的影响而产生自动反应这样一种简单的机制。正如布莱克所指出的那样,即使我们区分盲目的无意识遵守("规则影响的行为"或是出于"条件反射"而产生的更加原始的结果)和有意识遵守那些清晰表述的原则(规则导致的行为),实际上都是对规则过分简化了的反应。"在这些极端的例子之间,我们可以看到那些智慧的和技能性的表现('接受规则'和'规则指导'的行为)……"(Black 1970:55, 41—56)毫无疑问,人们学习规则本身,并学习如何使用规则。杰夫·库尔特(Jeff Coulter)将此描述为"非主题地学习(non-prospostition learning)如何做"。[16]我则更愿意将此称为学习如何判断。

很显然,学习如何使用规则在认知方面要比学习规则的具体内容更复杂,要求也更高。同样,孩子们随着身体的成长和社会阅历的增加也具备了学习具体规则和在规则的使用过程中进行判断的能力。由于人类倾向于将事物进行分类,在特殊的成长阶段的不断变化也被人们分为不同阶段的变化。孩子们通过了解不知道规则的后果而将规则内化,不同的阶段就体现出知识的增长,不仅仅是增加了记忆,而且还获得了从特殊的经历进行总结,并对它们进行灵活分类的能力。孩子们学习如何使用规则,而这些阶段也显示出孩子们会不断出现一些新能力,这些新能力比主题内容学习(propostional learning)更重要,随之会产生更多技能性的表现。

人的认知能力的发展是以阶段来进行的,这并不是一个有争议的问题。但是,我们所说的"阶段"(stage)到底是什么意思?在学习什么是规则的情况下,阶段是指观察者所看到的孩子在掌握规则的主题内容方面出现的一些成长的标记(benchmark)。在学习如何使用规则方面,阶段主要体现孩了在认知的组织方面所不断出现的变化。能力意味着必须经历这些必需的和不变的阶段顺序。

从建构主义角度看，这些观点是可以协调的。孩子们必须在能力方面不断发展，以应对社会建构的现实。这种现实并不是简单的规则的集合，而是三类不同的实践。所有这些实践可以分为三类。如果孩子们在认知发展过程中在不同阶段单独发展了某类能力，如言语行为类、规则类、推理类等，那也不足为奇，这都与他们的身体成长和社会发展密切相关。如果是这样的话(我认为是这样)，成长阶段对于观察者来说是必要的，且各阶段之间的关系是不变的。但是，阶段也只是习得某种特殊能力的标记，孩子们获得这种能力的顺序是一样的。不同的阶段之间是不需要逻辑的，因为阶段出现的顺序总是相同的。

人们认为这些问题在针对孩子的"道德发展"(moral development)的研究中极其重要。让·皮亚杰开启了对判断形成的研究，并将其作为认知发展的一个方面(Jean Piaget 1932)。最近，劳伦斯·科尔伯格成为这个领域的主导人物。在他的首部著作中，科尔伯格提出了关于认知发展的两种对立观点。人们认为它们或是"对文化道德概念的习得或内化"，或是"通过孩子与其所处的社会环境的互动而产生的结构，而不是直接反映孩子所处的文化所赋予的外部结构"(Lawrence Kohlberg 1963:30)。科尔伯格自己坚持第二种观点，并将其称为建构主义。

对于科尔伯格的观点的标签以及对其观点的启发都是来自皮亚杰(Kohlberg 1984:301)。尽管如此，科尔伯格也不是真正的建构主义。他认为道德的发展总是"按照一个不变的顺序按部就班"(Kohlberg 1964:31)。这种顺序有一种"内在逻辑"："后一阶段不仅仅代替前一阶段，而且改变前一阶段"(Kohlberg 1984:246)。

科尔伯格从不变的顺序转向内在的逻辑是用建构主义取代了结构主义。这是皮亚杰的影响的模糊之处，因为两种观点他都支持。与皮亚杰、克劳德·列维-斯特劳斯和诺姆·乔姆斯基(Noam Chomsky)相关的结构主义模式认为对事物状态的内生变化是依赖于不变的转换规则，在这背后是把二元对立假设的基本原则作为基本的结构原则，或是说是基本的大脑活动，这表明人类不仅仅具备这样的能力，而且具有这样行事的基因基础。

皮亚杰的结构主义是对发展阶段的一个简洁总结，因为建构本身也是结构，即使它们不是产生于一种结构原则。科尔伯格不需要接受结构主义关于结构关系的解释，以使其受益于对结构主义的描述。即使皮亚杰自己把阶段描述为结构，他对结构的逻辑也没有什么特别兴趣。

科尔伯格的可取之处在于，他自己的描述性努力使他从所假定的过于僵化的发展内在逻辑中解放出来，从而可以采用一种建构主义的视角。对于科尔伯格来说，问题在于事实证明大多数人都没有达到他所指出的道德发展的最后阶段（第六阶段）。有些人达到这些阶段是由于他们的建构能力以及他们所处的社会建构的有利环境。由于科尔伯格所描述的第六阶段的内容是以个人的独立自主与原则性行为（布莱克关于规则引发的行为）来进行的，他在探索建构主义的过程中，转向了康德和现代的康德主义者，如约翰·罗尔斯和哈贝马斯等。[17]尽管如此，科尔伯格以此所获得的一切都支持其最后阶段的建构主义观点，他的批评者们认为这一点只是支持他的自由主义观点（Reid and Yanarella 1980，Schewder 1982）。

还有另外一种可能，即如果科尔伯格接受的话，他将可以以建构主义所认为的道德发展的阶段是不变的来替代道德发展是遵循本身的内在逻辑，而这种内在逻辑观点是有问题的。具有讽刺意义的是，这就意味着要重回皮亚杰关于这个问题的开创之作（Piaget 1932），在这之中规则这个因素在科尔伯格关于发展阶段特点的总结中明显缺失。对皮亚杰这样的建构主义者来说，规则在孩子与其环境的互动过程中起了调节作用。“所有的道德都是由一个规则体系构成的，所有道德的本质都是在人们习得规则的过程中所努力获得的。”（Piaget 1932：11）

皮亚杰把规则实践与规则意识区分开来，把实践分为四个阶段，把意识分为三个阶段。他认为实践的第一个阶段是“纯粹的运动和个人特点的阶段”，可以被忽略，因为这一阶段的规则并不是“真正的集体规则”（Piaget 1932：16）。很显然，婴儿们就是这种情况。皮亚杰并没有从简单行为的规律性来推断规则，这一点是正确的。之后，规则意识阶段与规则实践阶段同时存在，但是规则意识略微落后于规则实践。

科尔伯格把道德的发展分为六个阶段，没有一个阶段是参考规则来定义的。但是，他与他的同事们很快就把这六个不变的阶段分为三个层次（levels）（Kohlberg 1981：16—17，Kohlberg and Gilligan 1971：1066 1068，Tapp and Kohlberg 1971：68—70）。科尔伯格在1976年所作出的经典论断中，认为思想层次“是个人与社会规则和预期关系的不同类型”(Kohlberg 1984:173)。这三个层次，即第一层次，第二层次，第三层次，被称为惯例前(preconventional)、惯例中(conventional)、惯例后(postconventional)，这种划分没有任何帮助。惯例是指被个人成功内化的外部规则。发展的惯例前层次是指规则处于个人之外，惯例后层次是指“个人把自己与其他人的规则与预期区别开来，以自己的选择原则来定义自己的价值”(Kohlberg 1984:173)。

我们可以看到科尔伯格由于认为自己的观点是建构主义而付出了巨大代价，从而重新回到规则这个要素，第一个和第二个层次实际是重新建构了他的反对者们所说的惯例的内化观点，而第三个层次通过表明规则可以被置回外部世界，而以自己创造的新规则(自己选择的原则)来取代。如果建构主义意味着个人是在积极地参与与自己相关的社会现实的建构，我认为一定是这样，那么他所作出的选择绝不可能仅仅是内部创造的，内化也同样如此。建构主义试图通过否定二者中任何一个对于对方所具有的优越性来克服个人与社会的二元对立性。但是，对于个人在“第三个层次的‘社会视角’是‘先于社会的’(prior-to-society)”，我的印象则不同(Kohlberg 1984:177)。

所有这些都不意味着科尔伯格把不同的发展阶段归纳为层次是错误的。他这样做把规则重新带回人们的视野，尽管效果不是很好。这样做同时也产生了一个问题，实际上是两个问题：这种观点是否也把皮亚杰带回到这样的划分中？如果是这样的话，那么科尔伯格对阶段的划分与皮亚杰的划分具体是什么关系呢？如果两人都使用了同样的内在逻辑，那么他们所划分的阶段也应该相同。但是，皮亚杰划分了三个实践阶段(如果我们忘记非社会性的、道德前的第一阶段的话)，由于科尔伯格忽视规则的意识，他的六个阶段是皮亚杰所划分的三个阶段的两倍。科尔伯格对这种非一致性的理解本身就是不一致的。他在1969年所发表的一个图表显示他所划分的前两个阶段与皮亚杰的前两个阶段相同，他的第三个和第四个阶段在皮亚杰的划分中没有相对应的阶段，他的第五和第六个阶段和皮亚杰的最后一个阶段吻合(Piaget 1984:45)。十年后，他表示他把第四、第五和第六阶段加进来，与皮亚杰的第三阶段相对应。

如果我们认为科尔伯格把皮亚杰的第三阶段进行了扩展从而包含了

六个阶段中的四个，那么不一致性就不存在了。但是，只有我们认为皮亚杰对于孩子13岁之后的道德发展并不在意，这种划分才是可行的，这样的观点就是假定孩子们到13岁时认知发展已经基本完成。这样科尔伯格所认为的持科尔伯格观点的教育者们认为在13岁后会道德发展加速(Kohlberg 1981：55—59)的观点就是正确的。这也意味着孩子第二阶段的任何发展都得不到任何解释。科尔伯格将发展描述为在经过中点(half-way point)后就在没有变化的阶段中前进，这仅仅是描述而已。

把规则引入，并将其作为连接孩子与环境的媒介，这对于我们从建构主义角度理解道德发展是非常必要的。如果不采取第二步的话，那么皮亚杰与科尔伯格关于发展顺序描述的结果是不同的。但是，问题在于他们都接受同样的观点，即规则在人与环境之间是一种被动、透明的媒介，这也能够很好地满足内化观点的需要。这种看法的结果是环境中的任何事物对于发展来说都没有区别，道德发展仅仅受先天所具有的内在逻辑的驱动，使认知发生变化。

规则并不仅仅是被动地传递环境的内容。规则起到建构和限制的作用。从建构主义的角度理解道德的发展需要把规则的分类与皮亚杰的发展阶段以及科尔伯格的发展层次联系起来，这一点非常必要。只有这样他们关于道德发展的不变顺序才可以得以解释，同时又可以避免对发展的内在逻辑作出不必要的假定。也只有这样，我们才能理解对判断的建构，以及针对判断建构的可能性。

皮亚杰发现当孩子们在三到五岁的时候，在不遵守规则的情况下，他们就无法把游戏进行下去。这些实际是指导性规则，它们帮助孩子“以个人的方式来玩那些被赋予了社会内容的物质的东西”(Piaget 1932:271)。这是孩子们实践规则的第一阶段，可以被恰当地称为道德的。即使这样，皮亚杰还是称其为“自我中心阶段”(the stage of egocentrism)(Piaget 1932:26)。科尔伯格也发现在惯例前阶段有这样的以自我为中心的行为以及“具体的个人视角”(Kohlberg 1984:177)。尽管如此，他认为孩子的这种以自我为中心的行为的目标是为了避免惩罚。孩子们是“遵守规则的”(Tapp and Kohlberg 1971:69)。这样的行为表明了由他人发布和遵守的规则的存在，它们是指令性规则，而不是指导性规则。很显然，在第一阶段，皮亚杰与科尔伯格实际是在谈论不同的规则。

以下这个例子可以进一步说明这一点。指导性内容，如“不要碰火炉”，要成为被孩子们接受并付诸实践的规则并不需要伴随着惩罚的威胁。孩子们从不同的经历同样可以学到为什么指导性规则必须要遵守。如果是面对指令性内容（指令性言语行为或是指令性规则），孩子们是将其内容视为一种指导，并依此行事。实际上，所有规则在孩子发展早期阶段都是外部规则（也可参见 Piaget 1932：42）。这也使科尔伯格在第一阶段把两种规则合在了一起，因为这也是孩子的父母在针对孩子实践规则的过程中所做的一点。

皮亚杰并没有犯任何错误，因为他的兴趣不在于规则的最初来源，而只是对孩子对规则的使用感兴趣。惩罚不是唯一的考虑，就实践而言，意识也同样如此。第一阶段并不是以权威为主导。实际上，皮亚杰的发现恰恰相反：“孩子在规则的使用过程中或多或少是取悦自己”（Piaget 1932：49）。他随之也提出了以下这个问题：成人的权威起什么作用呢？对于孩子来说，它只是“肯定了孩子自我与成人或是年长者的世界之间的持续交流……”如果惩罚在第一个层次的规则实践中不是一个考虑因素的话，这主要是因为在那个层次的意识并没有赋予惩罚以成年人所理解的那种意义。

皮亚杰对第二个层次的规则实践的概括强调了在共有规则下约定的以目标为导向的行为。因此，这样的活动完全是社会性的，因为这涉及与使用同样规则的竞争对手的比较。规则的存在确保了合作的可能，规则经常被视为不容侵犯或神圣的（主要是意识的问题），已经被完全内化，大家都完全掌握了这些规则（Piaget 1932：45—46）。因此，科尔伯格把这一阶段的规则称为惯例性的似乎是正确的，但是他所作的关于规则被内化确保了人们遵守这些规则的推测并不完全正确。我在以下的陈述中看到了这样的观点：“在惯例层次（第二个层次），人们普遍接受了维护规则的视角，主要关注的是法律与秩序……”（Tapp and Kohlberg 1971：69）。

孩子会违背规则，之后或是否定规则或是为自己的行为进行辩护。其他孩子针对这些违背规则的行为以及孩子的辩护会通过转向权威而作出一些反应：问年龄大一些的孩子或成人，让他们评判这些违背规则的行为。把规则进一步解释清楚以及对违规行为的惩罚表明把权威理解为社会事物，而不仅仅是成人的随心所欲。对惯例的态度促使人们更加重视指令性规则。同时,因为这些规则被内化了,行为也倾向于惯例化了,因此与规则所要求的相一致。不符合惯例的规则,尽管不经常发生,但会受到公众的反对以及公众对权威人士的呼吁。惩罚开始进入人们的视野,因为这也是从文化角度接受权威的一部分(如果是的话,在有些文化中,这一点可能体现得较弱)。人们担心受到惩罚是权威准备进行惩罚的前提条件。这种担心作为一种威慑并不是要人们担心被惩罚,而是担心要应对在公共场合被控违反规则或是需要进行辩解时的情况,更不用说手头的任何活动都要中断。如果我们通过狭义地理解惩罚来看待这种恐惧、担心,实际上我们是在以成人的方式来看孩子的世界。

在第二个层次,孩子们也学会以权威的方式行事,即发布指令性规则,限定这些规则应用的范围。如果这些规则没有被遵守,他们也将采取相应的措施。皮亚杰注意到在解决创建一个新规则和认为该规则是神圣的、不受时间影响之间的矛盾时,孩子们想象"他只是重新发现了一个本已存在的规则"(Piaget 1932:48)。使用权威与一种惯例性的态度是相一致的。用科尔伯格的话来说,其结果就是意识到自己是"社会成员"(Piaget 1984:177),而不是被动地应对规则。

科尔伯格对于第三层次的道德行为的描述与皮亚杰关于规则实践的第四阶段很好地吻合在一起,皮亚杰的第四阶段主要是"对规则本身发生兴趣",而他关于意识的第三阶段的看法是"不再存在观点问题,只存在对步骤或是程序的违反"(Piaget 1932:41, 57)。就规则进行商讨、接受新的变化、对那些公共意见表示接受,这些自我意识都是基于对规则的特定条件的了解,他自己作出承诺,同时也明白其他人,无论是孩子还是成人也都会作出承诺。

在所有规则中,承诺性规则是最难实践的,因为它要求承诺者要意识到这种规则的社会影响。很显然,有些人在此处无法解决类似于先有鸡还是先有蛋这样的难题。那么人们如果没有这样的实践如何才能有这种意识呢?为什么人们会如此冒险,即在没有规则意识的情况下去实践这些规则?这种情况就类似于囚徒困境(在第八章中也会讨论)。囚徒困境表明,对于一些具体条件,如在对双方都有利的情况下,双方都具有一种规则意识,人们会履行承诺性规则。

因此,科尔伯格及其同事在第三层次的A阶段和B阶段遇到了一些实践困难就不足为奇了(第五阶段和第六阶段)(Kohlberg 1984:270—274)。第六阶段和第五阶段无法完全分开,因为实践和意识相互依赖。科尔伯格的第三层次的社会角度应该是社会建构者,而不是先于社会。塔普(Tapp)与科尔伯格的观点接近,将其称为"规则建构视角",之后又认为规则只是产生于理性,而非其他,这就影响了之前的观点(Tapp 1971:69—70)。充分意识到完全通过作出承诺而建构社会的这种影响,而不是这样的规则,是一种建构主义观点。这样,独立的个人就不存在了,他实际是在经历规则过程中更低层次的人为产物(artifact)。

在每个层次,科尔伯格的A阶段和B阶段都与皮亚杰关于实践和意识的划分密切对应。因此,第一、三、五阶段是在规则实践中的发展层次;第二、四、六阶段是实践规则发展滞后的意识层次。因此,科尔伯格认为,"一般来说,第二个阶段是每个主要层次更加高级和有组织的形式"(Kohlberg 1984:173),他这样说几近正确。B阶段看上去也更加高级,因为他要求组织的存在,但是,次级层次的活动也可以被视为是次要的,比如需要进行清理等。

第六阶段(第三层次B阶段)所需要的不仅仅是组织,还需要抽象思考的能力。但是,达到这种认知层次的孩子们似乎在科尔伯格认为他们达到第六阶段意识的几年前就这样做了。而且一般来说,科尔伯格所划分的阶段要比皮亚杰所划分的在实际中晚。这种年龄差别一定是与结构上平行的阶段重心的实质不同有关系。皮亚杰主要关注孩子们所使用的规则,而科尔伯格主要关注那些成人所假设的各种情景(更多参见Damon 1977:36—46)。在他想象的关于成人对孩子的场景中,规则言语的缺失暂时完全改变了在实践中人们所认为的在经验方面的发展模式。

科尔伯格关于发展顺序的观点与皮亚杰的相比就不那么站得住脚了。科尔伯格通过内化语言来界定层次,实际是犯了几个类别性错误,如把权威意识置于了错误的层次。层次并不仅仅指规则内化的程度,它们是实践层次和对规则的类别的意识,这些规则在认知的需求中会变得越来越复杂,实践与意识一起引导人们作出判断。在发展的连续阶段学习规则时,我们并不是简单学习如何应对指导性、指令性和承诺性规则。一旦我们学会了如何应对这些规则,我们就会对它们进行正确的判断,并作出相应的应对。

文化差异

人们一贯认为只有具有行事性的指令性规则才是规则的主体，这种看法源于以下这种观点，即认为只有当规则的内容被接受或是被拒绝时，它才是真正的规则，因此规则必须是外部强加的。依据这种观点，因为规则被执行，或是那些被要求执行这些规则的人们认为这些规则被执行的可能性是真实的，所以规则才是有效的。因为指令性规则是非常明显地被强加或是被拒绝，所以它们本身就需要有一种持续的被认可形式以及外部的支持结构。被认可这一特点自边沁以来就一直在实证主义思想中起决定性作用(Bentham 1948:24—28;也可参见第五章)。除非是允许诱惑(inducement)或是积极的处罚，任何事物在这方面都没有改变。[18]

尽管如此，我认为它太过于限制。无论是指导性规则还是承诺性规则，它们都需要具备一些外部因素。这些规则在某种程度上比指令性规则更可能遭到拒绝、反对，或是强加色彩更强。对于指导性规则而言，包括原则这种特殊情况，我认为与执行规则相平行的外部结构涉及贬低、讽刺、排斥等。如果指导性规则包含一些物质内容的话，如“不要碰火炉”这句话，当孩子碰火炉伤了手之后，对他说“我和你说过了”，实际就是使用了一个简单但充分的外部结构。如果规则完全是社会建构的产物的话，如“不要用手拿东西吃”，对此类行为的反应有可能是“人们可能会嘲笑你”。依赖惩罚(或是贿赂)实际是把指导性规则转化为指令性规则，是强化或是代替了保证规则得以遵守的基础。这意味着孩子们又增加了对尴尬、耻辱或是贪婪的担心。

对于承诺性规则，与执行规则平行的外部因素是权利与职责的对应或是互惠，个人或是财产等概念都依赖于此。因此，像“不要告密你的朋友”这样的承诺性规则伴随着一个严厉的处罚：否则他们也会对你做同样的事。如果不能信赖任何人会是什么样呢？当然，这样的规则可以转化成一个指导性规则(或是我们将会打你)或是一个指令性规则(或是你将丧失你的朋友们)。由于要对外部现实(例如，可以信任的世界)与特定的承诺性规则(不要告密)的实践之间关系有“正确的”意识是存在难度的,我们可以预期承诺性规则可以比较典型地转化为指导性规则或是指令性规则,并分别由各自的外部因素来完成。但是,没有规则会因为出于社会便捷性或是有效的内化而被视为另一种规则,从而必须丧失其原有的特点。

一旦规则被分为此处所说的三类,那么关于规则的建构主义观点都会同意指导性规则、指令性规则和承诺性规则都可能在不同的历史文化中按照不同的比例结合在一起。所有这三类规则以及实践与意识相关联的层次在所有的文化中都存在,尽管结合程度不同。在一些文化中,很多复杂与高度仪式化的指导性规则与大量的展示和盛大庆典一起形成了稳定的社会安排的基础,这一点就如克利福德·格尔茨所展示的古印度社会那样。在这样的文化中,一个突出特点就是格尔茨所说的“舞台恐惧”(stage fright)(Clifford Geertz 1973:400—403),我们可以将其称为在执行指导性规则时对于失败的一种预期和担忧,这种感觉在西方文化中只有在舞台上才会感觉到。

承诺性规则占比重较大的文化主要是指西方的自由世界。一些承诺性规则构成了对我们个人来说非常重要的权利与义务结构。这些规则使我们成为个体,即特定自由意义所指的“拥有性个体”(possessive individuals),它也同时使我们产生了责任感、对履行义务失败时的负罪感以及对于别人无视这些规则,不能充分意识到社会依赖于这些规则而产生的愤怒感。

指令性规则占比重较大的文化,也包括美国文化,多拥有自己的警察和惩罚机关、法律体系、抚育孩子的实践以及分析与还原倾向。确保人们遵守指令性规则的技能对我们来说都非常熟悉,而它们所引起的反应(一般来说是害怕或是贪婪)、人们对这些规则的内化以及违反这些规则的后果,无论是以抽象的还是可以挽回的形式,对我们来说都非常熟悉。

在西方文化中指令性规则与承诺性规则的比例到底是多少,这是一个很难证实的问题,西方文化是否在向更多的承诺性规则转化也是一个争论激烈的问题,而由于更多的监督代替惩罚,这种趋势日趋加强。公共活动以及公共场所的增加也使得文化向指导性规则以及相应的文化转化。为了满足控制目的,在技术方面也使指导性规则和指令性规则的可能结合从长远来看威胁到指令性规则与承诺性规则的平衡，这使未来更加充满不确定性(Onuf 1984)。或是随着全球资本主义的发展，反向的资产阶级化也可能会加强自由主义的承诺性文化(Kahn and others 1976)。

有些人也可能会质疑，以指导性和指令性规则为代价，从长远角度增加承诺性规则是否有保证。他们在自由主义文化以及需要遵守社会规则的社会结构中看到一种事与愿违的分配结果，一种关于谁在控制的错误认识，这主要是由强调权利和义务以及对主要受益人的心理健康的极端影响所致，这种影响通常以无所指的愤怒、焦虑和内疚的形式表现出来。

我们可以发现所有这三类规则都可以通过使一些人获得更多的利益或优势而产生一种稳定的社会安排。我们也发现这种社会安排产生的方式和特点不同，不同文化在应对不同规则的结合方面以及结果让哪些人在哪些方面受益也很不相同(Ruth Benedict 1946:222—227)。用鲁思·本尼迪克特(Ruth Benedict)的话来说，也正是他让这种说法广为人知，耻感文化(shame culture)是指导性规则占比重较大的文化。这种文化的另一个显著特点是人们对诸如能力、风俗及遵守规则(葬礼仪式、礼仪仪式以及对礼貌、忏悔、后悔的表达)而产生的公开甚至是激烈的反应。在这种文化中，特权人士通常是长者、牧师以及拥有特殊荣誉的人。如本尼迪克特所说的，把羞耻定义为对于违反一个外部规则的反应，然后把整个文化都与之联系起来就要求人们区分外部规则和内部规则，这一点要通过规则内化过程来提升(Benedict 1946:223)。

而罪感文化(guilt culture)也同样如此。在这种文化中，承诺性规则、责任感、担心行为失败(无论是自己的还是他人的)，以及商人和财产拥有者的特权比把罪感作为对内化规则的反应更为重要(Benedict 1946:223)。罪感文化(如同西方文化中的此类文化)为权利提供了很大空间，重点在于并不是这样的规则不需要内化，而是对于违反规则的行为所引发的愤怒以及被动员的所有公众的愤慨，就如同我们预想的在耻感文化中所发生的那样。相反，耻感文化(如同什叶派的文化那样)把自己和社会的身份视为其中心原则，这些原则完全内化以至于殉教这样的仪式都不需要观众。

耻感和罪感的区分不仅仅过于简化了规则与文化的关系，它还错误地把世界描述为只有两种类型的文化。第三个可能是存在恐惧与担心的文化,在这种文化中我们会看到指令性规则、深思熟虑的行为、担心犯错、武士以及那些无所顾忌的或是狡诈的人的特权(就是马基雅维利所说的狮子与狐狸)。因为我们自己高度工具性、分析性的文化依赖于指令性规则的内化以及谨慎的反应,所以我们弱化了我们的文化也同样或更多是一种恐惧文化(就如同罪感文化一样)的程度。我们认为我们不害怕惩罚,因为我们花大量时间来避免惩罚;我们并不认为我们的谨慎引人注目,因为大多数这样的行为已经在一个有组织的环境里完成。在这种环境中,惩罚和奖励已经被非人性化了,真实的恐惧被转化为一种一般性的行为恐惧。

所有的文化都展示三种类别的规则,虽然这三种规则的结合比重不同。任何一个真正的文化并不是没有发展变化的可能性。发展只是表示三种规则的结合比重的变化。作为一个被认可的自由主义者,科尔伯格明显希望向理想的文化类型发展,这种文化类型主要由承诺性原则、责任、负罪和财产的特权组成。一个儒家哲学家可能会更倾向于由原则、荣誉、耻感、长者和智者的特权所构成的文化。作为哲学家的行为主义者,他们不亚于组织理论家们,会更倾向于指令性原则,它们被伪化为目标、效率、推断以及那些有技能的人的特权。[19]每种文化与其他文化相比都会意识到其他文化的局限性,但是我们都有义务(使用承诺性语言)为了它们的纯洁性而指出它们的缺点。

另一种可能是,在各类规则和与之相关的文化的特点之间寻求一种比例的平衡。如果诸如"多元主义"(pluralism)这样的术语没有被像科尔伯格这样主张权利多样性(就如他们所看到的那样)或是财产专制(就如同他们的批评者所说的)的人所挪用的话,"多元主义"也许能适用于这种可能。我们大多数人尽管是无意识的,但还是倾向于规则的结合,它能够赋予我们特权或是因为它是属于我们的,我们因此感到比较舒适。我对后一种可能的最好理解是它描述了我们自己的文化,实际上这种文化也使我拥有了某些特权。这也保证了我们每个人都珍惜的文化多样性,它使我们的文化成为一种权利、责任和物质成就的文化综合体。

这些关于文化过于简要的描述不可能建构一种特殊的物质环境,在这之中其社会单位的成员们认为自己与他们的文化有"非物质"的联系。即使这样的环境也对生产活动——比如巴厘岛的水稻种植——造成了很大影响，甚至排除了某些社会安排，在这个例子中是建构财产权利的承诺性规则。其他的安排和文化结果除了格尔茨在巴厘岛所发现的那些，有自身的指导性规则和戏剧性的展示作用，它们并未被排除在外。为了灌溉，对供水系统的维护可能就会产生以指令性规则为主导的“水力社会”，他认为巴厘岛是一个“融洽的水力秩序”[Wittfogel 1957：53；参见格尔茨(Geertz 1980：45—46)对以上观点的讨论]，而欧文主义社会(Owentine community)的相互依赖则是自主地建立在互助和责任的社会契约基础之上。

我认为性别也是同样如此。女人和男人的划分很显然是取决于一种物质条件，即女人具有生育孩子和养育孩子的能力。这种区分条件就促使形成了这样一种趋势，即把妇女所有的其他活动与“照顾”(mothering)联系在一起，并把它们视为女性的特点。性别在很大程度上是一种社会建构，性别的区分也是一种指导性规则或原则，主要是关于谁负有照顾的责任，它不仅仅是一种重构，而且是一种社会实践。

我们借用萨拉·鲁迪克(Sara Ruddick)所用的“母性实践”(maternal practice)这个短语，它主要是指照顾孩子，之后拓展到照顾家庭、照顾体弱的、照顾无能力的、照顾需要照料的、照顾整个世界，最后变为“‘保护世界、维护世界、修复世界……’的工作”(Ruddick 1983a：217，转引自 Adrienne Rich)。母性实践总是我们思考世界的一种方式。鲁迪克认为这是一种“母性思考”(Ruddick 1983a)，一种“保护的爱”(Ruddick 1983b)；但是对于卡萝尔·吉利根(Carol Gilligan 1982)和内尔·诺丁斯(Nel Noddings 1984)来说，则仅仅是“照顾的”。

很显然，我们赋予性别这样的特征也使男女推理不同。当他们进行关于规则的推理时，也会产生与道德相关的结果。吉利根的研究支持以下结论，即至少在自由文化中，当面临道德困境时，男孩子们通常学习使用演绎推理，而女孩们则更倾向于归纳推理(Gilligan 1982：24—63)。[20]鲁迪克认为，男性更易于好战性地思考问题或是更倾向于抽象思维，他们更习惯于抽象事物(Ruddick 1983b：249—252)。女性更易于具体地思考问题。女性思维“尊重复杂性、关联性、特殊性和模糊性”(Ruddick 1983b：249；也可参见 Gilligan 1982：101；Noddings 1984：36—37)。

根据女性主义思想，“认知风格”(Ruddick 1983b：249)会导致男女各自相关的思想道德风格、简单判断以及（向格尔茨道歉）厚重的描述。吉利根认为前者强调权利，后者强调义务。当道德困境关于承诺性规则涉及冲突时就是这样，吉利根认为这是想当然的。如果涉及指导性规则，分析性认知风格强调清晰明了；具体的融入性认知风格则强调同情。当鲁迪克认为男性不在意“痛苦的细节”时，比较突出的是指导性规则。但是，如果女人对细节比较敏感的话，抽象思维会使人们注意到痛苦的程度。

或许我们可以把女性的关注总结为“保护道德”，把男性的关注总结为“原则性的正义观念”，吉利根也是这样认为的（Gilligan 1982：30）。尽管如此，我并不是非常确定前者总是优于后者，一种特定的认知风格也并不总是会导致一种在道德上有吸引力的方向。抽象可以导致绝对主义和傲慢，具体可以导致琐碎和沾沾自喜。溯因推理是第三种认知风格，在这些讨论中并没有涉及（我猜想这是因为溯因推理通常没有被充分意识到，人们也很少将其与性别联系在一起）。溯因推理是关联性的，而不是分析性或是整体性的。承认溯因推理及其产生的后果是我们应对二元对立与社会极化的有效办法。

当然在人们选择不同的推理方式来应对道德困境时还会涉及很多其他因素。性别就是这样一种因素。文化以及规则的不同结合也是这样，道德困境更是如此。物质条件总是在发挥作用。孩子们必须被照顾，照顾就成为一种结果。人们可以相互杀戮，战争就是结果。如果不同类别的规则以不同比重结合在一起而产生了不同的文化，那么属于不同性别、文化、生活环境和物质条件的人类只能依据不同的推理类别及其变化比重来区分。生活在巴厘岛的人们倾向于指导性规则，男性倾向于抽象思维，这些都是我们的一种概括，表明我们承认重要的是个人差异，而不是分类表述。

注　释

1. 我把“认知”理解为一种思维行为，一种依赖于“更高级别的大脑功能”的行为。关于认知的这种包含性极广的概念在跨学科的运动中，即认知科学中也受到青睐。认知科学主要是“发展一种思维过程和表象，这种过程和表象以生物学为基础，在逻辑上可以解释，在心理方面是真实的，同时又可以通过计算机程序化”（Garner 1981：265）。我认为这种实证客观主义学科在物理学假定的范围内是有价值的。但是，是否所有人类活动都可以还原为二元运作（binary operation），把大脑简单地等同于计算机实际是简化了大脑内部和人们之间所发生的事，这些并不符合认知是一种行为的建构主义观点。详见本章注释 14 和 15。

2. 我以下引用在加州大学伯克利分校校园中的一段对话：

> 人们非常怀疑。90 个动词？……你不能说“她想让他离开，但是她什么也没有说”……你只能说“她告诉他离开”，但是你不能那么说，因为在伊马斯语中没有间接引语，只有一个单个的动词可以描述（最好是说完成）言语行为。“言语行为动词是什么呢？”“说。”整个教室一片寂静。人们摇着头慢慢地说道：“真是令人难以置信。”（Rose 1984：133—134）

3. 关于时间性的假定使人们想到康德著名的关于“经历类比”的讨论（Kant 1933：208—233）。“时间的三种模式是持续（duration）、连续（succession）、共存（coexistence）。因此，在表现时间的所有关系中存在三种规则，这些规则都是在所有经历之前，实际上是这些规则使它们成为可能。”（Kant 1933：209）动态地看时间关系（“动态关系”）可以产生“固有性（inherence）、结果和构成”（Kant 1933：236）。康德对于这三种被发展为原则的类比的证明是存在缺陷的，并且是不一致的（Wolff 1969：238—292）。不仅如此，永恒根本就不是一个时间关系（Kant 1933：246），尽管它可能是在时间上的一个空间关系。指令性的三个类别与康德的（空间）时间关系的分类之间的平行（parallel）几乎不可能是偶然的。因此，问题不在于康德的类别划分，而在于他努力要证实它们本身对经历来说是必要和充分的，因此也是基础的。

4. 布莱克观察到他对归纳的“语言学视角”可以“非常有用地与休谟把归纳视为习惯或是惯例的观点相比较”（Black 1970：89）。我认为这种比较是恰当的，它表明正如我在第一章所说的，布莱克认为指导性规则既没有发起者也没有历史这实际是错误的。不仅仅指导性原则本身，例如在第一场霜之前不要种土豆，是由很多发起者产生的惯例，这个断言的效果——至少在它被制度化为惯例之前——是来自人们对归纳的共同参与：每个人都为归纳出合适的种植适时间发挥了作用。参见第一章，注释 12。

5. 参见 Herbert Marcuse（1964）；这也是法兰克福学派的主要观点（Held 1980：65—70）。

6. 参见关于“日本、土耳其、埃及以及秘鲁的军事官僚及发展”的分析（Trimberger 1978）。

7. 哈贝马斯把第一种生产模式定为新石器时代之前（Habermas 1979：135—151），主要是因为在分队狩猎过程中的合作。他也确实意识到了关于此所存在的问题，如狩猎与农耕不同，它是分配性的，而不是生产性的。

8. 因为诸如炼丹术的“低端”科学在历史上总是与医学和对符号的理解联系在一起，这样就会产生方法上的混乱；“高端的”伽利略科学使它们不再被认为是科学的。演绎被用于实验和归纳，因为低端科学和医学所含的方法必须要等待休谟的方法予以证实。

9. 初看，米歇尔·福柯在医学实践中关于“观察凝视”（observer gaze）的引人注目的讨论(Michael Foucault 1973)不适合我强调的诊断也是寻找线索的观点。福柯是从视觉角度来描述这个活动的(开始于第107页的这一章的题目就是"看见与了解"),而我首先认为它是一个听觉活动:在进行诊断时,医生必须听,之后如果有其他感觉的线索时再把所有这些结合起来。福柯也了解这一点。"在临床医生的目录中,凝视的纯度与其他感觉的沉默联系在一起,这样才可以使他专注于听。系统冗长的话语必须被打断:'所有的理论在病床边必须保持沉默或消失'……"福柯所关注的和我所关注的一样,是"迹象与案例",迹象是可以用来"解读"的,无论是视觉的、听觉的还是其他感官的,案例是可以被回想的。对福柯来说,诊所在18世纪末期的诞生通过使医学成为一个具有自己的科学、目录和体系的机制而把"凝视的权威"强加上去。"诊所可能是第一个基于凝视和决策来建立一门科学的尝试。"(Foucault 1973:89)

10. 在这里,医学类似于(利用手头东西)制作物品(bricolage),这是因克劳德·列维-斯特劳斯而著名的一种活动(Claude Levis-Strauss 1996:16—36),在英语中没有与其完全对应的词。"一个'(利用手头东西的)物品制作者'(bricoleur)善于进行很多种不同的任务,但是与工程师不同,他的任务不是依赖于所想象的原材料和工具,把它们买来主要是为了完成这个任务本身。"(利用手头东西的)物品制作者会收集各种材料和工具,并把它们保留下来,这样"可以为将来所使用……原则是'它们迟早会有用'"(Claude Levis-Strauss 17—18)。这表明,"工程师是通过概念来工作,而'(利用手头东西的)物品制作者'是通过符号来工作"(Claude Levis-Strauss 1996:20)。

11. 关于在狩猎和采集社会中人类所经历的神奇的、创造性的方面,以及萨满教的出现,可参见Eliade(1978:16—28)。众所周知,涂尔干把宗教与巫术区别开来,宗教通过产生群体内团结而具有集体的特点,并可以发挥系统功能,而巫术是秘密的、转瞬即逝的,涂尔干的这一区分可以解释功能主义对仪式的强调以及随之产生的对牧师的创造性行为的忽略(Durkheim 1915:42—47)。

12. 我们可以谈论宗教的时候主要有:"(1)一个可以用来行动的符号体系;(2)在人身上产生一种有力的、普遍的、持久的情绪和动机;(3)它主要是通过形成针对存在的一般秩序的概念;(4)并赋予这些概念真实性;(5)使情绪以及动机看上去具有真实性。"(Geertz 1973:90)

13. 因此,欧洲人很少如印度人所做的那样把这三种制度以及各自专家分成等级。在欧洲的农业社会,武士通常使牧师处于次要位置,占用他们的服务,并由牧师们许可这种关系(Bendix 1978:22)。本书第八章将会关注等级和等级划分。

14. 当然,康德无法避免社会建构对他所描述和解释的先前关系的影响。这在他对待经历的第三个类别,即社区原则(Gemeinschaft)中可以得到明显的说明。"社区这个词在德语中意义模糊。它既可以是*communio*,也可以是*commercium*。我们此处所用的是后者的意思,表示一个动态的社区,没有它,即使是地方的社区(*communcal spatii*)在经验方面也无法知晓。"(Kant 1933:235)很难想象一个词能比*commercium*让人联想起更多的社会意义。即使是康德的时间关系以及在时间中的关系建构了最基本的类别，他对它们的建构也一定是视情况而定、地方性的，也是可以争论的。

15. 我在这里提供伊斯雷尔·罗森贝格(Israel Rosenberg)关于埃德尔曼作品的实用的总结。在胎儿早期发育时期，人的大脑细胞被组织为无数个“神经元群”。“这些群被安排在一个可以‘彼此对话’的‘图谱’中，以便创造出不同类别的事物和事件。”(Rosenfield 1986:25)

> 这就表明记忆不是在大脑中对事件形象的精确重复，而是再次分类。当不同图谱中的联系在某个时刻被加强时，就出现了再次分类。事物或是事件的再次分类依赖于情感和直觉，它是在实践过程中获得的技能。我们重新收集以不同方式互动的图谱中的不同信息，这些方式与我们首次遇到这些信息时的方式不同，这样就导致了再次分类。我们不是简单地贮存形象或是它的部分，而是更进一步获得了以相关联方式进行分类的能力(Rosenfield 1986:27)。

16. 他是在认为行为主义对学习的解释就如同计算机一样来架构人的思维这样的语境下提出这样的观点的(Coutler 1983:57—60)。在他的术语中，这是一个程序性的隐喻，表达了我一直所称的认识的二元观点。

> 把人类的文化适应比作如同计算机程序这样的隐喻是非常准确的，因为针对被理解为以规则进行的程序化隐喻的大部分学习实际上是非主题学习，即学习如何进行。当然也有很多学习是针对早期社会化的特点(从学习者的角度被给予一个语言习得的足够丰富的基础)，有些主题学习的内容实际是针对行为的话语陈述、分类声明、谚语、各式的规则和原则。但是，对于孩子的成就，这些在现代认知主义和心理哲学方面被字面理解为程序性隐喻，实际真正的学习规则的内容很少(Coutler 1983:59)。

关于“非主题意义与隐喻结构……”之间的联系，也可参见 Johnson(1987:1—40)。

17. 科尔伯格转向哈贝马斯以及他日标远大的“重构科学”的项目(Kohlberg 1979, 1984)，这看上去似乎有点不切实际，因为哈贝马斯尽管支持康德的观点，但一直是自由主义观点的主要批判者，而科尔伯格则对此非常投入(Kohlberg 1981:227—230)。不仅如此，哈贝马斯的观点并不是可以为科尔伯格提供帮助的那种建构主义，实际上他拒绝接受系统科学所强加的表象类别，系统科学倾向于类别清晰化，总是渗透于普通语言中，因此通过恢复表象自己的能力而把日常世界解放出来(Alford 1985)。

18. “当处罚是为了提升被制裁行为体的某种价值时，它就是积极处罚，当处罚使其丧失某些价值时就是消极处罚。”(Lasswell and Kaplan 1950:48—49)

19. 斯金纳是具有示范性的(B.F.Skinner 1971)。在《语言行为》(B.F.Skinner 1957)中，斯金纳对指令性规则的关注使他为了“助记价值”而引进了“mand”这个术语，它来自“命令”(command)、“要求”(demand)、“取消”(countermand)等词……“mand”可以被定义为一个动词的“发生动作的人或物”(operant)，在这个过程中所产生的反应被结果加强，因此行为体处于一个会丧失某些东西和令人厌恶的刺激的功能控制之下（Skinner 1957：35）。斯金纳还发明了“tact”这个术语。“tact”这个术语对那些“与物质世界接触”的行为起助记作用（Skinner 1957：81）。很显然，尽管承认了语言的表象功能，斯金纳还是抵制了诱惑，没有“说在一个‘tact’中（in a tact），所产生的反应是‘指’‘提到’‘宣布’‘谈论’‘命名’‘表示’或是‘描述’了它的促进因素”。在表明事物状态时，“tacts”只起到强化行为的作用（Skinner 1957：83—90），使它们仅仅是断言性言语行为。对于“tact”的认可是积极的，但是对于“mands”则是消极的。在他致力于行为主义的过程中，甚至在语言问题上，斯金纳拒绝接受长期以来盛行的语言表象观点，并通过在其位置上不提供任何东西而暗示了一种激进物质主义，否定知识的存在。在斯金纳看来只存在行为、剥夺和强化。

20. 吉利根使用了科尔伯格对于孩子道德发展阶段的划分以及对于衡量特殊孩子发展阶段的那些道德困境。她发现科尔伯格对于演绎推理的偏爱使女孩子在这方面落后于男孩子，因为男女的推理方式不同，而不是因为在规则能力方面的差异。在研究青春期的女孩子的过程中，吉利根勾画出了一个以归纳推理为导向，与科尔伯格相对的方案。

第四章
秩序问题

文化为规则提供了支持。在西方文化中，指令性规则的重要性实际是鼓励在政治与法学理论中把规则的执行作为对规则的外部支持(大量的承诺性规则与强调义务相对应，因为这样的文化更倾向于把规则的支持抽象化，对规则的外部支持与内部支持不作区分)。当规则得不到有效执行时，秩序就会出现问题。塔尔科特·帕森斯将此称为“秩序问题”，他对此问题的担心源于托马斯·霍布斯(尽管霍布斯并没有频繁地使用“秩序”及其同源词)。帕森斯不接受霍布斯通过契约来解决的方法，同时也忽略其后继者的解决办法，而是强调对规则的内部支持。对此，他主要受涂尔干的影响，而不是马克斯·韦伯，而他本应受韦伯的影响更多。

如果帕森斯能够完全接受由涂尔干与韦伯倡导的法律社会学，更不用说完全接受霍布斯思想的影响，他就会意识到所有的规则，无论是指导性规则、指令性规则，还是承诺性规则，其有效性都如前一章所得出的结论那样取决于规则的内化，取决于这些规则的外部特征以及这些规则正式和制度性化的支持。这些特征正是合法性的标准。当规则得到有效支持时，秩序就具有了合法性。国际秩序是否一个真正的合法秩序是一个微妙的问题。“国际机制”，作为得到有效支持的规则复合体(rule complex)，是具有合法性的，该结论可以帮助理清建构国际关系主体的各类不同国际机制。

对于本章的大部分讨论，我接受以上关于秩序问题的阐述，因为那些观点已经控制了我们的思想。我只是暂时这样做，而在本章的结论中，我提出引发秩序问题的是一个言辞策略，这种策略把秩序、自然和社会安排联系起来，它实际是掩盖了另一个问题，一个并不像秩序那样“真实”(real)(一旦我们理解了现实的建构)的问题，即特权(privilege)问题：规则通过建构统治的条件，总是在分配特权，而且总是具有一定的倾向性。

法律与秩序

霍布斯以其特定的形式提出了秩序问题，正如帕森斯在其对之前的社会理论重构的里程碑著作中所提醒社会学家们的那样(Parsons 1927：89—94)。作为追求功利最大化者的独立施动者在其追求稀有价值时会产生冲突及严重后果。帕森斯认为“霍布斯的社会理论体系几乎是纯粹的功利主义”(Parsons 1927：90)，因为霍布斯关于秩序问题的阐述与功利主义的前提相一致。但是，他通过契约来解决秩序问题的方法则不然。帕森斯认为霍布斯的解决办法并不具有说服力(Parsons 1937：93)。而且，约翰·洛克通过“利益的自然身份所作的或多或少的依据主观愿望的假定”削弱了霍布斯关于人类所面临情况的功利主义理解，进而使社会契约理念更加具有可行性，但是把“秩序问题的重要性最小化了”(Parsons 1937：96—97)。

帕森斯似乎认为，直到威尔费雷德·帕累托(Vilfredo Pareto)、涂尔干和韦伯为社会学这个学科打下基础之前，这个问题并没有得到解决，这也是他研究的基础，当时社会学也是随着帕森斯在编码方面的帮助(codifactory assistance)而出现的(参考本书导论注释14)。但是，帕森斯认为霍布斯式的问题(Hobbsian problem)以及该问题的解决在重要性方面比霍布斯本人重要是错误的。我们必须清楚社会契约本身并不能解决霍布斯式的问题，它只是一种解决手段，即利维坦。功利主义者，如大卫·休谟、杰米里·边沁、詹姆斯·穆勒以及约翰·奥斯汀都认为社会契约是一种不必要的计策，并把利维坦从一个专制统治者转化为一种合法秩序。而洛克式的传统，即在涉及权利和职责时指出了算计的局限，也同自由宪政主义的言辞所描述的法治那样指向了同样的方向。帕森斯忽略了原有的解决办法在实践方面的成功以及理论的复杂性，因为他的解决方案不同,他将其完全归功于涂尔干。[1]

正如帕森斯所分析的那样,涂尔干认为秩序问题的解决要强调规范的内化:“它们直接进入行为体对其所期望的结果的建构过程中。”(Durkheim 1937:382; 378—390)我们在此思考一下帕森斯的用词选择。在前一章,我是指规则的主要内容的内化。涂尔干无论针对方法还是行为都是使用“规则”一词。在评价涂尔干对于秩序问题的解决方法时,帕森斯认为“他开启了个人关系的一个新概念,也因此开启了对规范性规则的限制”(Parsons 1937:182)。在他对涂尔干的相关讨论中,帕森斯经常用“规范”来代替“规则”。[2]

帕森斯对于术语的选择遵循一个方法。当帕森斯或是涂尔干想到限制和约束时,他们就会更倾向使用“规则”。当主体是一些“赋予一个或更多行为体的情绪,结果就在其本身”时(Parsons 1937:75),“规范”就更适合。规则是对于所规定的内容的外在表现,而规范则是内在的。因为涂尔干把规则和规范视为同一种现象的两个相似方面,所以“规范性规则”应该比较合适来表述帕森斯所要表达的内容,这样规则与规范成为可以相互转化的两个简略表达形式。

在帕森斯 1937 年出版的书中,“规范”一词,尤其是“规范的”使用非常频繁,而“规则”则很少被使用到。而他 1951 年的著作也是如此。有一些以描述为主的章节参考了“规则”一词(例如,Parsons 1951:270—271)。尽管是出于概念目的,但是规则成为“行为标准”(standards of behavior)(Parsons 1951:38),主要是指其他人的预期。一个人对自己的预期(“角色预期”)主要来源于“标准的内化”(Parsons 1951:38)。“规范性秩序”“以规范为导向”(normative orientation)以及“规范模式体系”都是关于“自我”(self)与“他者”(Other)的“预期体系”的同义词(Parsons 1951:38, 11—12, 271—273)。

在此,我注意到与规则的外部因素相比帕森斯实际更倾向于规则内化的一面,而涂尔干把限制与遵守视为秩序中互补的两个方面。帕森斯也承认这一点(Parsons 1937:365, 403)。但是,当帕森斯系统地发展涂尔干的解决方案时,他所关注的是为什么人们在不被强迫时还能够遵守规范。把任何事都降低为由预期来解释主要是因为这些内容被内化了,在自己身上可以看到,在别人身上同样如此。实际上,帕森斯颠倒了以下这个假定，即外部表现的内容被内化。他认为是内化的内容被外化为他人的预期。

我并不是要说帕森斯的这种颠倒是判断错误；相反，我认为内化与外化是一个过程的两个方面。[3]我认为帕森斯如那些把内化视为对外表现内容的学者一样，把规则视为一种透明的媒介，把所有的行为视为受制于规则的具体内容。让我们重复一下人们所熟知的对帕森斯的批评（也是他理应得到的），那就是，结果不仅仅是施动者是被动的，他们之间的冲突也被最小化了（Coser 1956：20—23；Mills 1959b：25—44；Gouldner 1970：199—245；比较亚历山大对"修正者"的评价，Alexander 1983b：5）。更重要的是，社会本身消失了。取代它的是"社会体系"，这实际是在简述集体主义方法，而这种方法被假装作为对社会现实的描述。帕森斯认为他得益于涂尔干，把实证主义从个人主义的过度功利中解救出来。也许涂尔干对于限制（constraint）及遵守的平衡处理达到了这个目标，但是帕森斯在其他方向上却犯了错误。对于他关于行动的所有讨论——"从参考的行动框架到行动的一般理论"（Parsons 1951：第一章的题目）——而言，什么都没有发生。

在帕森斯的体系中（主要是指他的思想体系和社会体系，实际上是相同的），任何事都没有发生，这被他用制度化现象很好地加以说明了。由于帕森斯强调规则所表达的主题内容（propostional content），这些内容一旦被内化，就可以解释遵守问题并产生秩序规则，他也必定会接受行为因此所体现出的规律性。作为外化的行为，这些内容通过影响预期来影响其他人。对于外化形式，这样的行为主要是受制于制度化。

帕森斯认为当满足两个条件时，"以价值为导向的标准"就会被制度化。

> 首先，通过标准的内化，与其一致对于自我（ego）来说就具有了个人、表达以及/或是工具意义。其次，他者（alter）对于作为惩罚的自我行动会作出反应，对这种反应进行结构化处理是他遵守标准的一个功能（Parsons 1951：38）。

这两个条件实际不能说明任何问题，因为正如帕森斯所特别指出的，如果主题内容被理解为一种以价值为导向的标准，它们就必须是已经具有了内容。

帕森斯把制度化解释为具有以下特点“完成所需要的部署……以及‘最优化’其他重要行为体的反应所需的条件……”(Parsons 1951:38)。但是,人们的需要何时才可以完成,其他人的反应何时才可以被优化?我们没有明确答案来保证帕森斯所说的,即“一系列角色预期以及相应处罚的制度化很明显是一个程度问题”(Parsons 1951:39)。不仅如此,制度化作为一个程度问题因人而异。按照帕森斯的设想,制度化根本不可能成为一个社会现象。

从帕森斯的角度我们可以认为,他通过以抽象形式把处罚和预期包含进来而使体系进入了社会领域,所使用的处罚和预期可以为体系提供外部动力。这种形式重新阐述了帕森斯早期关于涂尔干对秩序问题的解决方案,而涂尔干把此类讨论的重点放在契约的规则上。涂尔干认为这样的规则尽管不是具有强制力支持的指令性规则,但它们还是具有法律效应的。他确实使用了“处罚”(sanction)这个术语,这也是法律功利原则的一个组成部分。而对于契约中的规则,处罚并不是“压制性的”(repressive),而是“补偿性的”(restitutive)(Durkheim 1933:69)。在我看来,涂尔干所说的契约规则实际就是承诺性规则,正像我在前面的章节所提到的,承诺性规则需要外部因素的支持。

帕森斯对处罚所作的定义是“*对自我来说的预期实际是对他者的处罚,反之亦然*”(Parsons 1951:40),他在这一点上误解了涂尔干的观点。帕森斯实际又回到了这一点,即任何事都没有发生,因为人们的预期就是一切。虽然名义上是外部的,但实际上,这样定义的处罚没有任何制度性特征或是社会现实的特点。这一点显然是站不住脚的。帕森斯意识到了这一点,并对自己的观点进行了解释,认为处罚的“意图”是“影响他人的行为或是‘奖励’对它的遵守,‘惩罚’违反行为”并不是他所说的“处罚”标准。但是,惩罚和奖励是具体内容,在他关于“偏颇的行为与社会控制的机制”(Parsons 1951:249—311)的讨论中明显体现了这一点。甚至通过或是不通过也只是奖励与惩罚的一些具体情况(Parsons 1951:422;比较本书第三章注释19)。

帕森斯通过采纳法律实证主义对处罚的定义,而不是涂尔干所区分的概念,避开了对处罚的定义空洞的一面,尽管他是无意识的。因此,超越对秩序问题的功利主义的解决办法使帕森斯拒绝了这种解决办法,这种努力值得赞扬，但是却屈服于其最明显的问题：如果规则并不仅仅只是内化的主题内容，那么它们一定是由强制性处罚（奖励或是惩罚）所支撑的指令性规则。[4]

帕森斯认为，在作为内化内容的集体表象的社会系统与那些制度（制度是“对于一个社会系统具有战略意义的更高层次的社会结构单位”）（Parsons 1951：39）之间存在不可逾越的鸿沟。由于没有发生任何事，所以社会系统也不能对任何事情提供解释，而社会制度的存在是可以对那些行为的规律性提供的唯一解释。[5]制度化以及支持规则的不同方式一起成为我们逾越这种鸿沟的手段。这里所指的制度化并不是帕森斯的概念所描述的，而对规则支持的不同方式就如同我们从涂尔干对处罚的不同定义所体现出的，但是在帕森斯的定义中并没有这一点。

帕森斯明确表示拒绝涂尔干对“压制性处罚”（repressive sanction）与“补偿性处罚”（restitutive sanction）所作的区分，这两种处罚实际产生了“两种类型的法律”和“两种类型的社会”（Parsons 1937：318）。帕森斯认为，这种区分是涂尔干早期思想的一种人为产物，被“集体意识”（collective conscience）*理念的发展所代替。涂尔干首先认为“集体良知”是为了强调压制性法律，后来它也被认为是强调劳动与补偿的区别。帕森斯在涂尔干的这种转变中清晰地看到了他对功利个人主义的否认和驳斥以及对他自己在方法论上坚持集体主义的根据。但是，我自己并没有看到涂尔干减少对法律的研究，只是因为其兴趣发生了变化。帕森斯由于是参考秩序问题以及以集体主义视角来看秩序问题的解决而低估了这些努力。

涂尔干通过看每种类别的法律在社会上起什么作用以及如何来实现这些作用而把法律区分为两类。在一类中，法律促进有序的个人行为，主要是通过威胁限制有可能出现这类行为的个人。在另一类中，法律促进个人之间的有序交换，主要是通过明确交换条件以及违背这些条件的后果。韦伯也提出了两类法律。帕森斯对韦伯关于法律研究的兴趣要远远低于对涂尔干的此类研究的兴趣，因此他也没有看到韦伯对这一领域的贡献。我们完全可以理解韦伯所划分的一类与涂尔干所划分

---

* 集体意识在此处也暗含着协调的含义。——译者注

的压制性法律和实证主义法律理论所承认的那类法律相同，而另一类主要是承认那些高级政要（high dignitaries, honorataries）所说的话的法律特征（Weber 1968：648—649，784—802），即使它不会限制任何人。这些内容实际就是原则，我在第二章中将其定义为指导性原则，也解释了这些原则的价值。它们通过参考共享规则来促进行为的一致性，主要是通过范例、号召，有时如果必要的话甚至是歧视来实现。歧视那些不遵守这些原则的个人或是群体是对这些原则进行外部支持的一个组成部分。这也是与涂尔干、韦伯所指的处罚以及功利实证主义对这个术语的理解最相似的部分。

那么现在我们就可以明确涂尔干与韦伯把法律规则分为我在第二章中所区分的三种规则。韦伯所指的"抽象的法律概念"（Weber 1968：799）是指导性规则，通常意义上的刑法是指令性规则，而涂尔干的"合作法律"（cooperative law）是承诺性规则。显而易见，并不是所有的规则都是法律，必须满足一些条件。涂尔干和韦伯所发展的法律社会学主要是以一般性或以对比方式来描述这些条件。我在我的其他研究中也涉及他们关于法律方面的一些观点（Onuf 1982b：31—39），而在此我希望能够把它们总结成一系列命题，这些涂尔干和韦伯既没有说过也没有暗示过。之后，我再从这些命题得出一些结论。

首先，当一些原则被那些地位显赫的人表述出来，并且当这些原则性内容的来源以及表述的环境不被质疑时，它们就具有了合法性。韦伯的观点表明合法性与原则的不可侵犯性是分不开的。这种不可侵犯性主要是来自独立、正直以及那些宣布或是肯定原则的人的声誉。其次，实在法理论在表明哪些规则是法律时划分了明确的界限，这也是涂尔干与韦伯涉及指令性规则时所认同的。当规则有效时，它就具有了合法性，这反过来又依赖于具体的执行。韦伯同时指出执行权需要由自治的人员（automomous staff）来掌控。再次，承诺性规则只有在使用它们时产生了公平且被广为接受的结果时才可以被认为具有了合法性。涂尔干认为这就使人们在解决抱怨或是补救缺陷时有了一种明确的可以依赖的方式。他也暗示了不公正管理的存在。

总体而言，合法性是一个程度性问题，取决于以下三点：(1)规则被正式阐述的正式程度；(2)规则被支持时的外部因素的制度化程度；(3)负责使这些支持性规则正式化或是制度化的人员被专门正式地赋予这些任务，这些人员要经过专门的特殊训练。这三个标准既相互联系，又相互区别。每个标准对于每种特殊规则而言所达到的程度也许没有必要完全相同。这种不同在我们所说的国际秩序(至少我们现在这样称呼)中尤其明显，这就提出了另一个问题：国际秩序是一个法律秩序吗？我们以这三个标准来看是否可以回答这个问题。

我们可以从功能性角度来理解正式性。原则的正式表述赋予它们相应的影响力：表述越正式，越有影响力。这个特征就使人们在面对一些不一致的规则时可以进行排序和选择。[6]指令性规则的正式表述使这些规则更加抽象，经常是用被动语态来发布这些规则。这经常会产生一种超然的反应，与规则一样与个人无关，这种反应使规则在规则的针对对象身上发挥作用的负担减小。最后，承诺性规则聚合在一起的正式表述要求人们遵守这些规则，这些规则可以解决冲突，填补空缺，这样就为各类混乱和不一致的规则提供了一个常规的准入渠道。

行事性言语使规则正式化。在功能上具有合法性的规则是以说明性言语行为的形式出现的，也就是说，那些成功或具有充分行事功能的规则，不需要依赖听者的同意就可以体现规范性。大多数这样的言语行为都具有说明性特点，因为它们都具有同类特点的言语行为所要求的以言取效特点。换句话说，“我宣布开战”这个言语行为由于一些其他说明(例如宪法)会清楚表明我这样做的以言取效效果而获得其行事的充分性。如果回溯的话，我们会回到说明性规则，因为在表述这些规则时，言语者心中都有特定的目的。他们都希望这些言语行为成为具有特定的以言取效功能的规则，让某些人来履行一定的言语行为，这些言语行为之后会对某些行事提供说明。作为言语行为它们已被保证可以成功，因为这种同意或是在他们宣布之前就被正式地赋予(例如，投票、签名)，或是从所处的环境就可以推断出(习俗)。

大多数说明性规则可以从其他说明性规则中获得其合法性来源。那些没有这种来源的说明性规则则是通过自我参照来实现，也就是说它们只能参考自己所发起和倡议的内容来获得法律支持。这一点也解释了基于先例的规则和基于惯例的规则之间以及合同与条约之间的不同。随着后来的发展，法律秩序会逐渐消除那些自我参照的说明性规则。但是，关于这一点,原则是一个特殊的例子。自我参照的断言性说明在高度发达的秩序中确实存在,但是把它们同化为通常人们所说的实证主义法律概念并非易事[如同罗纳德·德沃金所说明的(Ronald Dworkin 1977:14—45)]。但是,尽管是法律,它对法律秩序的实证主义概念还是带来了损害。

读者可以在哈特关于初级规则(primary rules)与次级规则(secondary rules)的著名区分中看到类似的讨论(Hart 1961:77—120;回溯也意味着三级规则的可能性;Kratochwil 1983:25—27)。按照哈特的解释,自我参照类的说明性规则属于次级规则,这些次级规则接受大部分初级规则限定行为的法律特征。哈特认为如果一个秩序中没有次级规则的话,它就不是一个真正的法律秩序,而初级规则必须是自我参照的说明性规则。如果一个社会中的大多数或全部规则是自我参照的说明性规则的话,我不会把它称为一般意义上的"宪政"(constitutional)秩序。同样,如果这些规则在行事方面具有充分性,即无论听者是否接受采用这些规则本身就是一个成功完成的言语行为,这些规则就是合法的。如果一个秩序中的规则具有合法性,这种秩序怎么可能不具有合法性呢?规则具有什么样的合法性,秩序也就具有同等程度的合法性。

以国际秩序为例。如果哈特认为国际秩序具有合法性是基于它与宪政秩序的相似性(Hart 1961:208—231),那么这种看法只有当我们认同国际法从其来源上说是有层次性的,给自我参照的说明性规则不留有什么空间时,才具有说服力(关于来源的问题,可参见 Onuf 1982b:8—27)。但是,如果人们接受这种观点,国际秩序中实际包含很多不具备合法性的规则,因为它们不具备法律来源。我们最好是说国际秩序具有合法性,但达不到宪政秩序的那种程度。

规则的正式程度是其合法性强弱的一个标准。第二个标准是这些规则外部支持的制度化程度,这两个标准实际上无法分开。在支持的制度化方面有两个利益特征:第一个特征是对于规则的支持实际上也是规则,也是来源于三类言语行为;第二个特征是作为规则建构的这些支持起限定作用,发挥这些作用的规则起到支持法律的作用。[7]大多数时候,这些行为是言语行为。

首先我们看一下原则。对于原则的支持大多以劝告(exhortation)的形式发生。当一些规则通过与宗教联系在一起而具有了正式性时,这一点体现得最明显(参见本书第三章注释 12)。劝告是指导性言语行为,当它们的言语者履行礼仪性的以及牧师的职责时,这些言语行为就被制度化了。一般来说,伴随指导性言语行为的支持通常是以威胁的形式出现的,至少当这个词被用作及物动词使用时,威胁就是一种视情况而定的承诺,并以承诺性言语行为的形式表达出来。作出承诺的人能够信守这些承诺,认为他们愿意这样做可以确保人们也对承诺作出反应。[8]最后,承诺性规则在就承诺的范围和承诺的使用方面表达观点和表示理解时得到了支持。那些给出指导的人通常对他们行为的结果不感兴趣,他们是公正的第三方。(关于公正与"第三方法律"的关系,参见 Franck 1968。)渐渐地,这些行为作为程序性的指导以及与先例的对照而制度化了。

如我在前面指出的,在宗教中可以看到关于支持正式规则的角色,在具有执行者(enforcer)的团伙或是俱乐部以及在第三方争端解决的体系中也都存在这样的角色。这些是合法的秩序吗?我倾向于认为是。我认为当规则的正式化没有(或是看上去没有)与支持规则的制度化同时发生时,人们就会对其合法性产生疑问。因此,一种"民间"宗教可能会具有非常制度化规则的支持,否则它就难以确保宗教的持续(至少对于一个局外人是如此)。因为这里讨论的秩序之外的人几乎肯定来自另一种文化,在这种文化中,正式化过度地与读写能力和文字记载紧密联系在一起,而口头相传的规则的正式性得不到认可,也就失去了合法性,尽管对这些规则存在高度制度化的支持。[9]

而对于国际关系而言,不存在这样的难题。很多规则都是写下来的,比如在条约、论著、法庭的诉讼、法典条款中,它们具有法律或是限制作用。国际关系中针对那些引导行为的正式规则的制度化支持的规则相对较少。实际上,它们的作用被降级到那些其行为面临危险的施动者身上。这种结果就被称为"自助"体系(Kelsen 1952:14—17, Tucker 1977:3—15)。

对这样一种体系构成了法律秩序的质疑也是我们所能想到的。那些相信国际法律秩序确实存在的学者们对此也进行了比较巧妙的应对。他们认为人们所讨论的施动者是"双重职员"(double-functionaries),他们或多或少下意识地同时代表国家的法律秩序以及国际法律秩序行事,并发挥作用。人们希望他们这样做可以以其双重的责任把处于初期的冲突或矛盾最小化。[10]仅把这种反应当作是对语言的巧妙使用而置之不理是不合适的,但是我先保留这种解释,后面再解释。

起限定作用而支持那些正式规则的规则本身就容易受来自其他规则的正式化与制度化的影响。按照哈特的观点,我把这种正式化的规则称为“授权规则”(power conferring rules),或是简单地称之为“权力”(Hart 1962:32—43)。它们在法律上建构了支持的作用,以法律的力量赋予所规定的行为以权力,如规劝、承诺、表达意见等。这些角色的执行者是“法律官员”(officers of law)。不仅如此,为了行使他们的法律职责,被赋予这种权力的人员通常要接受严格的培训。[11]

法律官员是合法性的第三个标准。如果满足了这个条件,使用前两个标准,即正式性和规则的支持,所产生的任何不确定性在这种秩序中就可能被消除。因此,“有组织”的宗教、犯罪组织、第三方争议解决制度也被认为是一种法律秩序,因为它们中的官员、牧师、法官等是以法律的力量在这种秩序中发表言论。[12]当然,处于该秩序之外的人也许对此表示怀疑,因为由于文化原因他无法看到授权规则的正式性;或者他也可能怀疑这种秩序的合法性,因为官员们有时会违背该秩序中的某些其他规则,以他们自己的行动来建立法律秩序。但是,只有当我们认为人们可能在某个时段只参与一种法律秩序,或是当所有法律秩序都重叠在一起,一种秩序中的规则可以由一个“更高层次”的秩序中的规则赋予其合法性时,这种观点才有说服力。

很显然,即使一个秩序满足以上三个标准,我们也可能反对说这种秩序不是合法秩序。这种反对遵循奥斯汀关于法律的定位,即要求有主权的存在(参见第二章注释 2)。我们也可以使用法律实证主义者的观点,即规则必须是指令性的(命令)。如果规则具有合法性,则必须要以主权的存在作为条件。对于法律实证主义者来说,是否拥有主权是法律秩序的最终检验标准。

主权这个条件要求一系列正式关联的规则在一个特定时间和空间内发挥作用。国家就是由一系列规则以及领土资源、人口资源等相关的物质组成。从个体角度来说,一个主权的合法秩序排斥在同样时间和地点内参与任何其他法律秩序。相互竞争的秩序只有在主权的合法秩序使它们成为这个秩序中的一部分时才具有合法性。在一个特定的空间和时间维度,有可能存在 种合法秩序,但是永远不能多于 种。

对于法律实证主义者而言,主权是不可分割的(Morgenthau 1967:

312—317),这对于政治现实主义同样如此。但是,一个主权的法律秩序的排他统治要求大量使用指令性规则和强制性处罚,其结果是被称为抽象的"有组织的垄断暴力"的国家(Morgenthau 1967:487;也可参见 Claude 1962:222—242)。主权、指令性规则和国家,它们中的每一个都非常必要地与另外两个构成一个无法分割的圆。[13]

主权并不是只对系列规则发生作用的一个条件。相反,在一个实现理想的每一步都需要努力和耗费资源,并且可能为了阻止一小部分人们不希望的行为就需要越来越多努力的世界中,主权是一个从未实现的理想(Young 1979:122—124)。系列规则的正式性促进了主权的构想,而不是秩序的独立性。但是,自我概括的系列规则的理想,由原则决定了其秩序,并被抽象理解和充分使用,在实施时会越发困难。就实践角度而言,法律秩序中的官员必须对于一些弱于主权的内容感到满意。

国家主权可能但并不是完全自动地阻止宗教、犯罪集团或是第三方争端仲裁体制在一个特定的时间空间维度具有合法性。实际上,国家的官员通过赋予诸如宗教、工会等机构正式的法律独立性而使它们成为国家法律秩序的一部分,以此来保护国家主权的构想。当然,不能如此对待犯罪组织,因为这些系列规则,就同国家的类似系列规则一样是以广泛使用的指令性规则为中心,对于主权的赋予而言,正式承认这些规则至少从法律实证主义角度看是至关重要的。

在国际关系中,我们可以看到同样的情形。国家的官员们相信很多国家法律秩序之外的规则还是具有合法性的。他们正式认可和支持国际关系某些领域内一些有限的、相互联系的系列规则,这些规则也在建构和限定着国际关系中的某个领域。每一种都是一种法律秩序,就如同在一个国家内组织起来并被国家所接受的宗教一样。当前,人们将这种秩序称为"国际机制"(international regimes)。国家的官员甚至把构成国际关系的所有系列规则视为一种法律秩序,传统上人们认为国际关系是指所有国家的关系。尽管这些规则的存在导致了法律实证主义的不连贯性和逻辑上的不一致性,但是人们还是这样认为。作为对一个秩序的合法性的考察,主权被列在了首位。

当我对所作努力的某些法律方面的影响不是特别确定时,我很少去想主权这个问题,而是求助于那些比我更了解相关规则的人(D'Amato

1984:5—55)。如果我是位训练有素、拥有权力的法律官员，我也会这样做。律师们可以为我提供我所需要的帮助，他们接受过关于法律的专门训练，能够娴熟地利用法律资源与工具，有时还可以提出针对法律的建议。律师们可以解决局外人关于主权的质疑（当然，这并不是我所关心的问题）。但是，这是律师们工作最小的一部分。他们主要解决的是我所提出的关于某些特殊规则的合法性问题。对于任何有同样问题的个人来说，他们以制度化了的固定方式做了同样的事。我的研究是基于这样的前提，即律师们在使法律实证主义者满意方面存在困难：我们所讨论的规则，以及诸如律师们所从事的和关注的相关制度性实践建构了法律秩序。

通常情况下，律师与官员的活动高度互补。所有这些活动一起构成了法律秩序，它们无法彻底分开。在这里还需要指出的是，国际秩序是异常的，但是并不像看上去的那样。有很多律师，经过了大量专门训练，把国际关系中很多高度正式的规则视为法律，就如同那些仅代表国际法律秩序行事的施动者非常稀少一样。这些律师不仅仅或多或少成功地确立了国际关系中相当一部分规则的合法性，他们同时也发挥了建议者的双重作用，即代表国际秩序中制度化的支持。

法律顾问是为其客户服务，即为具有双重身份的官员服务，同时也为国际秩序，主要是通过提供要求其客户建立什么样的秩序的建议来实现。其本身也具有双重身份，他对法律的忠诚以及对法律秩序所持的理念会弥补那些他为之提供建议的官员眼界狭隘的不足。是他们活动的互补性使人们相信这样的观点，即官员们可以代表两种（或多种）秩序行事。如果规则在国际秩序中具有合法性，就如同律师所说的以及其他人所认可的那样，那么秩序就是合法的，法律顾问与他们的客户就会如所认为的那样行事（可比较 Onuf 1979:265）。

机　　制

国际法律秩序是一系列规则，其连贯性来源于与正式性和规则的制度性支持相联系的实践。最重要的是，国际法律秩序是一种律师的建构。

律师们赋予了系列规则所具有的连贯性。那些扩展性不那么强，但是更加连贯的系列规则，即国际机制，在国际关系中处处可见。如上文所示，它们具有自己的特点、范围和连贯性，这主要是因为它们被限定于“国际关系的某个特定领域”。至少，这是目前标准的“机制”定义向我们呈现的。[14]

谁来确定什么是“特定领域”(given area)？学者们通常认为“特定”是“客观给定的”，就好像是对于那些关注的人来说是客观上可以获得的那样。当然，这是最直接的实证主义观点，否定机制具有任何“主体间因素”，这种观点与克拉托赫维尔和鲁杰的观点恰恰相反(Kratochwil and Ruggie 1986:764)。这样，就确保了人们对机制的看法，即机制就是建构它们的人所认为的那样，是他们的活动建构了机制本身。实际上，是机制的使用者(regime role occupants)使机制具有自己的范围和连贯性，学者们将此视为一种客观条件。

人们对此作出的一种反应是厄恩斯特·哈斯(Ernst B.Haas)对“行为体针对知识的排序以及在建构规则的过程中对知识的使用方式的关注”(Haas 1980:375)。哈斯主要关注使用者(occupants)而不是作用(roles)。那些个人由于训练和对专业的熟悉从而赋予其活动连贯性，这就是认知先于建构(Hass 1980, 1982;关于对机制的认知观点，可比较 Haggard and Simmons 1987:509—513)。我所倾向的是另外一个方向。首先是作用，因为机制是规则统治下的建构。规则本身来源于活动，不仅仅是机制的使用者的活动，还有学者、律师以及由于主权的建构而产生的官员和许多不同的个体——不仅仅是我前面提到的那些人——这些个体由于机制的作用而与机制相关联。

规则通过界定作用而“赋予”机制特有的范围与连贯性。这些作用越正式，越受制度的支持，在表明这种机制存在时我们(机制的使用者、学者、律师、官员)就会越自信。无论是出于什么目的或意图，任何机制在我看来都必须具备足够的法律规则，使其具备法律秩序的条件。国际法律师一直承认国际机制的存在，但只是把它们纳入国际法律秩序中来解释其合法性。国际关系学者只是近年来才发现国际机制，但没有意识到律师们所关注的内容，而且一直努力避免承认它们具有合法性。其实，无论是律师还是国际关系学者，他们都忽视了机制的一个核心特点，即都是一系列规则，其中的很大一部分（尤其是那些赋予机制范围和连贯性的机制）是法律规则。他们忽视这一点主要是因为他们都依附于法律实证主义，通过一系列规则而不是规则产生的统治来赋予或是否定规则的合法性。

国际机制作为几乎是自我构成的规则系列，实际是指导性规则、指令性规则以及承诺性规则的混合体，每种机制所包含的各类规则的比重不同。正如我们所看到的，机制中的很多规则很正式，且有很好的制度支持，这样就成为法律。当然，不同的机制中正式规则与非正式规则的比例不同，这主要是由指导性规则、指令性规则与承诺性规则不同的分布而导致。显然，机制并不像规则那样可以划分为不同类别。但是，它们也可以被粗略地划分，主要通过与机制的理想类型（ideal types）进行对比，而机制的理想类型主要是通过指导性规则、指令性规则以及承诺性规则在其构成中的分布而决定。这并不是简单地量化正式规则的分布情况，而是对一小部分规则进行判断，它们为所有机制中无论是正式的还是非正式的规则提供了一个参考，从而赋予某种机制以一个规则系列的身份。通常，这样的规则是自我构成的说明性规则，或是哈特所说的次级规则，尽管它们对所有的机制来说都是初级规则或是按照我们通常所说的是“构成”规则。

作为一种机制类型，正式的指导性规则是最基础的，我称其为“监控机制”（monitory regimes）。它们是围绕一系列原则建构而来的，这些原则通过在一些正式讨论中被多次表述而高度正式化。机制的原则由于一系列传统的，实际上是仪式化的劝诫（exhortation）而受到支持。这些劝诫很少得到制度性支持，这些制度性支持对于指导性规则成为法律而言是必需的。在缺少一个正式指令性机构来监控行为的情况下，监控机制提醒那些机制的参与者他们的行为正在受到监控，尽管监控是非正式性的。这些机制中的大多数规则都是非正式性的，这使人们很难确信这种机制的存在，在文献中它们也很少以这样的方式被提及。[15]

下面我举几个国际监控机制的例子。一个是联合国大会第 1514（XV）号决议《给予殖民地国家和人民独立的宣言》以及它的诸多论述（Bleicher 1969），这一宣言主要是为了加快当时的非殖民化进程。联合国殖民主义问题特别委员会颁布了一系列指令性规则，很多规则单独列举了联合国成员国中不遵守非殖民化原则的国家。由于这些指令性规则趋于个体化，在获得支持方面较为薄弱，它们从没有起到法律的作用，也没有获得法律地位。当受到抵制时，该委员会主要是依赖于寻找事实，发布详细报告，以加强它对某个特定参与国指控的可信度。

这些策略牺牲了一般来说指令性规则成为法律所必需的高度的抽象概括，而更倾向于增加对一个法律原则的外部支持。委员会通过点名或是指出其做法使那些不遵守原则的成员国处于尴尬境地或是暗示它们将受到排斥，而使它们支持这些原则。该委员会最近对波多黎各局势的关注就是一个例子(Franck 1985:195—204)。美国的愤怒反应表明没有任何一个国家可以完全不受该委员会这些相关努力的影响。

第二个监控机制的例子是建立在以下这一原则上的监控：种族隔离制度是严重违背人性的，在任何地方实施都是不可谅解的。由于南非是唯一一个无视这一原则而实施种族隔离的国家，联合国全体成员也都一直支持这一原则：首先是通过决议谴责南非的行为，呼吁南非改变政策，之后又以一般性的抽象规则，即法律规则，来指令停止种族隔离。[16]只要这种努力从法律意义上讲获得了成功（我认为是这样的；也可参见Henkin 1979:126, 178)，南非就不可能选择把自己排除在这个机制之外。即使是南非那些不接受该机制的政策，受被其他机制驱逐的影响，也会支持反对种族隔离这一原则，这些政策没有对一般的指令性规则——任何法律秩序中的官员都不可以实施种族隔离——产生负面影响。

其他一些可能更为典型的监控机制例子是在资源保护和资源使用领域。国际鲸鱼保护机制要求在捕捉鲸鱼时保持可持续的最大产量的原则(Birnie 1985:168—170)。这一原则的成功取决于机制参与国每年采纳的份额（在1985年时降低为零），国际捕鲸委员会作为一个永久性提供事实的机构对这些份额的执行情况进行监控。这一机制即便不能确保鲸鱼的数量维持在一个可持续的水平，也能促使一些个体组织对一些机制参与国的捕鲸行为进行干预(Day 1987)。这意味着该机制的拓展使其包含了最不正式的指令性规则，还是该机制由于加入了不连贯内容而消失，还有待观察。

尽管指令性规则有渗入监控机制的趋势，主要是渗入那些机制影响较弱，对于相关原则支持无效的机制，这些规则仍不可能获得重要的正式程度和制度性支持。如果发生的话,这些规则进而取代了限定该机制活动的原则,那么我们认为这个机制已经转变为一个新的机制。实际上在种族隔离这个例子中,反对种族隔离的正式指令性规则的出现构成了又一个反对种族隔离的最小机制,与反对种族隔离的监控机制一起发挥作用。一般来说,我们很少期望国际机制建构于正式的指令性原则基础之上。同样原因,犯罪集团并没有合法地位:我们把依赖于正式指导性规则而获得身份的机制称为行政机制(executive regime),实际上它们威胁到了只有国家本身才是主权法律秩序的构想。如果这些机制威胁不到对于主权的构想,那是因为它们被纳入到了被国家授权和构成了自己政府的机制体系中。[17]

构成一个国家政府的各行政机制以政府的各个部门和机构的形式展现出明显的一致性。国际关系中各种机制所对应的各个领域与国家各个部门的机制相对应。界限相对分明的国际机制很少具有指令性规则,而这样的规则适用于参与国际机制的国家官员们。相反,很多国际机制拥有类似于部委的组织或机构,在这些组织和机构内,指令性规则适用于它们的官员。正如我们目前所看到的,这就使这些组织或机构在机制的指导性规则,特别是承诺性规则的框架下履行它们被赋予的职责。

但是,在国际关系中也有这样的例子,即国家同意赋予国际关系中某些受严格限制的领域以正式的指导性规则,这些规则影响了它们自己的行为,使它们处于众多的提供大量制度性支持的规则环境之中。欧共体以及与其并行的《联合国海洋法公约》中关于深海开采的机制就是这样的情况。在这两种情况中,对指令性规则提供的制度性支持复杂到了产生歧义的程度。主权分割几乎也使其无法运作。分割看不见的东西所引发的概念性问题使我们必须建立另外一种体现该特点的机制:必须是超国家的机制(Hass 1968:32—59)。

集体安全就是人们试图围绕一些指令性规则建立一种支持体系或法律机制(参见 Claude 1962:94—204)。在这种情况下,由于我们所讨论的指令性规则所适用的那些国际关系领域,主权的实践及理论性问题不可能被解决、掩饰或忽略。集体安全将霍布斯对秩序的解决方式转变为国家间的一种无序。对霍布斯来说确实是这样,一个集体安全体系排除了自我参照的说明性规则。一些行政机构,本身就是由最高形式的正式承诺性说明(实际是一种社会契约)构成的,它们由一系列特定的指令性规则决定。我们无法预测由谁的行为来决定。这完全取决于参与者在了解所作承诺后果的基础上来决定如何做。并且,每个参与者必须支持这样的决定。经验表明,这些承诺如果有具体指导性规则的支持,它们通常都会被遵守,这也是为什么国联以及联合国花了 50 年的时间来为侵略制定一个可行的定义(Ferencz 1975)。

集体安全的支持体系越彻底,它就越像一个主权秩序。如果用国家来解决霍布斯的秩序问题,同样的办法如果用于国家间关系,就会产生超越国家之上的国家。显然,这就挑战了国家对于集体安全的实际需要。国家也绝不能允许这样做,无论它们如何睿智,如何能够确保集体安全,也承担不起如此做的代价。

无论在国家内还是在国家之间,集体安全如果要履行承诺都需要规则的正式化。这也是竞争正式化的一种矛盾。如果国际机制的指令性规则缺少正式性或是因为缺少正式性而仍可以发挥作用的话,这种情况就会消失。核威慑就是这样一种情况。拥有充足的核武器与投射能力的两个国家,通常我们称其为超级大国,两国向对方发布了同样的指令,要求对方不要做某些事情。如果做了的话,就会产生毁灭性后果。每一方在清楚自己受到威慑的情况下,都会认为对方也是如此。

威慑的语言实际一直在控制两国间的所有战略思考,它显然也是实证法理学的语言。边沁关于如何用伤害阻止伤害的规则实际上对惩罚理念和惩罚行为本身进行了区分:“实际是理念本身对思想起作用……”(Bentham 1948:171—203,引自 p.193)。规则是以比例原则为中心。当阻止性伤害或是处罚成为更加“真实”的一种理念,并随着正式性与制度性支持的增加而增强时,其威慑力就会加强。在一种理想的法律秩序中,处罚不断被完善,由于人们清楚处罚所产生的不可避免的后果,没有人愚蠢到愿意接受处罚,因此也就不需要使用。(对比 Schelling 1960:“威慑理论实际上就是一个能够巧妙地不使用军事力量的理论。”)但是,到目前为止,除了在两个超级大国所运行的不安全体系中,在实践中这种理想从未实现过。在这样的体系中,双方都不愿把有效威慑对方的指令性规则正式化。这是实证法理学的观点,同时它也提出了质疑,即正式化可能会给已被证实很完美的威慑体系带来问题。

这种质疑被广为接受(但是也并不普遍;参见 Falk 1985)。即使是两个超级大国努力把不首先使用核武器这一原则正式化的努力,也受到了抵制;如果这样,该原则就可以作为两国所颁布的互惠指令性规则的一个保护伞(Bere 1980:217—220)。[18]但是,原则本身只被表述了一半,因为它没有肯定什么必须被接受,即核武器的报复性使用是核威慑体系的基础。很显然,在这个威慑体系中,朝着规则正式化迈进的艰难的每一步对稳定来说都并不是大的威胁。但是,不难想象,还需要更多的努力。

是否这种互不安全体系可以被称为一种国际机制还存在疑问(Jervis 1982)。它的指令性规则太不正式以至于人们无法认为它们具有合法性,这一点表明它本身就不是一种机制。由于超级大国意识到核力量的变化可能会干扰整个体系[谢林与霍尔帕林非常有影响的分析更是强化了这种认识(Schelling and Halperin 1961:49—61)],它们设计了更加详尽的法律机制,用核武器控制机制来控制这样的变化。因此,确保互不安全体系的完整性是一个正式化程度的问题,对于构成那个体系的规则来说并不适合。

集体安全与互不安全体系代表了一个规则系列的连续体的两个极端,在这个规则系列中,指令性规则非常突出。集体安全需要达到一种正式程度,使其与构成国家的主要机制之一难以区别,而互不安全体系太缺乏这样的正式性,以至于人们很难将其视为一种机制。在二者之间是在更大的正式的指导性和承诺性规则的集合之下的一些指令性规则。当然,最重要的例子是第二次世界大战后建立起来的机制,人们认为这些机制为美国提供了控制世界经济的方式。[19]

只要美国在世界经济中居主导地位(在 1950 年美国占世界国民生产总值的几乎一半;Russett 1965:121),尤其是作为主要的发起者(chief editor),它就可以利用非正式的指令性规则来控制信贷流动,因而控制整个世界经济,并在任何时候都支持自由贸易的原则。它甚至还可以从无数的商业条约中建立一个小的自由贸易机制,每个条约中都包含最惠国待遇条款,但都仍然在可控范围之内。但是,出于各种复杂的原因,美国的官员们选择了这样一种制度路径,在这之中,正式的原则和集体的经济承诺以指令性规则为核心来替代其他,事实上,英国上升初期所采纳的就是一系列非正式规则(对比 Ruggie 1982,他对此的解释无人能及)。

即使当美国注意到自己的相对地位开始下降时，机制还是会继续发挥作用。它密集的支持性规则网络使人们可以制定新的指令性规则，这一点体现得最突出的是在 1971 年；支持性规则网络还使机制能适应变化的环境。[20]国际货币基金组织在制定贷款时经常强加的条件证实了对指令性规则的持续依赖。（关于“条件性”，参见 Dell 1981，Guitián 1981；Kenen 1986。）这些规则与详细的指导性规则一起得到了加强，并被正式表述和接受，即使是在它们被加入贷款协议之前——这些贷款协议是贷款协议双方在正式机制下自由决定而一起签署的承诺性说明。

最后，我们再简单地看一下围绕一系列基本的承诺性规则而建立的国际机制。尤其是在最近的实践中，这些规则经常采用多边条约的形式（自我参照的承诺性说明）。这些条约经常阐明原则，这些原则使它们与国家的官员代表国家签署的很多其他协定区别开来，突出了在机制构成中条约的核心作用。这些条约也构成了一个定期的论坛，使机制的参与者能够参加、修改和拓展它们的正式承诺，同时它们也是一个永久性机制，帮助参与者履行它们的承诺。而机制的官员以及他们的角色也是为此而设定，其大部分精力用于完善指导细节。最后，这样的条约也可以建构一种论坛，听取各方对于条款的理解和履行承诺情况的抱怨。

经过很多思考之后，我决定将此类机制称为“管理机制”（administrative regimes）。[21]人们可能会在最小的范围内围绕一些由承诺性规则建构的国际机制的例子来思考这个术语的选择，外交人员的特权与豁免机制就是这样一种机制（International Court of Justice 1980：777）。尽管这一机制的法律条款清楚地阐明了相互的承诺，但是只是到近期（1961 年与 1963 年）才形成了多边条约，即使现在也没有官方机构对其提供管理支持，但是该机制在大多数时间内被管理得非常成功。机制的官员们同时也是参与该机制的法律秩序的国家的官员。外交官以及法律顾问具有双重身份。由于外交官的职业地位取决于对他们代表国家所作承诺的有效实施，他们也非常愿意履行自己的职责。

多数属于这种管理类型的国际机制在规模上并不是很适度。相反，它们具有自己的专门机构，并希望将其不断扩大；通过这样做，它们也获得了指令性规则的内部支持，机制的人员成为政府的官僚。我们从联合国的专门机构以及联合国大会的一些附属机构就可以看到这些管理机制非常容易扩大。通常来说，管理的发展是社会关系现代性的一个显著特征。无限制的增加实际上会威胁到任何一个具有良好机制的管理机制。凌驾于国家之上、国家之间以及围绕国家的众多管理机制，也包括联合国的那些机制，就成为现代性的一个特征；当存在的机制过多时，它们就无法真正起到人们期望它们所起的作用，这也是未来世界的一个特征。

修辞与特权

在霍布斯的传统认识中，秩序问题只是建立秩序和维护秩序的问题。这样对待秩序没有任何问题。实际上，秩序被视为一种客观条件——对于现象的一种稳定安排，就好像在自然中所达到的一样。我们可以看到古希腊语中与“秩序”对应的词是“宇宙”（cosmos），它也是对自然更广义的定义（可比较 Hayek 1973:36—46）。但是“秩序”一词并不是对于人类所理解的宇宙条件的文字表述，人类实际也看到了他们所理解不了的很多不稳定性和错乱性，因此也完全可以用另外一个希腊词汇“混乱”（chaos）来表述。

对于那些对秩序的理解受希腊思想影响的人来说——实际上对使用这个词的任何人都是这样——他们只是修辞性地使用这个词，也许希望以此表示人们希望达到，但是永远不能维持的一种状态。当我们说到秩序时，我们选择了一种可以相信的构想。“秩序”本身是一个隐喻、一种修辞、一种掩饰。它是由言语行为建构而来，并为这个行为赋予了内容。我们说“秩序”代表了或是解释了这个世界是什么、能怎样或是应该怎样。而我们说秩序代表着其他事物则是一种错误理解，因为二者之间的嵌入（fit）关系存在问题。实际上如果这种嵌入不存在问题的话，那就没有什么意义了，只是一种赘述而已。如果我们再来考虑言语行为与作为事物状态的世界的嵌入方向时，这一点就更清楚了。

我们需要注意“世界”也是一个隐喻，呈现或是误现了表述的内容，这种表述由作为一种客观条件的词构成。嵌入必须是指词语与词语之间的关系，而不是指词语与“现实”之间的关系。从逻辑角度讲，描述事物状态的词语之间的嵌入与用于描述事物的又一种状态的词语必须是没有方向的。由 X 所表述的所有整体事物被认为是(代表,等同于)由 Y 所表述的所有事物。因为 X 和 Y 在一些特定方面或复杂性方面会不同,我们可能不会说 Y 等同于 X,即使这是所表述的意思。作为一种隐喻建构,我们总是可以看到断言性言语行为的无方向嵌入。

如果嵌入是世界与词语的关系问题,那么我们可以说事物的部分状态可以改变整个世界,即你是事物状态的一部分,我指令你通过自己的行为来改变它和你自己。这种部分与整体的关系就是一种换喻(metonomy)建构。事物作为一个整体的状态也可以对部分产生影响:我承诺我自己是创造未来事物的一部分;我想让我的行动成为它未来的一部分,这属于提喻(synecdoche)建构。

隐喻、换喻、提喻是修辞中三种基础的修辞。它们代表整体与部分之间的全部关系:整体到整体与部分到部分关系完全相同,因为此时的部分就代表整体;其他两个关系是整体到部分与部分到整体(White 1973:31—36)。言语行为的三个类别必然导致这三类修辞策略。[22]

隐喻是表象性的,但是经常会错误地表象。它总会使我们将所怀疑的事物理解为具有我们所信任的事物的性质。[23]同样,换喻作为一种修辞策略,通过使用换喻而导致的减少并没有使"部分"更加"真实"或是更加基础,尽管表面看上去好像如此。合并也并不会产生一个比把各个部分加起来更大的结果,尽管那些把提喻视为一种修辞策略的人坚信这一点。我可以这样讲,所有修辞都是把现实的虚构扩展为一种社会建构。只要修辞具有说服力,它说服我们看到我们所听到的,它把正在被建构的事物转化为言语者猜想对于听者而言已经是"真实"的事物。当人们行事性地进行言语活动时,实际也是在使用各种修辞,因此使我们自己免于断言、指令以及承诺所具有的临时性特点。行事性言语也是修辞性言语,这表明对现实的不断重构很少可以与我们所了解、感觉和我们真正居住的生活世界分开。

断言秩序是一个问题就是表明言语者认为,听者也接受秩序是一种自然条件,它作为一种社会条件既是人们所希望的,也是可以达到的。修辞角度的"真实",即秩序的自然条件与我们所指的"失序"或是"无政府状态"(但并不是"混乱",二者完全不同)的事物的修辞性表述状态不同。我们假定这两种条件具有足够的相似性,可以对它们进行有意义的对比,但同时二者也存在很多差异,可以进行差异对比,这种假定主要是因为所用的隐喻"问题"是固定的,它表明比较可以产生解决办法,也可以修辞性地去理解,对于霍布斯来说解决的办法就是"利维坦",而对于帕森斯来说就是对预期的内化。

前者是换喻转变,因为它把一个整体——"问题"或是"失序"——转变为一个部分——"利维坦",利维坦把失序的一个整体转变为一个更接近于有序的事物。从陈述角度看,利维坦是以指令性规则做到了这一点。相比之下,帕森斯的解决办法是倾向于提喻转变,因为他把失序问题视为组成部分(个人)没有正确发挥作用而导致的问题。对期望的内化,只要能成功,就可以把部分融合到一个整体或是秩序中,它比组成部分在本体上更加"真实"。从陈述方面,帕森斯的研究中有很多诸如"融合"以及"体系"的术语,所有这些都否定了积极指令的必要性和有效性。

我认为社会建构是借助三类修辞而进行的。与此相对应,我提出解决秩序问题的又一个办法,即转向隐喻的选择(我有必要说吗?)。这种对秩序问题的解决以对比构成问题的事物状态取代了不同的隐喻。"秩序"这个隐喻使人们想到一种可以与自然的稳定安排相比较的稳定的社会安排。我的隐喻也是由两部分建构而来:秩序是一种稳定安排,这样的安排是稳定的,不是因为它与稳定的自然相似,而是因为它会使做这些安排的人受益。

那么问题就不是使社会安排更加稳定,因为它们"确实"很稳定(我的隐喻使其如此)。相反,问题是发现什么使其稳定,即谁能在这种安排中获益。谈论一个"问题"是把所讲述的内容问题化了。我所使用的从"秩序"到"安排"的隐喻转变使在"问题"下所产生的规范从稳定转为所作"安排"的事实。[24]

大多数人并不把安排视为一个问题,除非是人们谈到密谋或是串通,至少我并不认为这些是不可变化的或是一种常态。我有另外一种选择,即用"特权"代替"秩序":这样秩序问题就变为特权问题。但是,即使这种隐喻的选择变化也丧失了帕森斯以及很多其他学者期望我们所理解的那种"秩序"的力量。

在这种情况下,我不使用"秩序"这个术语会更好。就如同我期望其他人认为的安排是被别人安排的(我曾经指出过这一点),我们完全可以说是“社会安排”,而不是秩序;是“法律安排”,而不是法律秩序。秩序是制度化的,而安排是被制定的(对比 Polayni, Arensberg, and Pearson 1971)。因为我并不认为这种转变非常充分,在谈到特权时,我可以这样自由地谈论特权,以使之问题化。“秩序”的修辞力量为这种策略提供了依据,其结果与任何一个隐喻、任何一个断言一样具有欺骗性。

注 释

1. 也许最好可以说帕森斯颠覆了霍布斯的解决方案,因为它已经发展为“权威”的概念,他用“权威”一词作为对韦伯的“Herrschaft”或是统治(rule)的翻译,尽管不正确。后者是来自不同的学术传统,不存在类似于霍布斯的问题。从表面看,帕森斯几乎忽略了我在此探讨的权威的概念,尽管他对韦伯(Parsons 1937:500—697)比较关注。对于“Herrschaft”的详细讨论,参见第六章。

2. 人们可能会认为这些词是可以互换的。韦伯好像认为它们是。他二者都用,尽管通过《经济与社会》可以看出,他更倾向于用“统治”。尽管如此,德国的学术界在语言规则和方法方面(罗德维希·维特根斯坦就是个例子)还是决定使用“统治”(Regel),在法律规则方面使用“规范”(汉斯·凯尔森就是个例子)。我也应该注意到我并不认为与“规则”相比,凯尔森更倾向于使用“规范”,他对此提供的解释并不是很有说服力。第一个原因是“规则”这个词包含太广,就如同它所指的“自然规律(物理学意义上的)”一样(Kelsen 1945:37)。很显然,这个意义上的规则与其他形式的规则不同,因为其他形式的规则都有自己的发起人和历史,具有“规范性”。需要注意的是,“自然规律”同样与所有人类法律不同(法律规则)。但是,凯尔森并没有提出我们也放弃了针对物理学家们的“规律”。凯尔森倾向于用“规范”的第二个原因是规则一定是一般性的,指的是“一整类相似事件”(Kelson 1945:38;对比 Black 1962:108),而有些规范是指特定的个人或情况,但具有法律效应。需要注意的是,如果要重复被任何这样的规范限定的环境的话,无论这如何不可能,规范也适用于这种情况。否则,我们就很难看出公认规范的“规范性”到底体现在哪里。

3. 韦伯完全支持这种观点:

> 由对行动的习惯而产生的“调整”会导致在最初只是构成了一种简单习惯的行动,这种习惯后来具有了约束力;之后,在意识到这样的行为在诸多个人中进行传播时,它就会被作为“共识”纳入到人们部分或是全部的针对其他人行为的有意识的“预期”中(Weber 1968:754)。

用建构主义的话来说,哪一方面都不能被视为具有时间上的(或是因果上的)优先地位。根据帕森斯对韦伯的细致研究,令人惊讶的是,他把内化是解决秩序问题所必需的这一点归功于涂尔干。也许韦伯对法律实证主义理论的强调分散了帕森斯的注意力。因此，在刚刚引用的段落中，韦伯还说："最后，这些'共识性理解'获得了强力执行的保证，这就使它们与一般性'惯例'区别开来。"但是，我在下面认为帕森斯也持同样观点，尽管他自己不承认这一点。

4. 至少帕森斯避免使用法律实证主义完全以惩罚来定义这样的处罚。就如同"压制性处罚"以及"强迫执行"(coercive enforcement)所表示的，涂尔干与韦伯都没有这样做。

5. 帕森斯对制度的说明，如财产、婚姻、父母责任，主要是指法律制度，我主要是指它们和新规则中的一部分具有法律效应。法律制度似乎被认为是预先假定的。我们从保罗·博安南(Paul Bohanna)的另一种非常有用的定义"双重制度化"(double institutionalization)中也可以看到同样问题。这种"双重制度化"把法律和习惯进行了区分。

> 所有的社会制度都具有"习俗"(custom)的特点，这些"习惯"在所有的对法律的定义中都会体现出一些特征，但存在一个明显区别。习惯一直是它所影响的制度(这些制度反过来也影响习惯)的一个组成部分，也仅仅是在这些制度之中；而法律是在特定情况下由社会的施动者们在一个小的被认可的环境下被重新创造，也就是说是在一个具有法律特征，至少在某种程度上区别于所有其他形式制度的语境之下(Paul Bohanna 1967:45)。

读者们可以看出这是法律实证主义的一个明显问题：理论本身规定了它要努力解释的内容，即法律秩序的存在。

6. 关于原则的分量，参见 Ronald Dworkin(1977:22—28)；他认为这些特征阻止它们成为规则，因此定义过于狭义。

7. 我用"角色"这个词来狭义地表达人们在社会中的地位，它具有正式的、全面阐述的条件和职责。我不是指所有可以想象的社会角色，或是行为体与结构之间的"表述节点"(Giddens 1979，转引自帕森斯；关于角色的更广义的评论，参见 Parsons 1951:115—120)。

8. 托马斯·谢林关于威胁与承诺的讨论指出了二者的一个差别。"差别在于当一个承诺成功时，是要付出成本的；而威胁是当它失败时才是这样"(Thomas Schelling 1960:177)。但是，这并不是威胁与承诺的作用差别，而是内容差异。威胁可以被定义为一种承诺性言语行为，其以言取效的内容由剥夺而不是奖励构成。作为所承诺事物的状态，奖励和剥夺都会产生成本，但是前提是承诺被遵守。

9. 认可会受到没有成文的惯例式法律规则的特点的阻碍。它们通常是在表述方面模糊，但是在应用方面非常具体，重复使用从未使口头表述更加具体："法律从简洁的尝试到细节，又回复到一般性的正常条件。"(Hamnett 1975:11；也可参见 Comaroff and Roberts 1981:70—84，231—240；Geertz 198:207—214)。

10. 这是乔治·塞勒(Georges Scelle)提出的著名的"双重职员"(dédoublement fonctionnel)概念，迈尔斯·麦克杜格尔(Myres S.McDougal)对其进行了扩展。更多讨论参见 Nardin 1983:162 n.14，206—207。

11. 那些老的美国西部影片的迷恋者们认为那些代表抓捕"罪犯"的民防团是

一个特殊例子，这主要是由于没有安顿好的边疆环境的需求造成的。

12. 韦伯把"组织"（Verband）定义为一种"社会关系"，由特定的个体来实施监管：如首长，也可能是管理人员，他们通常具有其表象性权力。在某个制定政策的岗位上任职或是参与某个职位构成了"行政权"（Regierungsgewalten）（Weber 1968:48）。即使我们抛开韦伯所强调的指导性规则和对它们的执行，职位（officers）的存在仍是"组织的"社会关系的特点。

13. 关于这个圆，在逻辑上并不是必要的。人们可以想象一个法律秩序，这个秩序由于对人们的大量灌输以及人们之间进行的大量讨论，已经接近了主权概念。与系统的强制相比，二者中的任何一个其物质代价都不一定低。中国在毛泽东时期的"感知体系"可以作为灌输的一个例子。"感知体系是一个通过政府单方面对全体人民的说服来实现社会控制的体系……"（Lindblom 1977:55，55—59）。关于群体争议，如位于非洲西南部卡拉哈里沙漠的桑人（Kung San）对于群体内不同意见进行的无休止讨论就是一个例子。"群体内的矛盾可以通过谈话来解决，有时讨论到半夜，甚至讨论一整夜、几个晚上乃至几周。"这些话来自梅尔文·康纳，他还说道："与桑人相处了两年后，我开始认为人类历史的更新是一个永不停止的马拉松集合。"（Melvin Konner 1982:7）法律实证主义者对指令性规则的青睐具有文化偏见，主要是由于西方实践中指令性规则的比重更大，同时也是由于他们从外部威胁对独立的影响来理解确保法律秩序问题。不存在此类威胁就减少了对法律秩序中的官员们的压力，这些压力主要是指以一点额外的支出来发展可以在秩序内使用的强制性能力。

14. "机制可以被定义为一系列明确或是模糊的原则、规范、规则和决策程序，它可以使行为体在国际关系的某个领域产生共同预期。"（Krasner 1982:185）一些学者强调规则系列，其他一些学者强调共同预期（Haggard and Simmons 1987:493—495），前者因被原则、规范、规则以及决策程序赋予了非常不准确并且没有什么用途的定义而被扭曲，而后者，如同帕森斯和他的社会系统一样被概念性机制限制住，而在概念性机制中任何事情都没有发生。

15. 在我早期的研究中（Onuf 1982b:78），我把这类机制称为"管理机制"，想到的是关于国际资源的例子。后来，彼得森和我（Onuf and Peterson 1984:32）把这类机制称为"监护机制"（tutelary regime），联合国人权机制是我们当时关注的重点。但是，我现在认为"管理"和"监护"都是与当时讨论的特殊例子相联系的过于狭隘、紧密的机制活动。

16. 这样一个一般性原则的一个特殊结果是联合国大会第 1904 号决议（XVIII）《联合国消除一切形式种族歧视宣言》，第五条规定："政府方面及其他公共方面的种族分离政策，尤其种族隔离政策，以及因此类政策而产生的所有各种形式的种族歧视及隔离，悉应终止，毋得迟延。"

17. 在我早期与彼得森的研究中（Onuf and Peterson 1984:332），我们把围绕指令性规则而建立的机制称为"政府机制"。现在我更倾向于称它们为行政机制，这样可以指出此类机制允许行政官员们可以做什么，即履行或是"执行"那些制度上支持正式指令性规则的承诺。“政府机制”可以描述它是一个怎样的机制，但是不能描述它可以做什么，但是令人疑惑的一点是，因为“政府”(government)这个词可以与机制这个词互换使用，或是表示一个主权法律秩序的官员，或是完全指在一个法律秩序中最大可能的系列机制。

18. 尽管如此，该原则在战略教义中被认为是“界限”(Schelling 1960:257—266)或是“门槛”(Kahn 1965:94—101)。

> 如果每个人相信也认为其他人会相信，当第一个核武器被使用时情况会更加危险，那么无论他因为什么原因这样相信，他都不愿意批准核武器，并期望另一方也会如此。在面临核武器被使用的事件时，人们会想到快速升级，会以更可能升级那样的方式进行(Schelling 1966:158)。

19. 一种或多种机制是否出于这样的目的而被建构，这一点还存在争议。很多学者想到了三个组织良好的机构，即《关税及贸易总协定》(接替失败的国际贸易组织)、国际货币基金组织、国际复兴开发银行以及它们的附属机构。我认为这三个机构是一个规则的聚合整体，当中的很多规则是非正式性的，但是也体现出对于世界经济的重要单一机制的连贯性。近年来其他机构的出现，包括私人银行，作为不可缺少的机制因素支持前面的第二种观点。没有理由表明机制内不能够嵌套机制(Aggarwal 1958:32)，我们不需要被法律实证主义的假设所限制，即嵌套赋予被嵌套的机制以法律性。

20. 在建构机制的条件之外，某种机制仍会继续发挥作用，这一点最近越来越引起学者们对机制的关注。相关作品非常多，尤其可参见罗伯特·基欧汉所提出的关于“霸权稳定论”的研究(Robert O.Keohane 1980, 1982, 1984)以及邓肯·斯奈德对此的评述(Duncan Snidal 1985b)。第六章将在这样的语境下审视对“霸权”的误用。

21. 早些时候，我把它们称为“限定机制”(Onuf 1982b: 77—78; Onuf and Peterson 1984:332)，因为这类机制的名称以及典型且详细的支持性指导产生了被称为规制(regulations)的规则系列。既然所有规则都起限定作用，我现在想选择一个可以描述机制功能的词，它可以为履行承诺提供管理支持。这包括在管理官员支持下的管理。

22. 自亚里士多德以来，讽刺被认为是第四个基本修辞，讽刺的使用拉开了言语者与言语的主体距离(White 1973:36—38)。如果是这样的话，讽刺应该是一个表述性言语行为(expressive speech act)，而不是一个基础的言语行为，因为很多言语者对话语主体的态度是可以想象的，也许是在与其他类型的言语行为的依附关系中被表述出来。在结构主义的传统观点中，隐喻与转喻被认为是最基础的修辞，二者刚好相对。提喻和讽刺则被忽视(Jakobson and Halle 1971: 90—96; Levis Strauss 1966:204—208, 224—228)。相比而言，后结构主义重视讽刺，但是是讽刺地将其利用于解构行为之中(Nelson 1983:184，参见第一章)。

23. 这种观点很像约翰·塞尔的观点(John Searle 1979:76—103)，但又与其不同。塞尔对言语行为以及事物状态的研究也促使我对该领域进行研究。塞尔认为隐喻不可能是“比较”(comparision)(参见 Johnson 1987:66—68),因为隐喻依赖差异而产生意义,而比较的前提是比较相似性。塞尔把断言模式视为是对世界的真实表象,因此严格意义上讲是一个比较问题。这样的比较可以以修辞的语言重述出来,所以断言在听者那产生的意义就会与言语者想表达的意义有差别。塞尔因此把隐喻视为一类特殊的间接言语行为。与我的观点相比,我认为隐喻并不是一类特殊的言语行为,因为断言性言语行为总是一种隐喻性建构(参见 Johnsonton 1987:68—71, 220)。如果我们拒绝接受塞尔所说的断言性言语行为可以真实地表象世界,就好像构成表达内容的词语是完全透明的媒介,那么他的观点就有问题,实际就会与我的观点相类似。塞尔认为断言性言语行为,作为言语行为,总是以相似性存在为前提,而隐喻总是能够控制差异。但是,相似性也必然意味着差异,否则就不存在可比较的内容了。说 X 与 Y 有太多的相似性,以至于把 X 看作 Y,为了表明(夸大或是最小化)X 与 Y 的差异,言语者还是传统地(非字面地)来表象 X 与 Y,期望听者接受字面表达的意思(言语者字面表达的意思),因此在二者之间产生一个临时、协商性的现实。

24. 弗里德里希·冯·哈耶克完全理解这个隐喻选择的思想影响,但是他感到“独裁者们”已经成功地把秩序理解为“某个人所做的有意安排”,因此使这个概念在“自由世界非常不受欢迎……”(Friedrich von Hayek 1973:36)。他之后开始调整秩序的概念,把它与自然的隐喻联系起来。

迈克尔·奥克肖特在著名的关于政治的定义中也倾向于用秩序安排:“我所称的政治是关注到那些由机会或选择被而集到一起的人的一般性安排的活动”(Oakeshott 1962:112)。奥克肖特的保守主义思想使他选择了“关注安排”,因为“人们享受到的安排总是超过那些被认为需要被注意的……”(Oakeshott 1962:112)。如果不考虑规范影响,我非常同意奥克肖特的经验判断,认为安排被照顾完全与安排必须是被安排的观点相一致。我也用这个定义来支持我在导论中提出的关于政治的定义。

第二部分

统　　治

规则本身是空洞的，充满了暴力，没有终结。它们没有人情味，可以被用于任何目的。历史的成功属于那些能够控制规则的人。

——米歇尔·福柯

《语言、反记忆、实践》(1977a:151)

第五章
无政府的假定

对实证主义本体模式中的社会科学范式来说，以自我利益为中心的施动者如何能够共处一直是一个核心问题。作为一个关涉个体主义与集体主义相对立的问题，两者都面临同一个程序性问题。如果这将会是一个问题的话，我们必须赋予其专门的术语。施动者是自由的，进行合作时需要核算，而且进行合作也存在难度。这就是自由主义的术语。

我从针对自由主义的讨论开始这一章，在这里我认为，人们认为国际关系处于无政府状态——自然的实际状态——是自由主义的范式实例。当前的研究倾向于认为国内社会解决了秩序问题，因为有国家存在，而国际关系处于无政府之中。我的观点恰好相反，我认为国际关系与国内社会相比，从未处于无政府状态。

在托马斯·霍布斯时代，政治与社会思想都没有对国家与自然状态进行区分。社会关系（包括国际关系）能够也确实体现有规则的安排的例证。美德（virtue）、权利（rights）、风俗（manners）都描述了在缺少中央权威，因而处于正式的无政府状态下安排的重要特征。在霍布斯时代的100年后，政治理论家们开始用功利代替美德，用法律代替权利，用惯例代替风俗。结果就是使无政府性没有了任何内容，使其形成了当前非常负面的意义：从形式上看，无政府是指国家核心权威的缺失；从内容上看是指缺少了美德、权利、风俗所提供的指引。

自由主义

在波科克所著的《美德、商业及历史》中，我们看到自由主义是一个“受尽苦难但又最终胜利的实体(entity)……”(J.G.A.Pocock 1985:38)。“实体”表示一种操作范式，这一术语所产生的贡献是自由主义传统中的一系列社会政治思想(请回顾本书导论)。自由主义思想试图解释作为所有实践的自由主义的重要特征。但是，对于波科克而言，“受尽苦难”以及“胜利”是用来描述自由主义的思想，而不是自由主义的全部实践的。因此，以下引文继续把自由主义解释为：

> 被自然主义者认为不够自然，被历史学家认为不够历史，其辩护者则说自由主义是独立于自然主义和历史主义的，但是由于三者对它的关注而同时被三者赋予了历史地位，这种历史地位我认为比它实际所占的地位更重要(Pocock 1985:38)。

无论自由主义成为什么，它都是对人的本性及其社会影响的一种判断。麦克弗森(C.B Mcpherson)提供了到目前为止对自由主义的标准解释：

> 一个个体只要掌控了自己和自己的能力，他就是自由的。人类的本质是独立于他人的意愿，享有自由是人类所拥有的一个功能。一个社会中有很多自由的个体，它们在社会中相互联系。他们可以掌控自己的能力，通过使用这些能力来获得自己的一切(C.B. Mcpherson 1962:3)。

作为“占有性个人主义”(possessive individualism)的自由主义是对这种解释的一个恰当表述。波科克对该问题的看法并不是这样表述的，而是像麦克弗森所认为的那样受了霍布斯以及约翰·洛克的影响。实际上，波科克在洛克的作品发表百年之后才进行了相关追溯(Pocock 1985:59—71, 121—123)。尽管如此，霍布斯及洛克把个人建构为自由施动者，这是自由主义思想的基础。麦克弗森在这一点上是正确的。洛克加上了我们都熟知的一个假设，即个体们对自我利益的追求基本上是和谐的。

但是，霍布斯并不接受该假设，他和洛克作出了两个完全不同的假设，波科克则把它与自然主义联系在一起。长期以来，自由主义所持的主要是如波科克所注意到的历史主义观点或是惯例主义（conventionalist）观点，如同我所描述的波科克在为自由主义辩护时所依赖的是“完全独立的”基础。

这些额外假设实际也使自由主义思想不断经受质疑，但是依照我所理解的波科克的观点，这也使自由主义更加复杂，当然也使自由主义的胜利成为可能。实践表明，以自我利益为中心的个人为提供诸如正义与安全这样的一般性利益进行合作，并不是偶然的。自由主义思想必须要能够解释自由主义实践的这些复杂特点。自由主义思想通过附加一些辅助假定，表明对占有性个人主义的核心看法，使自由主义免受来自实践的挑战。自由主义思想所经历的质疑实际也使自由主义作为一种操作范式而取得了胜利。[1]

自由主义思想不是，也决不是对占有性个人主义的社会影响的一种简单叙述，尽管也有过很多这方面的努力（如 Nozick 1974）。国际关系实际是对这种概括的一个唯一重要的例外。国际关系一直被无政府状态的假定所主导。[2]因此，肯尼思·奥耶（Kenneth A.Oye）在《世界政治》的专刊中，以《无政府状态下的合作》开篇，强烈声明“国家处于永久的无政府状态中，因为没有一个中央政府来限制国家对本国利益的追求”（Kenneth A.Oye 1985b：1）。

国家被赋予了自由主义所赋予个人的那些特征。无政府状态的假设不需要去除额外的假定和实践，因为它是对由“很多自由的个人”所组成的社会的概括性说明。任何以自由主义名义而附加的解释都是在区别国内政治社会和国际关系的环境，国际关系因此被认为建构了战争的一般性状态。霍布斯的影响不仅仅在于他是自由主义的创始者，而且他把国际关系单纯地解释为一种自然状态。无政府状态的假设也是奥耶与他的同事们所关注的：当合作可能出现的条件被剥夺时，合作的存在就成为一个理论问题。

这样的问题从一开始就存在，自由主义与无政府状态的起点非常相似，只是采用了不同的研究路径。自由主义立足于国家内部，而无政府状态是由于很多国家的存在而使它无法这样做。当自由主义出现时，如果国际关系最初是指拥有主权的国家组成的世界的话，那么它并不是无政府的。相反，国际关系总是构成一个政治社会，我主要是指限制行为、分配权利或是特权的社会安排（更多参见第六章）。政治的存在并不否定个人占有性行为的可能性和普遍性，只有假定这样的行为构成社会才会这样。

从马基雅维利到18世纪末的政治思想家，他们都在没有假定无政府状态的情况下发展了自由主义思想，国际关系作为一种自然状态的形象是逐渐发展的，直到这种形象主导人们的思想。我们以此为基础来理解马基雅维利、霍布斯和他们的后继者。如果国际关系没有像我们想象的发生那么多变化的话，那么变化的是我们对国际关系和国内政治的对比。也许这些额外的假设与条件是使自由主义更加丰富的一个原因。事实也确实如此。但是，它还是无法解释国际关系从未也不可能构成一个政治社会。

这并不是说国际关系从未出现过无政府状态，实际上经常是这样。我想表达的是无政府状态的出现与把无政府状态作为一种条件是不同的，后者是指统治的缺失。尽管有这些例外，但国际关系大的模式是在看上去自由、平等的行为体之间形成的一种不对称的非自愿关系。引用奥兰·扬（Oran Young）的话：

> 几乎所有能够在国际政体中进行分配的事物都是以高度不平等的方式进行分配的：人口、自然资源、财富、权力或是声誉都是如此。因此，在这个政治体制中单位之间的不平等与单位内的不平等不相上下（Young 1978：244）。

如果这是一个经得起检验的经验性判断，举几个特殊的例子来说明国际关系不是无政府状态就并没有任何益处，因为例外也是规则。换句话说，社会安排不需要拥有主权或是国家所具备的其他正式特征，在执行能力方面也不需要那么高度的权力中心化才可以成为一个政治社会。国际关系也绝不是一种特殊范例。属于特殊情况的是国家，它只是到了最近才成为研究政治社会的一种范式。

在国家作为主导社会现实之前，政治社会的概念就已经丧失了。17、18世纪，欧洲的国内政治社会几乎是专制主义的，尽管是这样称呼，但是“专制主义的”这一术语主要描述与国家作为中央集权的强迫机器相比，国王在宫廷社会的地位的上升(Elias 1982)。霍布斯对利维坦的描述与他对自然状态的描述同样具有启发性。对于当时的政治哲学家们而言，国家与无政府状态是政治社会的一种限制条件，这和规则、统治与规范的关系一样。只是到了19世纪，政治哲学家们才开始把在国家中的中央集权与政治中国家的中心性等同起来。

无政府状态看上去永远不是一种最初条件。纯自由主义理论在当前与在17、18世纪时一样适合于理解国际关系。政治社会的概念总是支持对国际关系的理解。无政府状态在国际关系中作为主导概念胜出于政治社会的概念之前，关于政治社会的一些重要特点必须被去除，而这些特点原本是这些概念的重要组成部分。因此，历史的发展顺序与自由主义的胜利非常不同。后者，作为思想与实践，通过变得越来越复杂而日渐流行，而前者则是通过被简单化而流行起来，与后者形成鲜明对比。

出于解释的原因，我把这两个复杂的概念分为两个不同阶段来看它们的发展，这也是在本章后面的部分要分别阐述的。在实践中，18世纪后半叶是几乎所有的事情都发生了的时段。政治社会的传统概念达到了巅峰，同时一些哲学创新想法使一些概念的影响减弱。这一时期也是“大变革”时期(Polanyi 1957)。一个自然的自我调节的市场概念被人们接受，工业资本主义影响了生产活动涉及的所有社会关系。以自我意识而重新建构社会的自由主义实践在支持政治经济永恒规律的同时也已经正式开始。

美德、权利与风俗

我用来开启本章所引用的波科克的话是来自一篇文章——《美德、权利与风俗：为政治思想的历史学家们建立的模式》(Pocock 1981：353—368，1985：37—50)。大部分我所说的关于国际关系无政府状态的假定也都是来源于这篇文章，其内容实际上高度浓缩在了它的题目中。把波科克的“为政治思想的历史学家们建立的模式”重新置于国际思想的范围之内使我可以对几个世纪以来无政府状态的发展提出自己的理解。这种理解与我所提出的假定一致，即能够解释国际关系复杂性的是国际社会而不是占有性个人主义，无论国际社会是否中央集权，也无论占有性个人主义如何被丰富。

“美德”“权利”与“风俗”这三个词概括了在国家接近于现在的形式出现之前人们思考政治社会的三种独特传统。美德是马基雅维利所关注的内容，是他所提出的概念“公民生活”(vivere civile)* 的不可或缺的一部分，不仅仅是公民关注的(civic concerns)的一种生活方式……还是“一种基础广泛的民间建构”(Pocock 1975:56—57, 49—80; Pitkin 1984:80—105)。美德以及在公民生活(还是活跃的公民)中的表达绝不是要阻止个人主义，尽管马基雅维利的言论是热情的个人主义，而非占有性个人主义。重复一下马基雅维利经常被引用的话：“人类的欲望是无法满足的，因为从本性来说，我们被建构得什么都想要……”(Machiavelli 1950a:355)。马基雅维利认为美德可以调节人的欲望所产生的行为。[3]

马基雅维利的评论者们在如何理解“美德”(virtù)这个词方面很少能达成一致，部分原因是他经常对领导、普通人以及机构使用这个词，但是使用时并不一致(Wolin 1960:228—232, Pitkin 1984:228—232)。仅在《君主论》中，马克·穆萨(Mark Musa)就统计出这个词使用了 59 次。但是，穆萨把它翻译为 12 个不同的英文词(Musa 1964:x—xv)。[4] 从一般意义上来说，“美德”与“荣耀”有关；与其对立的是“腐败”(美德变得腐朽)(Martines 1980:311)。具体来说，这个词适用于武士行为，无论是强调英勇还是男子气概(Hulliung 1983:27—30)，或是训练和纪律(Pocock 1975:201—202)。我注意到在莱斯利·沃尔克(Leslie J.Walker)所翻译的《罗马史论》中，“美德”在一些军事语境中被翻译为“英勇”(valor)，在其他语境中被翻译为“效率”(也可参见沃尔克的引言)(Walker 1987:99—100, 311, 530)。在马基雅维利作品中的其他地方我们也可以看到同样的内容(Pitkin 1984:104, 85)。

当然，如果认为我们必须在英勇与纪律之间进行选择，就好像二者是互相排他的类别，或是认为马基雅维利通过不在二者之间选择而展示出

---

* “vivere civile”是意大利语，在英文中没有一个与其严格对应的表达，它主要是指具有公共意识，对公共事务比较关注，甚至对公共产品比较担忧的一种生活方式。——译者注

他所处时期的双重性特点，这些想法本身就是错误的（对比 Martines 1980：310—317）。对马基雅维利来说，英勇与纪律是罗马共和国时期的武士们所体现出的两个互补特征。所以，我们可以理解马基雅维利把英勇视为共和国之伟大的一个组成部分，但是他从不认为英勇是一个自然特质。虽然“毫无疑问是真实的”自然造就了人类（尤其是男人）的“热情”，“但是这并不意味着一开始使人热情的自然就不能通过规则[con arte]加以限定，以使他们可以把这份‘热情’一直保持到最后”（Machiavelli 1950a：562）。

马基雅维利总是被指责其语言是格言式的，他在此提出了最系统，但是对我们来说也是最有意思的观点：

> 为了证实这一点，请允许我指出军队分为三种类型：在第一种类型中，既有热情[furore]也有秩序。秩序既提升热情也提升美德，就如同在罗马那样；因为在整个罗马历史中，我们发现他们的军队总是秩序井然，这是长期的军事纪律所导致的。在一个纪律性强的军队中，任何人除了做规定的事外不能有任何行动。罗马的军队自从征服世界后就被其他国家的军队视为榜样，因此在罗马的军队中，如果没有执政官的指令，无论是针对军事事务还是民间事务，我们都发现没有任何士兵会在没有指令的情况下吃饭、睡觉、打斗或是进行什么其他行动。如果做不到这些就不是真正的军队。如果他们做什么被指令的事，他们是以热情与冲动来做，而不是英勇（Machiavelli 1950a：562—563）。

第二种类型的军队是“英勇但是没有纪律”，第三种是“既没有一种自然存在的英勇也没有纪律来弥补……”（Machiavelli 1950a：563）。马基雅维利没有指出第四种类型的军队，即有纪律但是不英勇，因为自然总是带来英勇，至少是在开始的时候，英勇需要纪律来保持和指导。[5]如果有纪律的话，那么也必须有英勇，这样才会造就出第一种类型的军队。如果“纪律性的英勇”无法实现的话，那么第二种军队就退化为第三种。很显然，对马基雅维利来说，纪律对美德来说是不可缺少的，即使是作为一种行为模式，英勇是美德的一个更加显著的特征。

用谢尔登·沃林的话来说，这是一种“永恒模式”——“马基雅维利的结论是罗马共和国为后人提供了一种永恒模式，人们可以在此基础上进行政治行动，建立制度”（Shedldon Wolin 190：215）。共和国、帝国、侯国都需要面对一个不断变化的世界。如果罗马共和国是马基雅维利行为模式的源头的话，那是因为罗马是“完美的榜样”（Manshfield 1979：35）。与美德以其所有的内涵所描述的行为模式不同，社会安排并不是“特殊时刻”：“要肯定共和国，就要把具有层次的宇宙永恒连续体分为特殊的时刻……”（Pocock 1975：54；也可参见 Wolin 1960：214—217）

马基雅维利把所有社会安排置于一个共同的历史源头来代替永恒的层次性宇宙，而后来的变化则是“取决于机遇”（Machiavelli 1950a：212）。

> 因为在世界开始的时候，当人口比较少时，人们如同动物那样散住于各个地方。随后，随着后代的繁衍，人们居住在了一起。为了更好地保护自己，他们选出一位最勇敢、最强壮的人作为他们的领导[capo]，并且遵从这个领袖（Machiavelli 1950a：212）。

显然，一个层次性的源头取代了永恒层次。这就意味着每一种历史社会安排必须有一个他人必须遵从的领导吗？在这一点上，马基雅维利也比较含糊。但是，我认为，他不是有意的。根据波里比阿（Polybius）的观点（Machiavelle 1950b：7—13，Manshfield 1979：35—41），马基雅维利把社会安排分为六种，三种美德的安排，三种是由前三种转化而成的恶毒的安排（Machieville 1950a：212—216）。三种美德的安排是侯国（prinicipality）、贵族（aristocracy）和民主（democracy，*populare*），由它们转换而成的是专制（tyranny）、寡头（oligarchy）、无政府（*licenza*）。也许人们会认为无政府没有领导，因此没有统治，而民主更是如此，因为马基雅维利对民主的定义是“没有一些强有力的人[potenti]或是君主的统治”（Machieville 1950a：214），这种对民主的定义是否定的。但是，马基雅维利所选择的隐喻表明广受欢迎的统治会让首领骄傲，结果是这种统治要包括多个方面和规则本身。[6]

当然，这种情形不可能持续太久就不足为奇了。它转变为“任何人可以做想做的事，各种暴行都会发生的无政府状态”也是如此（Machieville 1950a：214）。波里比阿把这种情况称为“暴民统治”（*turbae potentatis*）（Machiavelli 1950b：8）。马基雅维利似乎否认无政府状态是一种统治方式，因为人们在行事时没有人认为规则存在。在这种情况下，“必须要消除无政府状态”，而采纳一些其他安排（Machiavelle 1950a：214）。实际上,没有哪一种特殊安排是稳定的。除了在定期的"混乱状态"期间有邻国的干预,"一个共和国可能会通过政府过渡而永远持续下去"(Machieville 1950a:214)。

所以我们可以得出结论,对马基雅维利来说,公民生活是一个一般意义上的政治社会,特殊的政治社会无处不在。这样的安排由于统治者与统治对象不同的关系而时刻变化,规则调节所有的社会关系,没有一个人,如君王、士兵、百姓、暴徒,能够指望有永远固定的规则来引导自己的行为。哪里有这样的规则,当它们被视为美德时,它们就会被遵守。马基雅维利对法律的支持非常充分:即使当我们战斗的时候,我们也是在遵循法律(*con le leggi*)、使用武力(Musa 1964:145)。当法律缺失或是被滥用时,还有那些非正式的规则来引导人们的行为。当他人的行为过激或是鲁莽时,这些规则或是定义美德,或是提出纪律。马基雅维利期望出现帕森斯所关注的人们对规范内容的内化(第四章),尽管马基雅维利所论述的行为模式是公民积极主义(civic activism),而帕森斯的行为模式是被动接受模式。[7]

一般来说,政治社会由多个政治社会构成,有多位统治者。有时政治社会,如诸多的政治社会团体一样,会接近民主或是退化为无政府状态(也许"推翻"这个词更合适)。有时它看上去像一个人的头和身体,就如同罗马和"它不是很强大的邻居们"(这是马基雅维利用来表达一般性观点的短语;Musa 1964:15)。当然,政治社会一般来说都不会没有动荡,也不可能没有规则。这些规则并不是规定惩罚与弥补措施,而是就结果提出建议。

马基雅维利认为他的职责是通过说明人们忽视规则会产生的后果来反对那些对规则视而不见的统治者们。为此,他专门著书,书中包含了详细的指导来补充一些准则或是一些非常重要的原则,美德的内容也是由此而来。在这些书中,我们发现马基雅维利并没有在不同的政治社会中划分一条明确的界线,如在一类政治社会中,大多数时候统治者与统治对象的关系明确而牢固,而在另外一些政治社会中,很多统治者在最黑暗的环境下必须相互竞争。这些不同的情形为马基雅维利的准则提供了不同语境,这些语境也是他精心描述的。但是,在他所提供的这些描述中并没有固定的模式,因为他不想表明除了在关系的稳定程度以及可使用的规则方面，这两种关系是不同的。换句话说，马基雅维利从未认为国际关系是一种永恒的无政府状态，或是任何一种状态的永恒条件。

当我们认为马基雅维利的准则只是比较谨慎，认为他认可这些准则仅仅因为它们能起作用时，我们还必须清楚马基雅维利认为它们能够体现美德，尽管只是武士们质朴的美德。如果人们不能遵循这些道德，就会出现腐败，马基雅维利认为腐败是政治社会的一个问题："人们是多么容易就变得腐败了……"(Machiavelli 1950a：315)统治者是很容易腐败的，不是因为他们不够谨慎，而是因为提供指导的规则取决于具有美德的统治者发挥作用，即在统治者所处的世界中起到可以依赖的指引作用。在没有美德的情况下，统治者对规则的理解意味着他们想获得什么都是被允许的，言行不谨慎也会得到回报，而微妙的关系平衡——公民生活——由于贪婪与扩张而被牺牲。

公民美德都与一个总的原则相关。这个原则最纯正、永恒和自然的形式就是一个人不能伤害别人。在一个万般变化和充满不确定性的世界中，不伤害原则可以被转化为几个准则，有两个准则我认为非常值得说明。第一个是一个人必须要对所受到的别人对自己的伤害作出反应(参见 Machiavelli 1950a：442—444)。如果做不到这一点实际就是原谅了别人的这种有害行为，这会使此类行为随后继续增多，最后的结果可能是灾难性的。

除了出于这些谨慎方面的考虑之外，对受到的伤害作出反应还因为伤害不仅仅是物质伤害，同时还违反了在某些情况下不能伤害他人的规则。[8]如果受到的伤害没有得到解决，受害的是规则与受害者本身。马基雅维利认为与规则相关的伤害行为和对规则的违反本身是非常常见的，它们建构了个人之间的关系模式。伤害与伤害汇集在一起，这种模式建构了定义伤害及对其作出反应的情况的规则。

关系模式经常是不明确的，或是根本没有规则可用。这是马基雅维利的第二个准则所要指出的，即有害的行为的比例。"一个睿智的人曾经说过，如果一个人以武力形式控制国家，其所使用的武力应该与受到的抵制成比例。"(Machiavelli 1950a：529)也许这个人是亚里士多德，尽管哈维·曼斯菲尔德认为马基雅维利是要表达自己的意思。这个语境确实是统治者与统治对象的关系。但是，准则都是一般性的。独立的个人之间的关系，包括统治者之间，都从针对比例的要求的思考中受益。这样的要求也成为一种模式，它可能成为一种统治，尽管是非正式的。比例以及定义伤害的特定规则与恰当反应相互支持。它们一起构成了沃林所指的“暴力经济”（economy of violence）（Harvey C. Manshfield 1960：220—224）。这样，他们就否定了关于马基雅维利的世界只是权宜之计或是完全侵犯性的概念。

现在在马基雅维利的任何作品中我们都可以看到一个佛罗伦萨版的准则，即“任何事物都可以”，甚至是“无论什么都可以”，除非我们加上一点，即没有原则或是不受控制的行为不可以。如果马基雅维利的思想与致力于国家理由（raison detat）的马基雅维利主义很少有相似的话，[9] 它也不会像“公民人文主义”那样是一个好的术语。对马基雅维利主义的这种理解是人们所熟悉的，而“公民人文主义”在当前的学术研究中也比较盛行（Hulliung 1983：8—30）。波科克里程碑式的著作《马基雅维利运动》（1975年）把马基雅维利的思想置于新兴的人文主义的语境下，但是并没有把马基雅维利这位热情的共和主义者描述为一个人文主义者。但是，波科克把马基雅维利传统视为公民人文主义之一而使自己受到了批评。我认为最好称之为公民积极主义的传统。我也认为波科克理解了马基雅维利，就如同我所理解的那样，可以在以下三个句子中体现出来。

> 实际上，在公民生活中，权力与权利相互联系，因为法律与正义本身就是权力资源的一部分；相反，一种不服务于社会需要也得不到社会支持的纯粹抽象“权利”是无效的，也是错误的。因为我们既相互区分，又相互联系，所以政治总是涉及竞争者之间成本与利益的分配，涉及社会的本性以及对人们的指令，如“谁得到什么，在什么时候，在哪里，为什么”以及“我们到底是谁”。每项法律和政策都是在分配，使某些人受益，而另一些人则相反；但是，所有法律和政策都影响他们共同的生活以及他们所遵守的原则（Onuf 1984：300）。

对于我来说，我不会使用“权利”和“权力”。皮特金在写时，她一定是在思考马基雅维利的名句“有两种战斗： 种是通过法律， 种是通过武力……”（Musa 1964：145），这句话她在其他地方引用过，我在前面也提到过。虽然“权力”与“武力”在意大利语中是“力量”(*forza*),可以互换。但是,“法律”(*le leggi*)毫无疑问是指“法律”,意思是特定的正式规则,而不是一般性的人性或是对社会安排起核心作用的权利。

“权利”这个词所表述的是波科克所表示的第二种权利,是指的“权利”传统,而不是马基雅维利所指的。它是一种思想传统,是霍布斯和洛克思想的基础。波科克本人对以个人权利与职责的运作来看政治社会的传统缺乏耐性,因为他认为在政治思想史学家中,不论是古典的还是从麦克弗森开始,都具有采纳“以法律为中心的范式”的倾向。在他们对权利的专注中,这样的导向无疑排除了对政治社会中诸如美德、风俗等其他特点的思考(Pocock 1985:37)。而且,波科克认为书写“以法律为中心的政治思想史就等同于书写一部自由主义的历史……”,这是“对历史的严重扭曲”(Pocock 1985:47,转引自他的论文《约翰·洛克的神话以及对自由主义的迷恋》)。

尽管波科克反对权利的传统,但是他通过把权利与马基雅维利对美德的重视并列在一起而概括了其渊源和独特特点。马基雅维利公民积极行动主义的传统在罗马共和国那里获得了启示,权利传统则是在罗马帝国那里;道德与政治相关,权利与商业相关。权利被总结为规则,规则决定了事物之间的关系。“首先是社会内容,其次是政治方面的,民法与普通法通过赋予个人对事物的权利和产权,最终赋予了个人对自己的权利(就如同洛克)。”(Pocock 1985:45)波科克在此也认可洛克的问题以及自由主义的重要性。但是,他的观点是权利的传统先于资本主义和自由主义思想几百年。为此,他也是先于把权利自然化的努力,这种努力对于主权与国家而言成为永久性的、不可剥夺的和建构性的权利。

与权利传统使社会变为对事务的占有那样,我们需要通过权利的施动性来解释自我管理。权利传统总是包含这样的解释,最后被正式化,甚至被霍布斯、洛克以及他们的后继者作为一种社会契约而风格化。权利是宣布对事物的占有和使用,其他人对此承认并以此来换取对他们自己的认可。承认是互换的,即互惠性地接受,就如同个人对自己将来的行为所作的承诺。权利传统的最基本原则是人们会遵守承诺。“正义的行为是根据所作的承诺而履行的”(Brennan and Buchanan 1985:100—111)。在承诺不总是或有时不被履行时,人们会使用规则来应对。

我们可以思考一下霍布斯在《利维坦》一书中对权利与职责这些术语的解释(第一部分,第14章和第15章;Hobbes 1968:189—217),他认为它们是自然的。第一个自然法则是:“一个理念或是理性的一般性规则,每个人只要有希望获得和平,都应该努力获得和平;当他无法获得时,他可以寻求、使用所有帮助,甚至是战争。”(Hobbes 1968:190)这当然是马基雅维利的不伤害原则,但是在一个充满伤害的世界中,人们为了自卫,别无选择,只能这样做(Hobbes 1968:188—189)。

霍布斯的第二个自然法则是程序的必要性,他出于以下考虑:它使不伤害原则在除了自卫之外成为个人一个不可剥夺的权利。个人因此有能力签署制约性的协定、条约。用霍布斯的话来说:

> ……所有条约都是相互的,或是权利的交换;因此,他作出承诺,因为他已经获得了因为他的承诺而带来的好处,我们可以将此理解为就好像他理解权利应该继续:因为除非他满足于他的话被这样理解,否则其他人不会先履行他的承诺。出于这一原因,在买卖以及其他条约行为中,一个承诺与一个协议等同,因此是必须执行的(Hobbes 1968:194—195)。

霍布斯的第三个自然法则遵循以下解释:“人们履行签署的协议:如果协议不被履行,它就失去了作用,成为空话。如果所有人仍保留对所有事物的权利,我们则还是处于战争的条件之中。”(Hobbes 1968:201—202)

霍布斯当然被充分说服人们有时会不履行自己的承诺,他提议由国家来解决这个政治社会的问题。在面对人类的不良行为没有受到原则的控制或是人们不够谨慎时,霍布斯转向自由主义总是依赖的指令。与公民传统中的腐败一样,对权利传统的不良信仰会破坏政治社会的正义性。它也会导致统治的集权化,即使是被理性化为自我统治来抵制腐败。在这样的情况下,这种统治不是人的统治,而是规则的统治,人们需要规则来确保彼此的承诺。

马基雅维利和霍布斯都接受政治社会需要依靠规则以及规则指导的行为。马基雅维利拒绝接受由承诺演绎而来的规则,因为人们是“令人鄙视的”,不会重视履行自己的承诺(Musa 1964:145)。他指出的一个例外是:被迫作出的承诺不需要履行(Machiavelli 1950a:574)。这样的承诺是一种伤害，通过违背这样的承诺就可以改变这样的伤害，就会出现另一种原则。

波科克指出了在现代国家出现之前政治社会的第三个传统，这个传统可以用“风俗”来表述。由于波科克在我作为模板的论文中所关注的是18世纪，因而他对基于风俗的政治社会的范例是伯克（Burk）（Pocock 1985：48—50）。没有其他什么术语更适合概括伯克的观点，这一点波科克在另一篇文章中进行了描述（发表于同一期），具体为“商业依赖于风俗，但是反之则不然。一个文明社会是进行交换的前提，但是交换却产生不了文明社会”（Pocock 1985：199）。当然，像亚当·斯密这样的经济学家可以改变这种关系，波科克认为大卫·休谟以及爱德华·吉本也做到了这一点，尽管他在其他地方表示要把二者都包含到这个传统中。

在他的第一本书《古代宪法与封建法》中，波科克把他的注意力集中在英格兰和欧洲大陆的早期，大致是1500—1700年。在这段时间，出现了关于君王特权与人民自由的激烈辩论。人民的自由主要受“古代宪法”保护，实际上仅仅是一些习俗，“从本质上说是不成文的法律，主要是通过法官的口口相传以及民间的理解和使用……总是自古以来的做法，总是最新的”（Pocock 1957：15）。这样看来，习俗是矛盾的，既是古代的，又是现代的，总是不断证实人们需要什么，又通过成为法律来限制人们（也包括君王）随心所欲的事情。

如果习俗出于某些任意选择而被法律化，或是通过行使主权来代替那些具有限制作用，但是没有来源的系列规则，这些矛盾也就不存在了。波科克在这个辩论中找到了主权概念的起源。这种结果为我们现在所了解的国家概念扫除了障碍，但是并没有一定使君王成为赢家。大众所接受的主权是指对人民意愿的实践，这种实践是对习俗的一种替代，而不仅仅是君王不可挑战的地位。

波科克关于自由主义受到质疑的语言也同样适用于此。作为习俗的古代宪法在辩论过程中都被辩论双方自然接受了。因此，统治的神圣权利以及革命的权利都被作为对习俗的永久替代品，而习俗独特的也可能是矛盾的特点就在于其对永久性的表达。权利传统一旦被认为在拥有财产的封建权利之前被视为一种习惯法，它就为普通法律提供了参考框架。

当习惯法未被自然化时，我们发现它被历史化了。这就是波科克如何来看待伯克与“普通法律思想的伟大传统的关系，尤其是那些把英国法律视为永久适应的人们”(Pocock 1957：243)。风俗只是具有丰富历史的习俗。在这个概念中，习俗与法律和权利是分离的，它们被赋予了神秘的力量来改造那些人，也是这些人的活动产生了习俗。他们造就了文明以及与公民积极行动主义的传统相联系的规则。通过偏离权利传统，伯克、吉本以及更多其他人接近于使风俗道德化。

波科克似乎倾向于把风俗的传统视为位于道德与权利之间。我认为其中的一个原因是他没有明确定义这一传统的原则。但是，这样的原则隐含在与伯克相关的保守政治中。在一个多变的世界中，需要有持续性与一致性。这些准则来自一个普适性的指令，相当于两个原则——不伤害与信守承诺，它们是道德和权利传统的基础。这就是讲实话的原则。如果人们无原则地行事，并经常发现撒谎时要非常谨慎，那么他们行为积累的效果以习俗或风俗方式所表现出来的，就是不撒谎。因此，建立在习俗或风俗之上的政治社会是以道德为基础的，同时也产生了与习俗或风俗所预期的一致行为。对于基于道德或是权利的政治社会来说，在这种情况下，不道德的行为会破坏政治社会的基础，这样的行为是基于人们所了解的要远比所积累的智慧多这一假设。

所有这三个传统有一个共同基础，即都认可在一个千变万化的政治社会中，政治社会依赖于把这些语言转化为谨慎的语言。他们也认为愿意遵守这样的准则就不再需要与国家相联系的组织机构，无论人们愿意遵守规则是出于谨慎原因还是道德原因(它们自己会合并在一起)。在古典哲学中，人们非常了解政治社会的三个传统。正如弗雷德里希·克拉托赫维尔在他的书中所指出的，这些原则由塞缪尔·普芬道夫(Samuel Pufendorf)作为自然法非常明确、有力地呈现出来。[10]

在我看来，还没有人把这些原则同政治社会的三个传统联系起来，政治社会的三个传统除了波科克之外也没有得到其他人的认可。我们可以看一下阿拉斯代尔·麦金泰尔有影响但是被误导的另外一种选择。古典的关于美德的道德传统成为一个现代的“规则”概念，无论是推理规则还是法律规则(MacIntyre 1981：49—50，143，214—216)。但是，即使是波科克也没有把行为方式作为政治社会的基础传统与一个道德立场联系起来。在我所了解的当代学者中，只有罗纳德·德沃金在把这些原则嵌入到千变万化的(他自己说是理解性的)政治社会环境中时似乎是捕捉到了讲实话原则的重要性(Ronald Dworkin 1986)。他把它称为正直原则,并使用了像"一致性"与"连贯性"这样的词来描述。

在解释政治社会的三个传统时,波科克似乎并没有使用一个专门的概念框架,也没有一个清晰的学科方向。他的研究显示出一种非正式的,尽管是已完成的分类学方法,这种方法对三分法显示出浓厚的兴趣。[11]除了波科克所指的纪录之外,我们还有什么接受这些的其他理由呢?然而,对以这三种传统为基础的道德原则的认同并没有提供额外完整的理由。实际上,霍布斯、普芬道夫等也阐述了很多其他道德行为原则,我认为所有这些都是来源于这三个基本原则。尽管如此,我相信波科克的解释或是类似解释是正确的,它列出了任何一个政治社会中政治实践的所有基本类别。这些类别混合在一起,甚至在实践中融合在一起,但是从理论概念角度它们是完全独立、排他的。

任何读过本书第一部分的人都会想到我在这些方面的解释。政治实践的类型主要有三种——"美德"、"权利"与"风俗",它们与三类言语行为密切相关,因此也与我在第二章所阐述的规则密切联系。如果我简单地总结一下的话,那就是言语行为是社会性的行为,即它们直接产生社会结果。这样的言语行为有其特有的形式:我(动词如宣布、要求、承诺)主题的内容。因为人们也是以自己的方式对这些言语行为产生反应,并不总是表述出来,所以言语行为的类别以及相关的行为建构了那些使物质条件与人类经历具有意义的实践。更具体地说,言语行为的类别赋予了实践规范性;它们使规则产生,规则概括出类型,限定偏好、预期,并以过去为基础塑造未来。

言语行为可以分为三类,以完成其建构目的:断言性言语行为(我宣称……)、指令性言语行为(我要求……)和承诺性言语行为(我承诺……)。与它们并行的三类规则是指导性规则、指令性规则和承诺性规则。政治社会的三种概念类型也与某类特殊的言语行为和规则有密切联系。依靠美德的社会依赖于指令性言语行为,暗示了限制强迫的可能性和必要性。强调权利的政治社会显然是依赖于承诺性言语行为,主要依赖规则来决定关于权利的各种冲突。政治社会的良好行为方式取决于断言性言语行为,它们向人们传递了什么才是适当的行为方式。

很显然，这三种基本原则总结出了这些言语行为的规范效果，即突出哪一类言语行为会建构出不同的政治社会。不伤害、信守承诺和讲实话分别概括了美德、权利及风俗的规范内容。这些原则本身就是与断言性言语行为相关的指导性规则。所断言的内容会指导听众什么起作用以及如何相处。指令性规则与承诺性规则也具有那些反映言语基本特征的特点。由任何一种言语行为演绎而来的规则在政治社会中都存在，尽管在这些社会中居于主导的是其他类型的规则。正如我在第三章中所表示的，所有的政治社会都是混合的，都包含三类规则，只是在不同的社会中，三种规则所占的比重不同。

为了利用波科克对于三种政治实践的划分，我调整一下我在第一部分所阐述的类别的顺序。在第一部分我是从断言性言语行为开始，到指令性言语行为，再到承诺性言语行为。对于与其相关的内容，我也使用了同样顺序。没有任何顺序是优先正确的。无论是道德原则还是政治实践，它们的出现也都没有一个单一的历史顺序。要不是因为后面的解释不便的话，我可以把顺序调整为“风俗、美德和权利”。

无内容的无政府状态

我们需要面对两个问题。为什么在国家出现之前规范与政治社会之间所存在的那么明显的联系现在变得如此脆弱，甚至被人误解？为什么无政府状态——被定义为社会以及有效规则的缺失——被视为替代国家的唯一可能？对于这两个问题的回答，实际上是对同一个问题的两种答案，需要我们重新认识休谟、康德和边沁。由于他们三人对道德哲学的贡献，认为他们可能在某种程度上促进了不仅仅局限于国家的以规范为基础的政治社会概念的衰退非常具有讽刺意义。但是，我认为情况就是这样，我可以给出最直接的原因。

我们可以先来看一下休谟。正如我们所注意到的那样，波科克将休谟的思想归为认为政治社会基于风俗的那一类传统思想。与休谟相比，波科克更倾向于这种看法。例如，休谟对于把人类活动的记载历史化或是自然化都不感兴趣，对时间和永恒性也是如此。相反，他把那些活动视为一种因果链，都导致一般性的效果：通过不断重复，它们逐渐被标准化，并具有了可预测性。用他的话来说，就是变为一种约定，即没有人刻意去实现的一种协定。休谟认为约定是所有构成社会，并确保人类生存的实践和制度的源泉（Aiken 1968：55—56）。通过实验、错误、模仿和调整，人们不断协调自己的活动，并通过这样做而获得的利益来促使人们继续这样的过程，直到它成为标准的和可预测的行为。

克拉托赫维尔（Kratochwil 1981）做了很多关于休谟对惯例形成分析的学术影响及与当代社会相关性的阐述。托马斯·谢林关于合作与冲突博弈的精彩分析在假设及程序方面非常具有休谟的特点（Schelling 1960）。一般来说，无论何时，当我们把社会场景理论化为一种双方互动时，在一开始结构性特点很小，通过互动而产生了额外的结构，我们实际是遵循了休谟的观点。借用阿纳托尔·拉波波特的观点，尽管这可能会涵盖所有的战斗、游戏、辩论（Anatol Rapoport 1960），但当代的学者们很少会这样认为。

重要的一点是，并不是休谟开始了这种分析传统，而是他发明了一种对这种传统来说必不可少的分析步骤。这种方法以这样的精神被不断改造，大多是因为对休谟了解不够。这种方法把社会分解为各种情景的聚集体，所有这些情景都是社会性的，它们都具有两个行为体，在一个不同的固定的环境中互动，无论是建构性的，还是解构性的。毫无疑问，我们倾向于关注这种方法所导致的分解，因为这也是休谟所努力促进的实证主义世界观的特点。但是，我认为它的另一方面也同样重要。

休谟的方法是把某种特殊的社会场景约定化，去除其时间性，但没有使其不受时间影响。一旦对这种场景进行约定化，就可以对它进行归纳了。我们需要注意的是，只有实证体不可以被归纳，无论是个人还是事件，因此不能进行理论操作，直到它们被约定化。休谟打下了我们今天所实践的实证社会理论的基础，并且明确了在这样的理论中最有力的约定化，约定主要是通过双方的社会互动而产生的。

除了作为实证主义的一个主要来源之外，休谟对无政府社会提出了另一种质疑。波科克把对自由主义的历史主义者和自然主义者的质疑视为对由占有性个人组成的社会的反应，主要以政治社会的传统概念为基础。第三种反应是约定论者。尽管它也是基于政治社会的传统，但影响不同。休谟的约定论不是以资格来简单地描述人的行为，使其可以作为一个政治理论发挥作用，而是消除了这样的政治社会以及这样一种理论的必要性。取代政治社会的是各种约定的集合体，这种集合体使政治、经济以及其他社会活动得以发生。对于我们而言，约定论对无政府状态存在的反应是把无政府状态也作为约定的另一种集合，大多数情况下它是由约定框定的双方互动的结果。约定论者与历史主义者和自然主义者不同，他们通过改变和塑造来质疑无政府状态，使政治社会的概念国内化，并以政治经济学的术语来解释。

约定论在分析方面的吸引力毋庸置疑。但是，对于它的实践越谨慎，其结果就越不尽如人意。我们可以看一下休谟最重要的一种观点。在其《人性论》中，他说道："约定并不是承诺的本性；因为承诺本身也是源于人们之间的约定。"（Aiken 1968：59；更多可参见 pp.82—90）这当然挑战了以法律为核心的范式的核心前提，这种范式认为社会处于一个普遍的承诺之中。但是，问题在于一旦约定产生了语言、经济以及社会的一些其他特征时，如何来解释人们为何能够很容易地迅速达成一致。接受无政府状态的当代研究者接受休谟的观点，认为该过程是渐进的、不确定的互动，其结果是彼此间的合作。如果把合作比作一个合约的话，这样的合作代表的是最终的互惠承诺，只有通过长期互动才可以实现，同时也是长期互动的结果（Hardin 1982：155—230）。每种合作本身必须是一种约定。

我认为休谟并不想得出这样的结论。不管怎样，语言使我们明白我们可以作出承诺，同时预期作出承诺的结果。在尼采的《论道德的谱系》中，他指出我们有"权利"作出承诺，并接受休谟的主张，即在史前时期取得的这种成就"作为一种准备性的任务是基于以下前提的，即人类首先被创造为相同的、有规律性的、会物以类聚的，因此也是可以估算的"（Friedrich Nietzsche 1969：58—59）。一旦这些都完成后，用语言把它呈现出来，把承诺变为合作也就非常容易了。

当前，针对双方互动的研究通常是始于双方的估算，即使不是在黑暗之中，也是在未来的影响之下——一个既有冲突又有合作的不确定的未来（Oye 1985b：12—18）。休谟以及他之后的尼采从已经作出承诺的估算者（calculator）开始，因为如果不考虑交易成本，承诺可以把成本推延到未来的承诺人身上，直到承诺被完成。当需要兑现承诺时，我们可以推断估算者会考虑违背承诺来避免这种后果的战略。出于谨慎，我们往往不会采取这样的战略。简而言之，困难并不在于作出承诺、尽心合作，而在于违背承诺。对决策产生影响的不是过去，而是将来。承诺的约定会在无政府状态下发挥作用，用尼采的话说是"独立的个人"在打交道时不需要出现新的约定。

休谟基于约定的政治社会为我们提供了社会是如何开始的之第一个解释。我认为它并不比社会契约的解释更抽象，更具有说服力（比较 Onuf 1982b：29—31）。它同时也表明特定的实践与制度是如何开始的并成为我们社会的一部分。危险在于我们把政治社会的约定化互动这一特点视为无政府状态产生的唯一原因。约定的互动解释了约定的出现，约定而非约定化的互动至少在休谟看来是解释了为什么政治社会得以存在。休谟认为政治社会是一种无政府社会，有很多约定、很多合作会发生，并能够为和平、繁荣以及个人成就提供一个适合的环境。在他的一篇论文中，休谟指出："对于政治的出现以及学习来说，没有什么比一些邻国和独立的国家以商业活动和政策相联系更佳了。"(Hume 1963：120)

很显然，休谟还是保持自己的传统，认为基于风俗的政治社会支持欧洲良好的、可持续的无政府社会。但是他关于分解社会以及约定化的社会场景的论著使他所青睐的无政府社会概念出现了问题。这个概念在人们对国际关系的观察中体现出来，这些观察对于后来的国际思想并没有太多直接影响。休谟的分析方法以及它们背后的哲学观点的影响其实更大，正如所指出的那样，它对作为政治社会的一种类型的国际关系概念来说是有害的。

康德与休谟不同，他似乎认为国际关系至少在他的年代具有严重的，但是可以弥补的缺陷。《永久和平论》提出了康德所认为的适合的一些弥补办法，这样欧洲就成为一个繁荣的政治社会。康德与休谟一样，他的建议与他的哲学研究相比对国际思想的影响很小。而他的哲学思想就如同休谟的哲学思想一样影响更大，尽管他们都是间接的，并且对政治社会的任何无政府概念都有害。

康德对国际思想的影响主要来自他的道德哲学。他在《道德形而上学基础》中区分了人所面临的两种情况。第一种是一个自治、理性的人的情况。这种情况是这个人可以自由行事，不用视情况而定，因此能够以他希望的方式施加影响（Friedrich 1949：154—191）。康德认为在这种情况下，“客观原则”或“理性要求”成为其道德行为的指导原则，这就是著名的“定言令”（categorical imperative）：“你的行动标准将根据你的意愿成为一般的自然规律，人们需要如此行动。”（Friedrich 1949：160，171）另一种情况不是自治（autonomy）的情况，而是他治（hetoronomy）。在这种情况下，个人所面对的是一个视情况而定的世界，因此对于任何一种任意的行动，其结果都具有不确定性。“定言令”认为这才是每个人所面临的真实情况，这也是以条件性的语言“就好像……而做……”所形成的必须面对的情况。从道义角度讲，我们不可能做得更好。

现在我理解的康德是认为自治是研究道德的参考框架，但社会条件并不允许这种自治存在。这并不是说道德在一个多变的社会中是不可能的，而是“道德的概念不可能抽象概括各种经验，只是视情况而定的知识”（Friedrich 1949：159）。虽然有概念方面的动力，但康德关于“技能规则、谨慎建议、命令或道德法律”（Friedrich 1949：164—165）的类型学并不是要把谨慎原则排除在道德之外。许多学者都把谨慎原则视为只关注自我利益，因此在道德方面一定会有欠缺。与无政府的讨论相关的最近的一个例子是查尔斯·贝茨的研究的论述（Charlse R.Beitz 1979：15—27）。

我认为这种观点具有康德的特点，也是从康德那获得的启发，但并不完全是康德的观点。马基雅维利的观点也并不是仅仅与追求自我利益有关。持马基雅维利观点的人并不需要拒绝康德关于产生自治与他治的两种不同情况的条件。他们会以他治来看待社会，并且在一个人可能采取行动的范围缩小的情况下提供最多的指导。我认为马基雅维利大部分对于王子的建议是警惕由于自治而产生的傲慢。总而言之，马基雅维利在原则上并不反对康德的“定言命令”，只是在实践方面如此。

康德在《永久和平论》的附录中运用了他的道德立场（Friedrich 1949：457—476）。以下非常著名的话概括了他的观点：“我可以想象一个总是可以运用政治审慎原则的道德政治家，他们总能够与道德共存。但是，我无法想象一个编造一些便于政治家们使用的道德体系的政治道德家。”（Friedrich 1949：459）他之后表达了三个原则：抓住你想要的，之后再作解释；说明你的不良行为并不是你的过错；分而治之。他认为这些只有在被保密时才会对这样做的人有利(Friedrich 1949:462—463),由此引发了对"定言令"的实际阐述。我把它释义为"在行动时一定要想象你的行动总是要被最广大的公众所了解"(Friedrich 1949:470)。持马基雅维利观点的人则会有一个不那么严格的理解:在行动时要认为你的行动或想法不太可能不被别人知道。只有对马基雅维利传统中的文明美德的要求不甚理解的人而言,这种审慎建议才是高度机密的。

对于康德来说,公开的法律是阻挠秘密的一种方式。因此,"才有了公共法的*超验准则*:'与其他人权利相关的所有行动都与权利和法律相对,权利与法律的原则不允许公开性'"(Friedrich 1949:470)。持马基雅维利观点的人毫无疑问不满于这样的准则。它的影响是,只赋予了那些也是一种法律安排的政治社会道德的可能性。《永久和平论》的意义在于准确列举了要实现这样一种安排的普遍原则。这也就清楚地意味着尽管存在国际法,欧洲的无政府状态缺少宪政社会的要求,在宪政社会中法律所促成的公开性能够确保道德行为。持马基雅维利观点的人也许会质疑宪政在促成这种结果的过程中是否起决定性作用,但一定支持康德的共和政体以及法制对于那些行为不当或腐败的人所产生的惩戒效果。

康德所产生的后续影响是把政治社会分为两类:一类是在自由国家内与公共法律相关的道德类;一类是与无政府社会(解释:战争)相关的审慎类(解释:非道德的)。这是康德所期望的吗?如果仔细阅读他的道德哲学,我们会发现康德对自由与变化进行的区分只是对在一个千变万化的世界中发生的道德行为所确立的一种解释基础。如果思考一下这种哲学对政治社会的实践应用,我们会发现它是通过对公开性的使用来接近"定言令"的内容。康德只有在推理的最后一步才支持政治社会的两种划分,即宪政类社会和审慎类社会。

康德一直被普遍认为是一个世界性的道德家。斯坦利・霍夫曼在这一点上与赫德利・布尔(Hedley Bull)的观点不同,霍夫曼把康德归为"权利传统"的一类。[12]当然,康德自诩的世界主义与休谟的相比还是逊色,就如同在世界法律所要求的条件下号召睦邻友好一样(Friedrich 1949:446—448)。但是,我们大多数时候可以接受康德的观点,但是保留他关于政治社会的概念,这个概念与休谟甚至是马基雅维利所持的概念差别不大。我无法看出康德的最后一步,即从公开性到公法是必要的。公法的缺失一定会影响无政府状态，也许正相反，但是几乎不会使其不可能。公法的缺失也不会使道德行为不可能发生，用康德自己的话说，即使这些行为是基于审慎原则。但是，康德的影响似乎并不是这样。

康德于1795年完成了《永久和平论》一书，1804年逝世。如果他的作品是联系18世纪与19世纪的桥梁的话，那么边沁的作品更是如此。边沁与康德一样对公开性的权力有很大兴趣，将其作为公共舆论而约定化、社会化。福柯针对边沁的“全景式监狱”(panopticon)的提议指出：“几乎所有18世纪的改革者都认为公共舆论具有非常可观的潜力。”(Foucault 1980:161)福柯还指出：“对于他们来说，公共舆论是对社会契约的一种自动再现。”不管其他人如何认识，也包括康德，我认为他们误解了边沁对于公共舆论的看法，把他置于了错误的年代。

边沁所暗示的是公共舆论对国际法发挥作用是必不可少的(Hinsley 1963:81—89; Janis 1984:408—412)。他的主要追随者詹姆斯·穆勒对二者之间的联系非常明确(Mill 1967:8—9)。边沁的程序被严格约定化了。一开始他提出人类“受制于痛苦和欢乐两种情绪”(Bentham 1984:1)。一般来说，“痛苦与欢乐能够赋予法律或是行为准则以约束力，这些都可以称为处罚”(Bentham 1984:24)。这种程序的一个结果是会产生作为由处罚所支持的规则体系的约定性法律。边沁这样做实际是为国家的强制机构找到了一个国际替代品。公共舆论为处罚提供了内容，就如同国际法有资格成为法律一样。

“全景式监狱”是一种非常智慧的设计，用来对那些被限制在某个公共场所的人的活动进行全面、连续的监控(对比第四章，注释15)。单独分开的监视将代替直接使用暴力以确保他们遵守他人的意愿，而这种意愿是通过规则的形式抽象地表达出来的(Bentham 1962)。处罚因此在社会实践中被非人性化了，在理论中的约定化也是如此(可比较 Ashley 1983:521—527)。19世纪的国家理论都是遵循这个逻辑。国家是一种法律秩序，也潜在地垄断暴力的使用(可回看第四章)，围绕处罚的理念与在实践中的监督而达成了概念上的统一，其有效性实际上排除了激活国家所具有的对暴力使用的潜在垄断的必要性。

对于边沁而言，公共舆论与权利和责任无关，社会契约更是如此。任何这样的结论都是遵循一个以法律为中心的范式，格劳修斯、霍布斯这样的自然主义者以及洛克都是典型的例子，但边沁不是。虽然边沁一生都对法律感兴趣，但我们不应该由此而被误导。通过使依赖于处罚的法律成为惯例，边沁将法律从权利和承诺的范畴中移除了出去。尽管人们认为边沁是一个完全的法律实证主义者（与自然主义形成对比），但处罚在边沁的体系中起关键作用，这使他的观点在这些方面更像马基雅维利的观点。他认为政治社会最终取决于上级和下属的关系，这种关系尽管具有强制性，但是强制性在减弱。对于马基雅维利来说，对于美德以及谨慎的考量弱化了这种关系。而边沁认为非个人的、无所不在的监督也是如此。马基雅维利所认为的美德就是武士的美德；边沁的处罚则体现了一种技术理性，就如同法兰克福学派所教授我们的那样。但是，他们的共同之处在于都认为均衡性（proportionality）会使一个谨慎的统治者获得成功，也会产生处罚的有效性（Bentham 1948：178—188）。

它们之间的区别在于马基雅维利关于政治社会的观点虽然建立在强制维持的等级关系基础之上，但是这并不意味着国家是唯一一种合理的形式。而边沁关于政治社会的观点恰恰如此，至少在很大程度上是这样。但是他自己并不这样认为。正如我们看到的，他认为公共舆论对国际法形成了一种有效制约，产生了一种欧洲国际关系政治社会的法律安排。

边沁的追随者约翰·奥斯汀的观点恰好相反。他认为国际法根本不存在，因为唯一一种约束是“一般性舆论”（Austin 1954：141）。19 世纪的大多数改革者一方面赞扬国际公共舆论是国际法的一种制约因素，另一方面又主张建立真正具有实施能力的全球性机构（Hinsley 1963：92—113； Onuf 1985：31—33）。20 世纪发生的一些事件影响了人们对公共舆论的作用以及国际法的信任，更不用说希望进行有意义的改革。国际法与国内法相似，但是只要国际法不具备有意义的处罚，那二者就不同。所以，当代意义的无政府状态盛行。

边沁对于国际法以及无政府状态条件的思考，就如同休谟和康德的一样，在他的研究中并非十分重要。他关于法律的约定化以及在处罚中对于比例问题的解释是其系统论作《道德与立法原理导论》的一个组成部分。该作顾名思义是针对道德与政治哲学的一次实践。这是一部非常有说服力的著作，这种说服力是努力通过在每一个机会中来进行约定（包括对最初的前提）来实现的。其前提是个人以及社会与所有事物的关系都是一个功利性问题。

> 功利性是指任何物体具有的特性，通过它会产生利益、优势、愉快、高兴（所有这些都可以归结为同样的事物）或是（还是可以归为同样的事物）阻止某些事件的发生，如危害、痛苦、邪恶或是不快：如果是整个社会的，那就是整个社会的幸福；如果是个人的，那就是个人的幸福（Bentham 1948：2）。

休谟已经把功利性作为社会美德的标准。[13]按照他的观点，边沁提出了功利性原则，即"根据它可能增加或是减少利益相关一方的幸福……对行动赞成或反对"（Hume 1948：2）。功利性原则是边沁道德立场的基础。功利性原则与功利性理念存在一些矛盾，但是把所有关于利益以及愿望的事情约定化，使它们成为可以衡量的实证体的做法最后还是得以胜出（也可参见第八章）。

我怀疑这种胜出是自由主义胜利的一个重要部分。功利性可以使我们把一个单纯的自由主义理论发展为一个成熟的市场经济理论。它为理解其前提提供了一个道德的解释（伪装为预言），即个人追求最大功利的努力也是所有人的功利。规范性被视为一种惯例，这是大家所看不到的，一般来说也是想不到的。

功利性对自由主义的贡献与边沁的法律约定化观点对国家的影响一样。说这是自由主义的一种胜出具有误导作用。资本主义经济与意识形态一起胜出，二者同样具有规范性，并作为一种理论以一种表面上中性的功利语言表达出来。国家由于资本主义而胜出，在此，理论使国家成为一种法律秩序，除了规则的内容之外都是中立的。规范性实际是人们通过制定规则来实现所期望的：唯意志论成为对中立的补充。通过把政治转变为法律，把社会转为经济，边沁甚至使他更多的追随者通过不断质疑而使自由主义胜出，把它从政治社会的各种规范的概念中分离出来。

毫无疑问，自由主义的发展，如同无政府状态一样，与国家和资本主义的上升有关。从建构主义观点看，我们很难判断，在何种程度上，通过惯例化而被不断证明的自由主义是国家和资本主义发展的推动因素，这种发展很重要。作为一种操作范式，自由主义几乎成了现代性的同义词。没有范式的支持，我们很难想象国家或是资本主义，就如同在没有时间和地点这些特定的环境中很难想象它们的发展一样。但是，随着关于经济和法律的更多概念的惯例化，我们却忽视了社会及其政治性特点。[14]政治社会由于有规则和统治、对规范的思考以及不对称关系，而无处不在。我现在转向这种观点。

注　释

1. 读者在此可能看到在这种解释中所体现的伊姆雷·拉卡托斯关于科学知识积累的影响。直到上一稿的一位读者向我指出这一点，我才意识到这一点(Imre Lakatos 1978:47—51)。拉卡托斯把研究项目(research programmes)分为不可挑战的假设的“硬核”(hard core)和辅助假设的“保护带”(protective belt)。他还指出了进步的或是退步的“问题转换”，这取决于附加内容是否使一个理论作出更有力的预测。自由主义思想的转换只要是其思维模式是为了预测能力的理论就是退步的；如果这种模式是对自由主义实践的一种充分解释，这种转换就是进步的。

2. 我借用海沃德·阿尔克(Haywark R.Alker)的表述，他的一篇论文以此为题，后来理查德·阿什利(Richard K.Ashley)也有一篇论文，它们促进我对无政府状态及其影响进行思考。他们的文章以及本章的另一个版本可参见阿尔克和阿什利的文集。

3. 但是，我们对比一下以下出自《君主论》的著名段落：“希望获得的愿望却是一件自然而普通的事，任何时候当人们可以这样做时，他们总是被赞扬，而不是被责备；但是当他们做不到，又想做同样的事时，就会出现错误和责备。”(Musa 1964:24)从表述上来说，这段话的语境是对领土的追求，马基雅维利对此的讨论一直是用“获得”(acquisition)以及它的同源词。因此占有(possession)是用来表示君主欲望的恰当词汇。其他人会根据他们所面对情况的可能性来表达他们的欲望的。

正如艾伯特·赫希曼非常有说服力的解释那样(Albert O.Hirschman 1977:33)，在没有马基雅维利思想的情况下，这是对利益概念的一种表达。只是到最近才出现了激情与利益的不同意义，尤其是当后者所表示的不是“人的愿望的整体”，而是表示“对于追求自己愿望而进行的思考与核算的一个因素”时(Hirschman 1977:32)。占有性个人主义，正如我认为马基雅维利所理解的那样，取决于对利益的第二种狭义理解，这种概念一直到17世纪才出现。以下观点也是直接受了马基雅维利的影响，即集体也有相对于其他集体的利益，因此个人的行为，无论是出于热情还是冷静思考，都是为了某个群体的利益(Hirschman 1977:32—36)。群体的多样性导致了群体间的矛盾与冲突，因此只有当“主导利益得到满足时”，才能够实现一致和统一。“马基雅维利观点的结果是把政治社会作为一种利益驱动范式重新塑造了政治统一的概念。”(Wolin 1960:233)很显然，政治社会的统一并不是一个被放弃的结论，国际关系就是人们所讨论的这样一个例子。

4. 马基雅维利的“道德”(virtù)概念与中世纪的“道德”概念完全不同，后者涉及思考与祈祷;实际上,它恰好是反向的:是一个既涉及行动又涉及思想的行动概念。当它不是特指生产力(capacity)、战略、道德、勇气、权力、效率、质量、才能、力量、资源或是能力,那么用来表示这11个“道德”所表达的意义的更广义的词是“智谋”(ingenuity)(Musa 1964:xv)。

5.“在开始”在此处有两个含义。马基雅维利认为热情会随着年龄而减弱(Machiavelli 1950a:355),在战斗中也是如此。只要是军队大多是由年轻人构成,我们就可以假定军队在一开始时总能保持英勇。

6.用头来代表统治者的隐喻表明了头与人的身体或是政治主体的转喻关系。因为头指挥身体,从修辞角度我们是用部分来代替整体,政府首脑代表的是政府,政府代表的是国家政府,国家政府代表的是整个国家。因此,比如当我们说“戈尔巴乔夫”时,实际上我们指的是一个地方和那里的人。当我们说“俄罗斯”时,就是转变了转喻顺序,在这里就是指一个专门的国家——苏联。由于头包括了作为主题的人们,我们就可以说转喻关系被转换为一个奇特的隐喻:身体是指头,头指所有的身体。关于此类修辞,参见第四章。

7.“根据《罗马史论》对早期的罗马道德的分析,马基雅维利把它描述为建立在军事纪律与民间宗教基础上,就如同它们就是人们学习成为社会动物的社会化进程。”(Pocock 1975:210—202)

8.在这种情况下,马基雅维利曾这样说明这个准则,即伤害别人必须得到改正,高卢人说罗马人的行为伤害了他们,而罗马人则否认他们曾伤害过高卢人。实际是后者对前者的伤害。人们争论的是罗马违反了《万民法》,该法是“罗马和其他拉丁人认为约定他们彼此之间的关系,有时也约定对外关系的不成文法律”(Machiavelli 1950b:139)。沃尔克对《万民法》的翻译就如同马基雅维利所使用的那样(Machiavelli 1950a: 443)是“国家法律”。如果这让人们想到存在一些像国际法这样的事物的话,这种理解就会起误导作用,即使《万民法》是16、17世纪出现的国际法的“几个权威与物质来源之一”(Corbett 1951:7; 3—38)。

> 罗马的法学,也启发了法律的其他领域,但是对独立的政治社会只是给予了非常短暂的关注。整个大的法律文献是帝国时期的产物,当时罗马除了在遥远的边界与“蛮夷”的战争之外只是关注附属的社会。对于这些,尽管他们可能被允许在国内维护自己的法律秩序,罗马的法律颁布机构却是最后的权威。要求有一整套清晰的规范来管理平等国家之间的互动条件是根本不存在的(Corbett 1951:5)。

对马基雅维利来说,在他所处的年代这样的条件也不存在。

9.只有当国家被理解为起决定作用,并且是政治的永久场所,国家利益(Raison d'état)才可以是对马基雅维利所传达的信息的一个有说服力的理解。这就是弗里德里希·迈内克的黑格尔概念的国家:“国家是一种组织结构,通过允许它以某种方式持续增长,国家的全部权力才可以得到保持。”(Friedrich Meinecke 1957:1)它与马基雅维利所持的个体主义思维方式的相同点非常少。也可参见弗里德里希·克拉托赫维尔的相关解释(Friedrich Kratochwil 1982),即国家利益只是在 1870 年后才具有了“作为政治本质的无限制自我利益”的当代意义。

10. 普芬道夫在《论自然法与国家法》(*De Jure Naturae et Gentium*)中清楚地阐述了不伤害、信守承诺和讲实话原则(Pufendorf 1934:319—329, 379—523)。

11. 例如,实践、制度、行动;政治、语言、实践;天意、运气、道德;法庭、国家、常备军。如果重新排序的话,至少后两个是道德、权利与风俗的这个三重组合的变体。

12. 霍夫曼根据迈克尔·沃尔泽的观点,将其称为“法律范式”(Michael Walzer 1986:186;也可参见关于康德作为“法制者”的观点,Gallie 1978:20—24)。布尔认为康德开启了理解国际关系的一个“普世传统”。“康德关于国际道德的观点或是关于国际道德的普遍性观点是……在国际关系中存在必须遵守的道德,限制国家的行动。但是,这些要求所禁止的不是国家间的共存与合作,而是要推翻国家体系,并以国际社会来取而代之。”(Hedley 1978:26;也可参见 Beitz 1979:181—183;与布尔的理解相反,而与我的理解接近的关于对康德的理解,参见 Waltz 1959:162—165)

13. 功利性是赞扬与认可的一个来源:这存在于所有涉及行动的优点和缺点的道德决策中,这也是对正义、忠诚、荣誉、拥护和严惩进行高度赞扬的唯一来源;它们与所有其他社会美德——人性、慷慨、慈善、和蔼、宽大、宽恕和适度——是分不开的。简言之,它是道德的主要内容的基础,这些道德与人类以及我们的同类都有关(Aiken 1968:221)。

14. 沃林的以下做法非常著名,他把自由主义与政治哲学的衰退联系在一起,把组织的时代与政治的升华联系在一起,因此可以把前两章的标题改为“政治与远见”(Wolin 1960)。

第六章
政 治 社 会*

在政治学与国际关系出现之前，自由主义传统的社会学家和政治学家对于政治社会的理解与我在前面章节的理解相同。现在我与弗兰克·克林克(Frank F.Klink)一起转向当代的情况，即“政治社会”这个术语很少被用来理解政治的各种社会安排。相反，我们发现了权威与无政府状态之间的对立。实际上，权威与无政府状态之间的对立被人们用来建构作为学科的政治学和国际关系，在二者之间，似乎任何具有政治特点的事物都可以得到解释。

我们不接受这样的学科分工。这不仅把中央权威的缺失与不良(unmitigated)行为等同起来，而且还采纳了权威的定义，并将其错误地归为马克斯·韦伯(Max Weber)，把社会安排的稳定性等同于所有各方对它们的接受。结果就是把政治的可能性缩小到仅仅只有两种：国家或是自然状态。霍布斯的范式结构最终能够居于统治地位，但是是以其关于政治社会的话语传统甚至是把霍布斯作为一个权利理论家为代价的。

由于霍布斯的对立观点获得了范式意义，拒绝接受这种观点时也必须有另外一种范式来取代。马基雅维利的观点缺乏系统性，而且太敏感，所以无法成为一个直接的来源。从黑格尔(G.W.F.Hegel)到韦伯的德国思想为政治社会提供了一些处理方法，政治社会被理解为上级与下属的关系，主要通过规则来维持，并在统治中获得。我们称此为统治范式(*Herrschaft* paradigm)或是政治社会的范式，这些将在下章讨论。

---

* 本章与弗兰克·克林克合作。

韦伯把统治分为三种类型，这些类型实际也不是纯粹的类型。我们把韦伯的三种统治类型称为三个类别，并把它们与我在第二章阐释的规则类别联系在一起。这三类规则与统治可以被非常有用地建构为疑惑范式(puzzle paradigm)。针对社会关系的安排，这三种统治是唯一的三种解决办法。

关于统治的第一个疑惑解决范式——“霸权统治”——在韦伯关于通过魅力来进行的统治中可以清晰地看到；第二种是“等级统治”，韦伯对该范式的发展最全面；第三种统治暗含在资产阶级实践中，但是被自由主义的假设所掩盖，即施动者是自治的，他们享有的权利和义务是对称的。韦伯并没有看到那些被认为构成了独特且持续的统治与特权模式的关系的复杂性。这种统治没有被注意到是因为没有按照传统惯例来为它命名。但是，我们在康德的道德哲学中找到一个合适的表达，即“他治”(heteronomy)，它与自治刚好对立。

由于政治社会包含那些被一贯描述为无政府性的关系，国际关系也必须是上级与下属的关系。他治关系所指的是处于平等地位的施动者之间的交换关系，包括那些施动者认为其他人会与自己一样行事，以此来考量自己的行动。这种情况在国际关系中非常普遍，所以他治是统治的一种背景条件，霸权统治和等级统治都是在这样的背景下出现的插曲。当霸权关系和等级关系相互支持时，就如同超级霸权在当前的影响那样，这样的状态就会持续相当一段时间。

统　　治

在政治学与国际关系学科中，霍布斯关于国家与自然状态对立的观点被理解为权威与无政府状态的对立。霍布斯似乎并没有用“无政府状态”一词。“权威”也有其他的意思。用霍布斯的话说：“……采取任何‘行动’的权利叫做‘权威’。因此，权威的意思是总是有权利来采取行动：通过‘权威’‘承诺’或是拥有权利的人的‘许可’来完成。”(Hobbes 1968：218)权威是由创始者赋予行为体的，后者被赋予这种权力之后才有权威这样做。

霍布斯关于授权的权威概念与他对权利的关注有关(更多可参见Pitkin 1967:14—37; McNeilly 1968:214—222; Hampton 1986:114—129; Kavka 1986:387—391)。当前,至少在以与霍布斯相对立的观点建构的那些学科中,"权威"一词在使用时被赋予了不同的意义,它被习惯性地理解为一种关系,而不是一种权利。这种关系包含两个因素:一个因素是权力的使用,另一个因素是其他人接受对这种权力的使用。权威是权力的合法运用。[1]霍布斯也强调,"权威"是"权力和实力的使用……"(Hobbes 1968:227),但并不关注权力的接受,这一点在通常使用权力的情况下是不可能的。[2]

另外一种传统是把这种观点归为韦伯。因此,哈里·埃克斯坦认为:"权威这个术语正如韦伯所期望的那样被非常广泛地应用。"(Harry Eckstein 1973:1153)但是,在德国版的《经济与社会》中——这也是韦伯关于政治社会学非常成熟的阐述,(正如我们所看到的)他只用了三次"权威"(*Autorität*)。第一次出现是在引号中,在德语"Herrschaft"之后(Weber 1976:122)。标准的英语翻译是"统治('权威')",其中的一位译者冈瑟·罗特(Guenther Roth)做了一个脚注,即"权威"是"统治"(*Herrschaft*)的另一个口语表达形式(Weber 1968:212, 299)。韦伯第二次使用"权威"这个词是在英文的短语中,即"通过权威而产生的控制"(die Herrschaft Kraft Autorität)[Weber 1976:542; 1968:943;与希尔斯(Shils)和莱茵斯泰恩(Rheinstein)的原文翻译没有变化,Rheinstein 1954:324]。韦伯随即在后面的括号里澄清了它的意思,即"命令的权利与遵守的责任"(Weber 1968:943)。第三次是出现在同一个段落中,也是在引号中,未改变以上意思。

在《经济与社会》的原文中,"统治"这个词可能出现了几百次。正如我们所看到的,标准的英语翻译把它译为"统治"(domination),但并不全部是,也不是很系统。在很多时候也用"权威"(如 Weber 1968:213)或是"控制"(dominance, dominancy)(如 Weber 1968:225, 942;控制是莱茵斯泰恩用的,保留在标准的翻译中)或者是用"控制系统"(system of domination)(Weber 1968:214)。在翻译一个词的时候有这么多变化会产生以下三个可能中的任何一个:(1)这个词在被翻译的文本中使用时并不一致;(2)在原来的语言中,它的词义不稳定;(3)在被译成的语言中,没有一个准确的词来对应这个词所表达的概念。

我们依次来看一下这三种可能性,我认为这会对我们有所帮助。第一种可能性是由塔尔科特·帕森斯的翻译所表明的,他在早期翻译的《经济与社会》中在有些地方把“统治”(*Herrschaft*)翻译为“命令式的控制”(imperative control),有些翻译为“权威”[3](Weber 1947:152—153)。帕森斯知道至少在有些时候韦伯是指可以被抽象地理解为强迫的一种情况,因此在他的译文中是一种“命令式的控制”。帕森斯对于合法性问题有独特兴趣。由于韦伯系统地说明了这种控制被接受的历史场景,他频繁地使用“统治”(*Herrschaft*),与帕森斯把权威的概念视为是合法使用权力相一致。在这种情况下,帕森斯把“统治”(*Herrschaft*)翻译为“权威”。换言之,帕森斯把词源学上的不一致带到了韦伯的文本中以满足自己的需要。韦伯的英语读者们很容易会发现他与帕森斯一样关注一致性与体系支持(可比较 Cohen, Hazelrigg, Pope 1975)。

韦伯的其他译者以及很多评论者都强调韦伯对统治关系强制性结构的兴趣。莱茵霍尔德·本迪克斯认为韦伯会对“任何混淆关于上级与下属之间关系中‘武力威胁’的翻译持批评态度”(Reinhold Bendix 1962:482)。在其对《经济与社会》英文版的引言中,罗特称“统治”(*Herrschaft*)是“通过一系列动机与执行方式来维持的上级和下属的结构”,并对这种解释进行了回应(Weber 1968:XC)。最近,社会学家们意识到对于“统治”(*Herrschaft*)的不同翻译体现出社会学不同思想间的争论,而不是关于韦伯的争论。共识理论家们(consensus theorists)遵从帕森斯的观点,冲突理论家们(conflict theorists)对韦伯的理解则恰好相反。“权威”(authorization)和“控制”(domination)使二者的区别非常透明(Wrong 1980:36—38, Alexander 1983a:82, 173—174)。

韦伯对“统治”(*Herrschaft*)的使用使社会理论“真正自相矛盾”,使“统治”即是“服从于合法的权威是自愿的,但同时又具有强制性和被迫性……”(Wrong 1980:39)。如果翻译的不一致反映了在“统治”(*Herrschaft*)中所包含的自相矛盾的内容的话,那么我们需要考虑第二种情况来解释不一致的原因,即在德语中这个词本身就没有稳定的意义。由于我们的语言水平有限,我们可能会认为“Herrschaft”有一个具体意义,是指封建领主的地位（Roth in Weber 1968：XCIV，62，Alexander 1983a：1972），或者是在韦伯的作品中有存在争议的抽象意义。但是，我们需要注意的是黑格尔在他的《精神现象学》中，也像马克思和恩格斯在《德国意识形态》以及马克思的《路易·波拿巴的雾月十八日》那样泛泛地使用这个词。

黑格尔把“统治”（*Herrschaft*）和“奴役”（*Knechtschaft*）在一篇只有几页的著名作品中并列使用（Hegel 1952：140—150）。多数评论认为它定义主人与奴隶的关系（例如：Plamenatz 1963：153—159，188—192；Shklar 1976：57—95；Balbus 1983：11—21）。[4] 奴隶制的语言实际是一种统治极限。但是，黑格尔认为“奴隶们”在他们的工作中学习，而“奴隶主们”则不能，因为他们根本就不工作。那么，奴隶们学到了什么呢？人们经常会钦佩黑格尔的理解：奴隶们变得更有自觉意识。当然，人们也可能将此理解为一种退步：他们知道了自己的地位，他们变得更加逆来顺受（Kelly 1978：47—50）。

自觉意识构成了韦伯所使用的“统治”（*Herrschaft*）的自相矛盾之处。强加的控制促进强制对象进行的自我反思要远比强制者进行的反思多。后者对于尊严不存在其他说法。如果统治产生权威的话，这种矛盾之处就体现出来，即黑格尔所阐述的奴隶主与奴隶的关系。但是，黑格尔只是在自己的意识中存在地主和农奴的关系（在德国，他们是这样被指称的），或只是想形成这样的关系或自相矛盾的影响。

马克思和恩格斯显然都受到了黑格尔关于奴役以及接受这种结构的自觉意识的启发，但是改变了对其功能性的理解。马克思和恩格斯通过以阶级的语言概括控制关系并在物质条件下赋予劳动以意义，而颠倒了黑格尔的意思，使意识成为“主人们”的一个特点。这个特点是集体性的，与工作的物质条件无关。强加的控制被接受，这种观点只有主人们才可以接受，他们必须要把它归因于他们的下属们。这样，矛盾就消失了。“控制”成为唯一一个能够完全描述他们之间压迫和剥削关系的词汇。

对于那些研究马克思和恩格斯早年观点的马克思主义者们而言，控制成为一个有力的规范性和概念性手段。著名的《德意志意识形态》英文版中关于劳动和意识的段落所谈的不是“控制”（domination），而是“统治”（rule）、“统治阶级”和“统治观念”（Marx and Engels 1964：67）。动词“统治”（to rule）在德语中是“*herrschen*”，“统治”（rule）作为名词是

“*Herrschaft*”(Marx and Engels 1978a:46)。马克思的《路易·波拿巴的雾月十八日》也是来自同一个时期。在标准的翻译中,我们发现有几次是翻译为“控制”(domination),有一次翻译为“统治”(rule)(Marx 1954b:101—105, 111, 107),但是它们的原词都是德语的“*Herrschaft*”(Marx and Engels 1978b:194, 197, 202; 199)。

从黑格尔到韦伯,我们看到一种不间断的语源学传统,在这之中,“*Herrschaft*”是一个主要概念(master),使德国的社会思想在百年中保持了一致性。[5]它指出社会关系的核心问题是不对称的永存性,而不是权威关系的选择性。那么,需要解决的问题是,是什么导致了这种永久的不对称性。马克思会继续思考资本体系,但是必须是在他与恩格斯提出了这样一个解决方案之后。(资本只是另外一种可能;我们下面会对两种可能都进行论述。)

在德国社会思想中,“统治”的核心性可以帮助解释这种不断增强的认识,即韦伯拓展了马克思的思想,而不是反对他的思想。正如杰弗里·亚历山大所说:“韦伯的重要性体现在他并不是马克思的替代者,而是作为一种理论方法为马克思主义社会学提供了更加复杂和相互依存的模式。”(Jeffrey Alexander 1983a:133)“统治”这个术语是一个起点,在黑格尔、马克思和韦伯的思想中都是一个参考框架。它的意义稳定性使人们可以围绕它作出一系列理论声明,因此我们应该从范式的视角来理解这一点。

我们现在可以来看针对“统治”的第三种翻译,即这个词在英语中没有相对应的词来表达。如果“统治”这个词的意思在德国社会思想中是通过范式功能而被固定的话,我们应该可以期待讲英语的人同样可以在同样或类似的范式中找到一个意思稳定的词来表达。在近几十年,特别是在美国,可以找到类似的表述。我们想到的是怀特·米尔的突破性著作《权力精英》(C.Wright Mill 1959a)——主要是关于民主精英主义的辩论(Bachrach 1971),我们还想到威廉姆·多姆霍夫的《谁统治美国》(William Domhoff 1967),甚至还有关于“军事—工业指数”和“国家安全精英”的讨论(例如 Barnet 1973)。德国社会思想对这些作品的影响很大,但是对它们的具体影响并非完全相同。人们经常提到马克思和韦伯的名字,甚至把他们作为崇拜偶像。但是,人们很少注意到他们的理论困惑，他们的解决方案也很少被使用。

人们也很少看到“统治”的结构意义。一些多变的精英充斥于各机构当中，如政府的各个层次、公司、金融机构、高等教育机构等，他们使用“权力”来满足自己的利益，背叛大众，而大众是这些机构需要服务的对象。“统治阶级”因此成为一个委婉语或是一个修饰语，而“控制”（domination）则是一个具有松散文化和心理含义的词语，尤其是赫伯特·马尔库塞（Herbert Marcuse）的研究在美国被接受后，这一点虽然有些延误，但也令人振奋。如果罗伯特·米歇尔斯（Robert Michels）、加埃塔诺·莫斯卡（Gaetano Mosca）以及威尔弗雷德·帕累托都同样被引用的话，在翻译过程中缺失的内容会很少，因为“新马基雅维利学派”对于诸如“精英”这样的术语的使用非常不同，他们从未产生过在原文中的范式意义。在美国社会思想中的经验限制和改进精神具有激进和改革特色。但是，激进主义由于缺少一种范式来稳定它，很容易被忽视，无论是那些偏执、阴谋论还是幸福感和空想计划。结构来自他处。

“统治”这个术语似乎很难翻译，因为它对讲英语的人来说是外来物，人们只能在与“无政府状态”和“权威”相关的学科范式中进行选择。但是，我们可以把“统治”翻译得非常充分，这样的翻译可以保留其在德语中的范式意义，同时又可以以英语的学术语言来重构一种范式。这种学科范式可以最终解决政治社会的操作范式，但是并不否认自由主义的社会现实，也不屈服于“权威”所需要的范式要求。这个术语就是“统治”（rule）。回想一下对《德意志意识形态》的翻译，我们几乎是第一个提出此建议的，从书中也可以找到韦伯的拥护者。罗特和本迪克斯都主张用“控制”（domination）（Weber 1968：LXXXIX，62n.，Bendix 1962：290—297）。但是，他们分别指的是控制关系中的“统治者”（ruler）和“被统治者”（ruled）。罗特也使用了“统治”（rulership）（Weber 1968：XCIII）。卡尔·弗里德里希（Friedrich 1963：182）以及斯图尔特·克莱格也把“*Herrschaft*”等同为统治（Stewart Clegg 1975：56—66）。

但是，也有人明确反对把二者等同起来。沃尔夫冈·莫姆森接受统治者和被统治者概念，但是不接受统治概念。“很长一段时间，我们[很明显是指他自己]认为‘统治’是最佳词语，因为它不完全包含‘控制’一词所表达的含义。但是，它所表达的意义也太狭窄，因为它只是包含了管理、治理的含义……”(Wolffgang Mommsen 1974:72)对于登特弗斯来说,与“*Herrschaft*”等同的词既不是“‘统治’,也不是‘命令式控制’(imperative control);它是‘权力’(power),是严格的法律意义的权力,是我们所指的‘赋予权力的规则’,或是说官员们拥有‘权力’。强调的重点在于合法性”(A.P.D.Entreves 1967:11)。

莫姆森和登特弗斯由于两个几乎相反的原因都不认为“rule”是对“Herrschaft”的最佳翻译。前者认为统治是一个太有法律性的词,而后者则因为它太不具法律性。二者实际都是不对的。他们都把“统治”理解为狭义的“法律统治”,即奥斯汀所指的正式的可以执行的规则。莫姆森反对统治者与被统治者的关系依赖于正式的有效规则,而登特弗斯则反对规则总是强化统治者与被统治者的关系。尽管“统治”包含正式有效的可以被执行的规则,但是它没有必要排除那些正式赋予某些人利益而不是产生一些需要履行义务的规则,或是使强制性控制生效的非正式强制性规则。规则要成为法律必须是正式的,并且具有制度支持(正如第四章所阐述的)。但是作为规则,它们只是一个一般性的声明,能够对(被要求的或是被允许的)行为产生预期(参见第二章)。规则可以调节韦伯自相矛盾的统治,即它们是被接受的,但是看上去是被强加的。

莫姆森由于接受统治者与被统治者的关系而接近于这一点,但是由于他不能接受规则是联系统治者与被统治者之间的纽带而没能抓住这一要点。罗特和本迪克斯通过上级与下属的关系来定义“统治”(*Herrschaft*)则做到了这一点。德语中与这两个词对应的是“*Überordnung*”和“*Unterordnung*”。“*Ordnung*”在德语中的意思是“秩序”和“安排”。在针对一定的空间或系列顺序意义时也表示“规则”。英语则略微不同,就如同在秩序、顺序或是协调中那样。实际上,我们对规则的使用是相同的:经验法则、方法规则等等。我们这样做时是认可规则总是能够产生明确的安排。德国的社会思想发展得更远:规则产生的预期总是不同,产生的安排总是上级与下属的关系。规则的这种结构是最基础的,而非最接近或权宜之计,这对于讲英语的人来说非常困惑,因为他们对于规则的看法是在习惯法之下关于权利与义务的正式对称关系,是隐藏着权威关系选择性不对称的正式对称关系。

在20世纪初,格奥尔格·齐美尔阐明了“控制”作为一种“互动形式”

是非常准确的上层和下属的关系[6](Georg Simmel 1971:96—120)。由于他在“统治”(*Herrschaft*)范式中处于边缘,我们并没有对齐美尔的观点关注太多。但是,他如康德一样对形式感兴趣,这使他以几何的方式来对待上层和下属的关系:“只有几何才决定了事物在空间里的真正关系。”(Simmel 1971:27)即使社会几何只有被赋予了内容才真正是充分的,但是人们不是从空间开始,而是从空间性开始,也就是从规则开始。康德的思想影响加强了德国人关于秩序的概念,作为规则的安排,统治也同样如此。

霸权统治、等级统治和他治

韦伯由于提出有三种理想类型的统治[(Die Typen der Herrschaft),就如《经济与社会》所显示的]而闻名。对于韦伯而言,理想的类型是一种“理念建构”,而并不是如同我在导论里提到的是像人们所观察到的那样。统治的理想类型表现出人类如何利用规则与统治来安排事物,以解决不断出现的现实问题,使用规则的人们也是如此认为。韦伯把观察者的理念建构,即他所抽象出的类型,与全体实践、支持态度和物质条件联系在一起。每种聚合都促使他通过大量反复出现的人类经历而确立一种类型(Shils and Finch 1949:94—97;也可参见 Hekman 1983)。

韦伯通过看什么使统治得以持续而划分出三种类型的统治。它们是统治的“基础”(Weber 1968:215)。每种类型把它们各自的特点与它们被接受的独特基础联系在一起:第一种是理性的,即算计的基础;第二种是传统的基础;第三种是魅力的基础。韦伯认为基于理性基础而被接受的统治与由管理人员进行的统治相对应(Weber 1968:217—226)。基于传统被接受的统治与那些被传统上赋予个人忠诚以及进行统治的权利相对应(Weber 1968:226—241)。最后一种基于魅力的统治与具有非凡个性魅力的个人相对应(Weber 1968:241—254)。

我们需要注意这些对应在逻辑上是有区别的。第一种把两类独立条件,即理性信仰与管理技能联系在一起。第二种通过参考传统把两类条件的定义交替使用。第三种则简单地从一类条件(对于这些特征的独特条件的信仰)推理出另一类条件(个人特征)。韦伯的观点是有问题的。在韦伯的观点中,第一种类型是得到充分阐明的统治以及对它的应对;第二种类型中,统治和应对因它们所具有的共同定义而崩塌了;第三种类型对统治的应对阐述得很清楚,但是却没有明确指出统治的特点。

韦伯把他的理想类型称为“纯”的(Weber 1968:215)。类型的纯度是可以判断的,但必须与这些类型和类别相对应。否则,就无法确立它们之间的相互依存关系。而且,我们必须了解分类的设计,在这种设计中各类别可以共同定义(可比较 Lakoff 1987:366)。韦伯未能提供任何这样的分类设计。因此,他不得不依赖于其丰富的历史知识来支持他的观点,即只有三种类型是可能的。很多评论者列出了不同的类型划分,但既没有从历史角度也没有从概念上得到更好的支持。[7]

那么我们是否有一种方法来发展一个在韦伯提出的统治范围内关于统治的问题范式?我们认为可以。如果我们认为统治(*Herrschaft*)范式把统治者和被统治者置于规则的安排之下,那么韦伯关于统治与被统治的对应节点就必须由规则来调节。韦伯自己也清楚这一点。第一种类型的统治(由行政管理人员进行统治)依赖于非个人性的秩序,或是我们通常意义上所指的法律。第二种类型的统治(由传统的领导人进行统治)依赖于个人,但同时并不是原创的。通过谨慎地在传统所应允的范围内进行统治,统治者获得了自行决定的自由。第三种类型的统治(由有魅力的个人进行统治)依赖于类似神谕的说教,每一种都具有启示性,完全是独创的。

韦伯可能是间接地使用了关于规则的分类方法,在这种分类方法中两类特征(传统的/独创的与个人的/非个人的)被不同程度地结合在一起。如果他直接这样做的话,将会有四种可能的结合或是规则的分类。但是,韦伯在区分统治类型时只是满足于两种不同但是起不同决定作用的标准。非个人性是第一种类型的决定性标准,传统的以及个人的是第二种类型的标准,独创的则是第三种类型的标准。

尽管韦伯的划分很明显是不全面的,但是我们并不想将其重构(参见Onuf 1982b:31—33)。韦伯从未对他的任何一个标准进行说明。由于受各种历史经历的影响,它们与规则联系在一起,主要是因为它们对应了统治者以及应对统治的特点。作为一种选择，我们可以把韦伯所划分的三种类型的统治与第二章的分类联系起来。在第二章中我们划分了三类规则。或者我们可以反过来问：断言性规则、指令性规则和承诺性规则是否会产生韦伯所划分的三种类型的统治？

在韦伯所划分的三种类型的统治中，第一种是使用指令性规则，第二种统治在多数情况下也是如此，第三种统治是使用断言性规则，实际上第二种统治有时也是如此。韦伯所描述的"魅力的常规化"（Weber 1968：246—254）产生了另一种统治类型，在这种统治类型中，表明地位的规则起非常重要的作用。我们可以看到传统统治是一种纯的类型，但是另外两种统治，即行政统治与魅力统治则分别赋予指令性规则和断言性规则以主导地位。很明显，社会现实是各种类型的统治的混合，正如韦伯在其关于传统统治的很多变体的讨论中所指出的。这些传统统治主要包括老人统治（gerontocracy rule）、家长统治（patriarchy rule）、世袭统治（partrmonial rule）和地产统治（estate rule）。

韦伯在其关于统治的范式中几乎没有对承诺性规则给予过多关注。他只在《经济与社会》（第八章）关于法律的讨论中涉及承诺性规则。韦伯的结论是承诺性规则作为一种非对称性安排并不会产生统治，但是会对"统治的非中心化"（*Decentralization der Herrschaft*，Weber 1976：542）产生影响。他认为可以将其描述为"现代私法的整套体系"（Weber 1968：942）。这个体系是契约、信誉以及整个资本主义全部制度的基础。

韦伯没有把承诺性规则建构为一个统治范式，这有一个特殊原因。很明显，每个人都有权利来统治其他人活动的某个方面，甚至是那些主导、支配他们的人。韦伯之后对自己的观点进行了一些微妙调整，他观察到我们总是可以说一个人在一些社会关系中拥有一些"统治"地位（"*beherrschend*"，引自 Weber 1976：542），如在画室或是市场中，或是在报告厅的讲台上或是团长的发令台上……（Weber 1968：943）但是，关于这种变化无法令人信服的是，统治不是承诺性规则的问题，而是一个短暂的社会安排问题。正如韦伯所指出的，"这样一个关于统治的宽泛的定义会让'统治'这个词没有任何科学用处"[Weber 1968：943，在文中使用的是"控制"（domination）]。但是，实际上是韦伯自己不必要地把统治的概念给拓宽了。

韦伯关于统治三种问题的划分因其严谨的逻辑结构以及“谨慎的对称”而给很多人留下了极深的印象(Mommesen 1974:72)。这种谨慎在概念上却是错误的。我们努力为韦伯的划分提供另一种不同的解释:支持他所划分的两个范式,把两种特点结合在一起而排除了一种,同时从韦伯自己所提供的物质中建构出了第三种。第三种实际是解决了关于统治最令人困惑的方面,即通过规则产生的权利和责任。韦伯没有把它作为一种范式,这无疑反映出一种范式假设,即统治者与被统治者的不对称关系一般是在相互加强而非交叉。承诺性规则更加复杂的模式更好地掩盖了不对称性,也欺骗了许多观察者们,即使是那些像韦伯一样博学、谨慎的研究者。

如今的学者们如韦伯一样很好地意识到了以指导性规则和指令性规则形式存在的统治。从我们自己本身以及其他学科中对两个词的依赖就可以充分证明这一点,即霸权统治和等级统治。没有一个合适的词来表达那些导致统治的承诺性规则产生的安排,这证明这种类型的统治范式一直没有一个合适的名称。我们选择的词是“他治”,这个词对于康德以及后面的人来说与自治的意思刚好相对。[8]

霸权主要是指处于高级地位的行为体通过颁布和控制原则与指令而垄断意义,这些意义再被下级行为体被动吸收。这些活动建构出一种稳定的统治安排,因为被统治者并不能理解他们的从属地位。处于从属地位的人们无法形成另外的行动纲领,因为他们已经被灌输了统治者为自己服务的思想,那些统治者们垄断着对各种建构意义的表述及传播。

韦伯认为霸权统治者通常会比较有魅力,他们的规则也具有启示性。但是,这种看法会起误导作用,因为这些规则是流传的,并且归结于人的个性魅力涉及的是其传播过程,而不是任何直接意义上的统治者。对此马克思和恩格斯在《德意志意识形态》中进行了更好的阐述:“统治阶级的思想在任何时代都是统治的思想……”(Marx and Engels 1964:67)尽管马克思和恩格斯因此认识到了霸权统治的核心特征,但是他们的看法错误地适应了历史唯物主义思想,即所有思想和所有意识都“与物质活动和人们之间的物质交往直接联系在一起,这是一种真实生活的语言”(Marx and Engels 1964:42)。

很显然,人的思想内容是由特定历史条件下的社会生产关系所决定的。如果是这样的话，那么人们的观念是随着阶级地位的变化而变化的，统治的稳定安排不能依赖于统治阶级思想的成功内化。马克思也是这样暗示的（如 Marx 1954b：101—116；也可参见 Abercrombie，Hill，and Turner 1980）。一种成熟的观点必须要能够解释不同阶级间意识形态的竞争及其相互影响。那么，是什么原因以及在什么条件下统治阶级的思想压倒了附属阶级物质方面有意义的经历？马克思并没有给出答案。

解决霸权范式的困惑应该从安东尼奥·葛兰西（Antonio Gramsci）那里寻找答案，尽管他从未直接定义过"霸权统治"。这也使那些马克思主义学者彼此之间针对葛兰西的思想产生了分歧。例如，尼克斯·普兰查斯（Nicos Poulantzas 1978：57—159）与戈伦·特奥伯恩（Gören Therborn 1980：157—158）认为对于葛兰西来说霸权统治意味着"政治控制"（通过指令性规则进行的统治）和"思想控制"（通过断言性规则进行的统治）。但是，普兰查斯与特奥伯恩都同意当代马克思主义者的观点（如 Miliband 1969：180；Abercrobie，Hill，and Turner 1980：12；Sassoon 1983：201），认为思想控制是葛兰西对于理解霸权统治的主要贡献。大部分疑惑来自葛兰西对国家概念（完整国家）的扩展，他是通过以强制（或者是"命令""直接控制"或是"专制"）或是"自发同意"进行的统治来定义的。

尽管葛兰西把霸权统治置于扩大的国家的概念下，但是他把强制与同意进行对比，并围绕意识形态来进行关于同意的讨论（Poulantzas 1971：12，181—182），这明确表明他关注霸权统治的特点。由于人们普遍接受的生产关系，上层阶级（superoridating class）通过成功地把自己的利益表现为全社会的利益而获得并稳固了自身的地位。统治的条件是稳定的，因为统治阶级通过意识形态与思想建构了社会现实，因此限制了下属阶级通过构想出另外一种会威胁到上层阶级统治地位的可能（Poulantzas 1971：12，181，238—239）。相反，被统治者们认为他们所处的地位是自然的、无法避免的而接受他们的从属地位。

等级统治是与韦伯紧密联系的一种统治范式，因为作为一种指令性规则的安排，它可以通过一种官僚体制被不断认可。各级或职位关系形成一种典型的上级和下级的模式，总是等级明确，一个职位既是其上级的下级，又是其下级的上级。通常，在任何一个等级职位中，上级的数量都比位于其下的数量要小。并且，一般都会有一个位于最顶端的职位或是首长。该职位对下属所有职位的活动负责，因为这些活动的指令都是从最顶端发布下来的。从逻辑上讲，如果一个位置高些的官员能够向位置低些的官员发布指令，那么任何一个指令的有效性总是可以追溯到一个长官，或是一个负责的官员。我们所看到的这种由指令联系在一起的等级安排实际上就是我们所熟悉的金字塔形的组织结构图。

我们可以推断在韦伯的心中存在一个军事命令链条，这在他当时所处的德国非常明显(Ruldolph and Ruldolph 1979:218)。它的正式特征主要是把法律视为一个命令(指令)体系，每个命令的有效性来自上一个层次的命令，直到达到最初发布命令的源头。讲英语的人通常会把这种法律观点与汉斯·凯尔森(Hans Kelsen)联系在一起，因为他是最著名、最正式的法理学派的成员，韦伯与他也非常熟悉。凯尔森自己观察到韦伯所称的命令安排实际是使"强制机器"生效[如汉斯·凯尔森所翻译的那样(Kelsen 1945: 171)；标准的英语翻译是"强制机关"(Weber 1968: 313)]。凯尔森自己也认为如此。

强制安排的指令所构成的正式安排采纳了法律实证主义的标准观点，即任何法律是由强制性命令支持的，属于通过上级和下级的关系而形成的统治范式。韦伯与凯尔森一样，从这个意义上讲，他既是一个实证主义者也是一个法律形式主义者，因为这是从法律规则的支持转为强制机关的唯一办法，而强制机关使官僚机构成为一个统治范式。与凯尔森不同的是，韦伯并没有把自己限制在"法律秩序"的统治范式内，在这种法律秩序中，指令性规则——如果不被遵守——会引发"一致性的执行"。[9] 断言性规则也是强制性的，但是强制的涵义不同。

他治，作为不被认可的第三种统治形式，比另外两种更需要更加全面的阐述。康德在其《道德形而上学基础》中选择使用这个术语来描述没有自治的情况(Wolff 1969:58)。马克思和韦伯在对该术语的使用方面并没有太大差别，但仅仅是一带而过(例如 Marx 1954b:103; Weber 1968: 389, 649, 719)。尽管康德所关注的是道德性的而非社会性的，他对于自治与他治的使用支持了对他治这个术语的社会性使用，这一点正如我们在马克思和韦伯的作品中所看到的那样；但是，与他们不同的是，我们可以从中推导出一种统治范式。

在康德的思想体系中，人类是审慎的、理性的(Wolff 1969:26—72)。

由于每种情况所具有的特殊性，审慎的行为要根据所面临情况的具体特点，是有条件的，而理性行为是无条件的，因为理性的人总是会根据“结果的范围”来审视自己的行为（Wolff 1969：58），而不是从手段上看。在第一种情况下，“他治总是会产生结果”（Wolff 1969：67）。在第二种情况下，自治会导向道德。

对于康德来说，理性与自治是超越社会现实的条件。它们必须被用来调查道德行为。对我们来说，其意义在于他治描述了人们所处的真实情况，即把人们可以采取的手段与特定的结果联系在一起。当然，当个人意识到他们的个人行为时，他们会倾向于认为自己是理性和独立自主的。康德的超越性条件只不过是那些具有自我意识的人从参与他治的社会关系中得出的一部分结论，也可能是大部分。他治的社会现实会产生行为意识，行为意识反过来也会产生自治的幻想（illusion of autonomy）。他治会使自己的社会现实更加混乱。实际上，我们可以说康德关于自治与道德的观点使自治和他治的关系更加模糊。

自由主义政治经济学家们在对社会选择的研究中注意到了这一特点，但是发现它自相矛盾：当很多人理性地行动时，他们经常发现会得到不想得到的一种结果。但是，如果我们采纳约翰·豪尔绍尼关于主观理性与客观理性的区分，把选择“最佳手段”以达到“一种给定的结果”和“人们所认为的最佳手段”区分开的话，这种矛盾就不存在了（John Harsanyi 1983：231）。只有当这种区别不存在时，我们才是真正自主的。当它存在时，由于世界的多变，加上受能力所限，我们就无法控制结果，而只能坚持主观理性或是通过指出风险和不确定性而将其客观化（可比较 Harsanyi 1983：232）。无论用哪种方式，理性都不再自相矛盾，而是被还原为审慎（可参见 Gauthier 1986：21—59，但需要注意的是，他关于审慎的概念与我们所采纳的审慎概念不同）。

对社会选择的正式研究是典型的自由范式。如同任何一种自由范式，它接受关于理性的功利概念，用康德的话就是谨慎，但是并不以他治为条件。[10] 相反，行为体的自主性是人们假定的，无政府状态也是人们所想的一种关系。合作是不可能发生的，它的发生只是一个解释性问题（Oye 1985a）。然而，由于他治的社会现实，行为体如果认为自己是自主的，就会审慎地来努力减少自己的风险，并把不确定性最小化。达到这种结果的“最佳手段”就是针对外来行为交换承诺。即使当作为自主的行为体，我们坚持我们的“权利”，可以自由承诺时，我们会发现我们并不可以自由地违背我们的承诺。我们的承诺以承诺性规则的形式在统治着我们自己。

承诺性规则把承诺正式化为责任。与责任相对应的是任何承诺所对应的权利。在这之中人们最感兴趣的是产权，它把对使用和进入生产和交换方式所作的承诺结果正式化了。如果我们思考一下获得产权与契约义务的不同行为体之间的不对称结果以及根据所有契约关系的互惠和政治的对称安排而产生的行为体之间表面上的平等，我们实际上会面对他治的真正自相矛盾的关系中，那些确保自主性的规则使得这些关系呈现出不对称性。

韦伯把“权利与义务的整体”与西方封建主义统治的条件联系起来(Weber 1968:1079—1085)。地主与封臣的关系是“条约性的，并且可以续签，但同时根据已有规范也是可以继承的……”(Weber 1968:1082)。因此，封建社会在生产领域是以财产私有为条件的。地主控制生产性财产的同时也具有对从更小一些的地主一直到农奴的社会义务。按照韦伯的观点，“这把封建制转变为一种近似于宪政统治的制度”(Weber 1968:1082)。

关于产权，封建社会缺少“专有”原则。地主之间以及地主与农奴之间的社会关系形成了关于权利与义务的链条，这个链条为整个封建社会提供了一种内聚力。封建产权的条件性本性使韦伯用我们所说的他治来描述封建社会的特点。他这样做实际与他自己所作的分权统治根本不是统治的判断相矛盾。“完全发展的封建主义是最系统的分权统治的最极端形式。”(Weber 1968:1079)

不同的是“资本主义社会的资产阶级年代”，在这之中，“契约和特定的个人权利”(Weber 1968:1070)所产生的一个结果是私人财产不可侵犯，这种原则被扩展到主权和领土领域，成为界定国际关系无政府性的主要特点(Ruggie 1986:142—143)。[11] 通过对比封建主义与资本主义，韦伯指出财产权的变化会带来由自主的个人之间的互动而产生的自由体系。他们只是受制于互动所产生的整体结果。我们认为这种观点应该被反过来：条件性产权允许一个统治系统的存在，但这种统治并不具备他治的特征，而专有权则总意味着他治。韦伯犯了两个错误。一个是促使人们产生了一种印象，即封建财产权的产生依赖于封建行为体之间真正的交换关系。第二个错误是没有认识到现代资产阶级产权的专有性意味着特定的、可交换的产权拥有者之间的不对称关系。

问题并不在于条件性的封建财产权是否与统治相关联，而在于封建统治是不是他治的。我们回忆一下康德的概念，他认为他治的概念可以被理解为不仅仅是非自主的、条件性的行动。康德的他治概念掩饰了自治的缺失。正是由于康德关于他治的这种理解，把封建社会的特点概括为他治是错误的。韦伯则充分意识到地主之间的契约关系本身就是不对称的，而没有充分考虑地主与农奴的关系，而它们恰恰是封建社会各种关系的物质基础。[12]

农奴与他们的分封地主进行劳动产品的交换，他们从分封地主那里得到其所提供的安全。封建财产权使贵族垄断了强制性方式。战争的不断威胁固定了封建关系(Anderson:140—142)。无论是真实的还是声称的，农奴对物质安全的需要迫使他们按照地主的条款与地主签订交换协议。但是，交换的强制性特性以及产生强制的指令性规则掩盖了在这之后基于交换与互惠的地主—农奴关系。韦伯自己也承认封建制生产关系的军事渊源(Weber 1968:1077—1078)。他同时也注意到地主之间的关系带有常规化的感召力(Weber 1968:1070)。实际上，封建制是统治的一种等级形式，我们可以将其描述为一个平等的金字塔形：通过逐渐形成共同掌权的幻想，霸权代替了等级中的更高级别。

把不断变化的封建关系视为他治的，实际是把现代的资产阶级交换关系置于封建社会的情况之下。资本家和工人之间出现交换是因为资产阶级的财产权使资本家们垄断了社会的生产性财产，因此也垄断了工人的身体和心理得以维持的方式。工人为了获得赚取食物的方式，必须与资本家建立交换关系。然而，在资本主义社会中，工人一般来说可以自由地选择与哪位资本家建立交换关系，甚至可以自己组织起来与资本家进行集体的讨价还价，这样的事实模糊了这种交换关系的不对称性以及背后的财产问题。

资产阶级财产的强制性特点只有被作为一个整体时才会在社会层面暴露出来。从这一点看，工人没有什么选择，只能与资本家建立这种交换关系。在个人的经历层面，工人可以选择的权利转移了必须建立这种交换关系的必要性。地主与农奴之间的封建关系并没有使这种关系神秘化，因为农奴们缺少工人所具有的那种社会流动性，而工人具有出卖自己劳动的自由。封建关系的统治在一些相关的行为体上被直接个人化了，对于谁是地位高的，谁是地位低的没有任何疑问。而且，地主的“义务”并不是因为农奴为地主提供了服务而得到的好处。相反，它们是地主为了确保劳动力能够不断得到供给而强加给自己的代价。在封建制晚期，地主们消除了这些义务，因为通过直接签订契约而获得的劳动力会更加廉价(Dobb，1963：54—58；Anderson，1978：197—208)。

如果韦伯的第一个错误是混淆了封建关系与他治的话，那么他的第二个错误是把无条件的财产权与一般的自治混淆起来。我们已经看到财产的私有使生产性财产仅仅集中于少数拥有者手中，而很多有能力劳动的人只能提供自己的劳动。财产拥有者总是可以选择，而工人们在没有工资条约的情况下总是会面临生存问题。简而言之，这种承诺性关系的不对称结果产生了统治的条件，在这之中，如果仅靠发现谁制定了规则，我们就无法看出谁是统治者。被统治者与统治者一起都是发起者与观众，规则控制着二者的进展。这是他治从范式角度看的独特之处。

对于工资契约的这种看法在马克思政治经济学中起核心作用，为其“商品拜物教”(fetishism)理论提供了基础(Marx 1954a：76—87)。市场中的商品交换(包括劳动力)以财产专有权(在马克思主义者的话语中是资本主义社会的生产关系)为前提，它把人的劳动产品完全分开。不仅仅这种社会生产关系是稳定和不对称的，劳动的商品化以及劳动产品也确保了它们的“神秘特征”(Marx 1954a：76)，使它们完全是社会性的，只有在通过参考与其他商品进行交换时的价值时才被意识到。通过捕捉社会现实，交换价值代替了以物质为基础的社会关系，使所有的人在名义上是平等的，并使不对称的概念失效。“商品拜物教论”是解决统治问题的激进办法，它从专门的财产权推断出来而成为一个他治的解决方案。

可以认为，自由社会思想本身就是对“商品拜物教论”的一种回应，“商品拜物教论”是由于资本市场的出现而产生的“投机幻想”(speculative fantasy)的专制(Pocock 1985：112)。波科克认为，猖獗的投机使人对“经济人的癔症，而非冷酷的理性，产生恐惧……理性的自我体系只不过是提供了一种控制自己冲动的方式，而不是解释自己的行为或是使自己的行为合法化”(Pocock 1985:113)。然而,自由主义思想总是对他治视而不见,至少部分是因为它是源于17、18世纪的英国。在那一时期,视时而定的权利和职责不仅仅是在习惯法中,而且是一种固定的语言思维状态。但是,当封建权利消失时,它们在很长时间内并没有被反映资产阶级生产和交换关系的财产权所接替。相反,我们看到了资产阶级财产的一种“不完美的”偶然形式,在这种形式中,生产者自己既是生产方式的拥有者也是劳动者。那种劳动力并不适合当时英国典型的家庭农场和手工生产的环境。

在劳动力没有被商品化的情况下,那些独立生产者的“小资产阶级”财产权看上去避免了专门财产权所带来的不对称性强制特征。因此,对在交换中独立的生产者之间的社会互动范式的描述并不意味着可以将其从他治的财产关系中抽象出来。他们只是让自己认为统治并不是问题,但并没有建构一个可以解决统治问题的办法。因此,人们可能会把这种观点理解为是支持无政府状态的范式。霍布斯早已经为这种观点提供了框架,认为等级统治是唯一一种可能,是一种自然状态。自由主义者们用资产阶级财产权与交换关系的模式来改变无政府状态,这样就把问题定义为平衡与限制这样的等级关系,这就如同提供诸如安全这样的公共产品是必不可少的(也可参见本章注释16)。

因为资产阶级的霸权统治把资本主义制度的生产剥削关系描述为服务于公共产品,它看上去可能与他治相同。霸权统治和他治可以是独立的,可以强化实践(霸权统治使他治合法化,他治为霸权统治提供了物质基础),但是二者又不相同。他治是通过承诺性规则而确保实现,承诺性规则则限制了下级的物质机会,下级只是与他们少有的机会一起被赋予了商品的特性。他治所产生的这些所有可能是让这一切都可以被看到。而霸权统治刚好相反,是通过断言性规则来确保实现。霸权统治使人们能想象的是一切都有可能。

博 弈 规 则

“霸权”在当代国际关系中被广泛使用。新现实主义者,如史蒂文·克拉斯纳(Steven Krasner 1976:321—322; 1982:30; 1985:10—13)、罗伯特·基欧汉(Robert O.Keohane 1980:132; 1984:32—38)、罗伯特·吉尔平(Robert Giplin 1981:29; 116, 144—210; 1987:65—80)以及研究世界理论体系的伊曼纽尔·沃勒斯坦(Immanuel Wallerstein 1984:4—7, 37—46, 132—145)都把国际关系中最强的国家称为"霸权"。他们都没有接受哈罗德·拉斯韦尔和亚伯拉罕·卡普兰对霸权的定义。他们把霸权定义为"在一个控制领域的最高地位",在世界政治中,"当控制并未伴随着权威时,它指的就是势力范围。一个霸权国家是一个大国,它的卫星国是指在它的影响范围内的国家"(Lasswell and Kaplan, 257;拉斯韦尔和卡普兰关于权威的定义,参见本章注释1)。

这种观点所包含的是实力与强制能力等同的内容。因此,它看上去似乎是一种等级观点,至少对于那些新现实主义者更是如此,因为最强的国家通过建立国际机制来确保自己的地位(用第四章的语言来说就是管理机制),而不是直接进行统治。但是,这只是等级统治的一个特例,很少实现过,因为处于等级中的各国必须对在等级链中处于它下方的国家有"命令性"领导力。如此理解的霸权统治是等级统治的一种情况,在这种情况之下,处于等级链中的国家有压倒性优势,它可以沿着这个等级链直接发布命令,使指令性规则呈现一种良性形式(只作为建议),但是仍能够使统治生效(对比 Bull 1977:215)。[13]这种结果与葛兰西的霸权概念相似。由于在这种情况下领导也可能行使霸权,所以很难辨别出等级的存在。

在当代学者中,罗伯特·考克斯(Robert Cox 1983; 1986:217—230; 1987:7—9, 129—219)非常明确地表明自己的观点与人们一般所持的观点不同,认为霸权统治是国际关系的一种独特条件,不依赖于在等级中的具体位置(Cox 1987:144)。因此,考克斯和吉尔平都把19世纪和20世纪不列颠治下的和平和美国治下的和平描述为霸权,但是原因不同。考克斯认为,"国际秩序的一个普遍的集体形象"是必要的(Cox 1986:223)。但是,吉尔平认为,"有帝国的控制"就足够了(Giplin 1981:116)。

在当代国际关系中,"等级统治"比"霸权统治"要使用得少,人们对"等级统治"所作的解释就更少了。但是也有些例外。默顿·卡普兰所总结的国际体系的六种情况中,有一种是等级的(Morton A.Kaplan 1957:48—50)。但是,他认为它是一种非常正式的安排,相当于政府,因此在国际关系中被排除了。肯尼思·华尔兹(Kenneth N.Waltz 1979:114—116)明确把无政府状态和等级统治对立起来,前者描述的是国际关系,后者描述的是政府。史蒂芬·斯派格尔把国际关系描述为"权势等级秩序"(Steven L.Speigel 1972:3),斯坦利·霍夫曼将之描述为"功能等级"的多样性(Stanley Hoffman 1978:117)。这些描述表明如果不是因为以下假定,即非对称的安排或是短暂的或是抵消性的(offsetting),因此并不表明统治的条件,那么他们的概念所指的内容与我们所说的相近。

只有约翰·加尔通认为等级统治是正式的无政府社会关系的一个永久特点,而国际关系是一个最好的例子(Johan Galtung 1970:119—120)。他认为理想化的金字塔形等级统治清晰地保留了他所称的"封建互动结构"(Johan Galtung 1970:115; 1971:89)。加尔通也指出了部分"去封建化"的可能性,它总是从上至下发生(Johan Galtung 1970:123—124)。我们可以认为这是由共同掌权代替了命令链,是霸权代替了等级。这种替代只可能在命令链的顶端发生,在这里,发布命令的精英群体直接实现个人社会化是现实的。

当国际关系学者偶尔拒绝接受无政府假设时,他们或多或少认为国际关系是霸权统治或是等级统治。无论用哪个术语来描述,霸权统治和等级统治都更可能被混合在一起,如被认为是基于"秩序或权威原则"的"领导秩序"(Modelski 1983:121)。人们没有提及或认可他治这个词,也没有想象到要用它。但是,在国际关系的研究中,他治受缺少理论发展意识的影响,实际在关于"非对称相互依赖"(Keohance and Nye 1977:11—19; 1987:728—730)以及"非平等交换"(可参见 Emmanuel 1972)的讨论中都被暗示过。因此,加尔通对处于中心与边缘的不同等级(这里的隐喻令人疑惑)的国家之间的不平等交换比较关注,他赋予了他治在描述方面的重要性,而对于等级统治则赋予了概念上的重要性(就如我们在上文所展示的)。加尔通需要区分规则的类别,并澄清霸权统治、等级统治和他治之间相互支持的特点。

让人印象更加深刻的是阿尔伯特·赫希曼关于他治的理论发展,他认为国家的官员们有意地建构相对于自己的国家而言对其商业伙伴更有利的贸易场景。在这些贸易关系中所产生的机会成本的不对称性使官员们建构了这样的场景,进而通过威胁结束这种关系来控制他们的商业伙伴(Albert O.Hirschman 1980:17—52)。由于赫希曼把这种控制的运用称为“影响效应”(influence effect),因此看上去这种关系似乎是受指令性规则的调节,其另一面是受机会丧失的可能性的影响。

“影响”(influence)这个词会起误导作用。起决定作用的是“影响”的这种情境。无论发起国的官员是希望达到这样的结果还是希望通过这种情境来实施控制,贸易伙伴比贸易发起国所受的影响更大。一旦双方选择了进行贸易,控制整个形势发展的是不对称的机会成本,而不是双方的选择,这种情况对机会成本低的那一方有利。在这种情况下,人们选择对别人比对自己更有利的交换,并不是因为像赫希曼所说的是被诱使这样做,而是因为与没有任何交易相比他们更重视有些损失的交易。

“机会成本”(opportunity costs)这个术语是经得起检验的。从原则上讲,进行选择的机会是对称的,所有参与交换的人都可以获得。在实践中,行使选择机会的成本对有些人来说高些,对有些人而言则低些,这一点可以通过将来交换机会的相对减少来衡量。一类交换受制于存在交换等级或是价格协议。如果不能把成本以某种价格成功地分配出去,那也只是意味着一方或另一方拒绝了交换机会。任何完美的交换成本对于双方而言都是事先了解的。另一类交换是在事先不知道成本的情况下来行使选择机会。抽签就属于这一类。当各方有一些选择,但是事先不了解这些选择怎样被接受时也是这样一种情况。在这样的情况下,各方就需要通过猜测别人的选择来进行决策。

按照博弈论来说,猜想其他人的选择顺序就是战略互动。[14]即使面临的某种情况非常清楚,战略互动也使人们无法知道最后是什么结果。因此,即使是处于劣势的行为体在任何一个交换中也可能战胜处于优势的对手,这主要取决于双方在信息不确定的情况下所作的特殊选择。简言之,当他治关系也是战略性互动时,它实际是鼓励赌博这样的行为。在此,我们所指的是清楚自己处于劣势的一方会根据在逆境中增加收益的可能性来进行决策。在战略互动中,参与互动的每一方都存在风险,但是风险是不对称的。对一方的情形越不利,他就越必须承受风险。[15]赌博就是这样一种克服不对称机会成本的办法,但是前景并不光明。

弗兰克·克林科在另外一本书中(Frank Klink 1987)把赫希曼在国际贸易中的影响效应概括为国际关系他治统治的一个正式理论。他是通过社会选择理论的假定来这样做的。另外一位学者亚历山大·温特(Alexander Wendt)也已开始使用他治统治的一般理论，他是使用“结构化”作为框架。当然，克林科与温特都集中在当代世界的南北关系上。我认为这可能是出于题目或是意识形态的原因，因为不对称交换在这些关系当中非常明显。

我不会这样限制。(从此处我开始用单数人称“我”而非“我们”，这表示克林克不再为本章后面的内容负责。)机会成本的相对不同所积累的影响使国家间的他治在众多可独立选择的机会中看上去是自由、平等的。国家可能被作为经济上的高级核心成员而被归为一类，但是我们会发现国家所体现的是他治关系，尽管国家的代理人拒绝承认这一点，因为自由选择理论掩盖了这种不对称性，所谓的霸权和谐也对此产生了影响。[16]我也应该指出国际关系中的他治几乎没有把国家仅仅限制为交换伙伴。这一点在资本流动方面体现得最明显，主要是由资本规模以及历史上私有特点所导致(Lipson 1985)。

更笼统地说，政治经济学是一个合适的学科范式，它所研究的所有关系都是他治的。如果我们回想一下，如我在导论中介绍的，社会选择理论并不是像很多学者所采纳的范式那样通过假定无政府状态，而是通过研究探索自治的正式形式与上下级之间的社会现实之间的脱节，来最大程度地发挥作用，这样政治经济学无法解释的很多问题便可以得到解决。政治经济学是限于对他治的研究，但是，他治并不仅仅限于市场。由于同样原因，他治的研究也不一定必须是限定于“规则范围内的行为所产生的最终状态或是结果”，也不一定限于“规则本身”(Brennan and Buchanan 1985:xii)。社会选择理论通常把这种限制强加于自己，当然詹姆斯·布坎南的理论是一个例外。他们这样做可以使他们在不认可他治的前提下研究他治，研究他治是什么以及做什么。

博弈论与社会选择理论的相关性使我们可以更好地理解“博弈规则”，这是我们在讨论博弈论时所无法回避的。[17]因为在我们所处的时代，美国与苏联的关系已经是用博弈的语言来形容，“博弈规则”这个短语就不可避免地进入到关于美苏的话语中。最典型的是奥兰·扬所说的：“两个超级大国都心照不宣地显示出它们会制定至少是程序上的规则，以限制由于两国的持续竞争而对国际体系带来的最严重危险”(Young 1968a:

52)。扬对程序的强调与赫德利·布尔通过地位(这是个具有歧义的术语)来界定的规则相对应,包括那些认为地位是"操作程序或是'博弈规则'"的人(Bull 1977:54;参见 Keal 1986:134)。

程序,正如在此处所使用的,似乎是指那些正式化程度最低的规则,它们是"没有被明确表达的规则"(Keal 1983),因此更不容易被"读出"(Onuf 1975:1052)。我们也可以这样理解,即这些规则是通过限制国家"行动"的互惠性承诺建构而来的,在被认可之前将不会被履行。承诺性规则反过来建构和限制当代国际关系中最明显的特征,即不对称势力范围(spheres of influence)(关于势力范围,参见 Keal 1983, Almond 1986;关于美国与苏联是两个非对称性的大国,参见 Liska 1967)。考虑到两国间的他治关系,它们的势力范围是非对称的就不足为奇了。实际上,每个国家的势力范围是由其他大国在他治关系中所能达到的势力范围而定的。

当学者们列举超级大国之间的他治规则时,所列出的内容惊人地平衡:它们相互限制对对方势力范围的干涉,使各国在自己的势力范围内充分享有自由。[18]但是,超级大国在它们的势力范围内的行为(比较恰当地说是它们的代言人)也是规则与统治的问题,而不仅仅是承诺性规则与他治。把以交换为导向的关系叠加在一起,我们会发现指令性规则与基于指令性规则的行为语境中所确立的原则的结合。

我们所讨论的指令性规则实际非常简单。它允许超级大国使用武力来保持其势力范围的完整性。这种规则与那些正式限制使用武力的一般性规则(指导性规则)相对,它们的使用通常是由从属国在势力范围内的请求而导致的。结果是指令性规则并不简单地以超级大国的行为所建议的简单形式体现出来。这种规则嵌于以下原则之中,即对一些超越国界的原则(如民主或是社会主义)的强制性保护比任何规则都重要,它们因此超越了任何限制使用武力的规则(Fanck and Weisband 1971)。

我借用希尔·罗伯特·詹宁斯法官在国际法院关于《在尼加拉瓜的军事及议会活动以及反对尼加拉瓜此类活动的不同意见》(尼加拉瓜对美国)(Sir Rober Jennings 1986:1298)中所说的话,我认为很有启发性,他把这种规则称为优胜者规则(rule of champions)。詹宁斯所关注的是把允许自卫作为限制使用武力这一正式规则的一个例外,在这种情况下,一个超级大国可以帮助一个自称受到威胁的国家,即使这种威胁不会威胁这个超级大国自身,这种是“优胜者间接保卫”的自卫。詹宁斯指出:“这个概念实际随时在被滥用。”优胜者则可以反驳说这种滥用是由于其世界对手的行为所致:优胜者原则是一种指令性规则,是由于其他超级大国不遵守尊重对方势力范围的规则所致(关于被违反的博弈规则,参见 Cohen 1981:127—153)。这样的规则无法从非常重要的指导性规则或是那些被高度认可的原则中脱离出来,即所有国家必须接受人们所建构的整个世界,因为这是我们所能拥有的最安全的世界,对势力范围而言也是最好的。

这种原则也支持他治规则,它也使他治成为一种共管霸权(condomonial hegemony)(关于共管,参见 Liska 1967;关于超级大国共管的不可能性,参见 Hoffmann 1987:43)。优胜者指令性规则使每个势力范围成为一种等级统治,并仍受霸权原则的支持,即势力范围是我们所能够期望的最好也是最安全的全球安排。在共管霸权之内或之上的势力范围支持成对的等级统治,也支持全球他治。不仅如此,人们还把霸权理解为一系列关于那些不十分重要的利益的竞争。在这种情况下,研究者们称其为“国际等级中的大国”(Triska 1986:15)和“霸权及其势力范围内的互动”(Almond 1986:161)。这些术语确实令人们疑惑(实际上正相反),但是总体思想是正确的:世界是一个霸权世界、等级世界,同时还必须加上一点,世界也是他治世界。

注 释

1. 戴维·伊斯顿的解释是:“权威是一种特殊的权力关系,它基于以下这样的预期,即如果 A 向 B 传递一个信息,可以是愿望、建议、规章、法律、命令或是类似的信息,B 将把它作为自己行动的前提……权威作用的主要来源是对于其合法性的普遍认可。”(David Easton 1965:207—208)哈罗德·拉斯韦尔(Harold D.Lasswell)与亚伯拉罕·卡普兰(Abraham Kaplan)的解释是:“权威是……接受和拥有合法的权力……因此,权力的归属总是涉及接受这种权力归属的人。”(Lasswell and Kaplan 1950:33)

2. 我们可以看一下刚刚引用的完整的句子:“因为通过这样,在共同体中的每个特殊的人所赋予他的权威,他就可以使用赋予他的这些权力和力量。由于害怕,他不能形成他们所有人的意愿,从国内的和平,到国外与敌人的相互敌对(mutuall ayd)。”(Weber 1968:227—228)赋予这样的权力会引发恐慌,而非合法性。

可以参见沃克(Walker 1987:73—74)对此的不同解释。

3. 后来在同样的文本当中,帕森斯就把“命令性协调”与“命令性控制”交换使用,也没有作任何解释(Weber 1947:324—327)。但是,它们所表达的意思都不够充分,都没有成为被接受的翻译版本而保留下来。

4. 但是,两个使用广泛的翻译版本则翻译成地主(lord)或是主人(master)与奴隶(bondsman)(Hegel 1931:228—240; Hegel 1977:111—119),把“Herrschaft”和“Knechtschft”翻译为统治(lordship)或是束缚(bondage)或是奴役(servitude)。乔治·阿姆斯特朗·凯利(George Armstrong Kelly 1978:30n.2)认为黑格尔并没对同义词奴役(slavery)、束缚(bondage)和劳役(servitude)进行特别的实质性区分。

5. 实际上这要追溯到莱布尼茨(G.W.Leibniz),他的“自然社会”包括五个层次,也包括“Herr”和“Knecht”,都是以统治的名义而概念化了。参见莱布尼茨关于自然法的介绍(Leibniz Riley 1972:77—79)。帕特里·克莱利(Patric Riley)的评论是它“可能比任何人都清楚地表明他的政治观点是如何保持了中世纪的特点,阶层和自然服从的理念对他产生了怎样的影响。它把莱布尼茨与他的前辈联系在了一起,尤其是阿尔特胡修斯(Althusius),并把他与诸如 17 世纪的英国理论家们区别开来”(Riley 1972:77)。也可参见霍尔茨关于莱布尼茨和黑格尔之间的比较(Holtz 1968)。

6. 齐美尔只谈到了“统治”(Simmel 1980:134),在英语中的意思是“控制的意愿”和“控制的愿望”(Simmel 1971:96)。“对统治的热情”更准确一些。齐美尔对权威一词使用的是“*Autorität*”(如 Simmel 1908:136—137),实际上马克思在《路易·波拿巴的雾月十八日》中也使用了这个词(Marx and Engels 1978b:196, 198)。

7. 卡尔·弗里德里希认为有四种类型的统治,主要来自从亚里士多德到韦伯的西方思想(Friedrich 1963:180—190)。

8.《兰登书屋英语词典》(*The Random House Dictionary of the English Language*, 1967:667)对他治的定义是:“处于另一方的统治或是控制之下的状况。”希腊语词根“-archy”、“-cracy”、“-nomy”都表示一种统治状况,但是只有“-nomy”表达统治作为一种安排的含义。拉丁语的词根“-mony”指一种状况或是结果,所表达的意思过于宽泛。弗里德里希在表示“独裁”(autocracy)的反义词时使用了新词“heterocracy”。

9. 官僚机构从其内部讲本身就是一种法律秩序,是上级和下级之间的关系,因为处于顶端的首长通过指令性规则统治着所有层次的人。从其外部来看,官僚们并不统治其他人,除非是代表(如管理人员)某种法律秩序来统治(如国家)。官僚这个词中的“cracy”只指它内在的方面。

10. 社会选择理论家们经常不愿接受功利道德与功利理性。我们可以思考一下约翰·罗尔斯所说的“无知的面纱”(Rawls 1971:136—142)以及豪尔绍尼提出的以下问题:“如果你不考虑你的个人利益,那么你希望生活在一个有什么样道德标准的什么样的社会之中?”(Harsanyi 1983:243)我们可以将此视为人们面对一个他治的社会现实时，在努力回到康德所持的道德观点上。

11. 对于自由主义来说，专有权与资本主义发展之间的历史性关系是一组相互矛盾的问题。麦克弗森的论述很有影响（Mcpherson 1962），他把专有权与占有性个人主义联系在一起，认为这个概念对于17世纪的思想家们，如霍布斯、洛克等人来说至关重要（可参见第五章）。针对这种理解，波科克认为真正的区别在于不动产与动产的区别。公共信誉、股票市场、金融投机等在1700年左右产生了一系列意识的变化，即我们与自由主义有关联（Pocock 1985：108—110）。根据这种看法，洛克关于财产的观点是基于偶然的权利与义务是"古代宪法"的核心传统，即不列颠法的习惯法（Pocock 1957），这在现代习惯法中也很普遍。如果我们把洛克和后来的自由主义的区别换个说法的话，自由交换关系允许不动产存在，对不动产而言并不一定是专有，而生产的自由关系则要求动产需要专有："人们所拥有的是承诺……"（Pocock 1985：113）

12. 他并没有完全忽视后者的关系："完整的分封总是一对关于权利的租赁与生产的复杂关系，此权利的拥有者可以也应该保持一个适合于自己生活方式的地主地位。"（Weber 1968：1072）

13. 赫德利・布尔认为"通常以以下三种形式使用绝对优势的单边，我把它们称为'控制''首位'（primacy）和'霸权'"。"控制"是"一个大国对于那些构成其腹地的次要国家权力的习惯性使用，以及对赋予国家主权、平等和独立的国家间普遍规范的习惯性忽略"。"首位""在不诉诸武力、不忽略规范的情况下……就可以实现。""霸权"所描述的是"不诉诸武力或是威胁使用武力，但是并不是习惯性或是不受任何限制，只是偶然或是不情愿"的情况"（Bull 1977：214—215）。也可参见查尔斯・多兰对帝国和霸权的区分。"帝国是直接的制度控制……霸权是在一个明显具有等级性的永久方式下产生附庸国或是在周边产生国际政治'朝臣'；……"（Charlse F.Doran 1971：16）

14. "许多博弈的一个有趣特点……是它的旋转逻辑（revolving logic）：第一个行为体应该做什么取决于第二个行为体所做的，但是第二个行为体做什么取决于第一个行为体的选择。但是，第一个行为体应该做什么取决于第二个行为体所做的，以此类推"（Axelrod 1970：16）。

15. 这并不是我们通常所说的"风险接受"：正如在平等的预期效用之间，人们更倾向于选择获得的收益大但是可能性很小的情况。他治关系意味着不对称结果效应，无论这些结果是人们预想的还是通过概率而定。可比较梅斯奎塔的著作（Bruce Bueno de Mesquita 1981：33—36），他在定义风险承担时对两种情况都进行了介绍。

16. 由于一个处于优势的国家（或是任何一个表面上自由的施动者）为了自己的利益提供了一些公共产品，这同时也使其他人获得了利益（集体或公共产品），因而不对称性排除了交换本身而使那些搭便车者也受益。邓肯・斯奈德把这种霸权称为仁爱领导（benevolent leadership）（Duncan Snidal 1985b：588）；我认为它是他治的一种特殊情况，处于优势的国家所获得的收益要大于选择不让他人获益。什么都不能阻止一个提供产品的国家向其他受益人征税,斯奈德把这种霸权称为强制领导(coercive leadership),我则称其为等级。集体产品、倒置的他治与等级之间的联系是把国家描述为占有性个人主义的发明。“霍布斯的观点实际上在方法、所发现的理论问题,甚至是结论的特点方面都与集体产品的现代理论相同……”(Orbell and Rutherford 1974:502)。

17. 可以说明的是:“‘博弈’的概念使它与‘规则’‘博弈者’‘行动’‘战略’和‘回报’等概念联系起来。在任何一个博弈中,有些事情是在博弈者的控制之下,但有些事情则不然。不在博弈者的控制之下的是博弈规则”(Kaplan 1957:170—171;另一个例子是 Buchanan and Tullock 1962:325—326;关于博弈规则,更多可参见 Onuf 1974:20—35, Kratochwil 1978:23—66)。

18. 对比以下理查德·福尔克(Richard Falk)与约翰·刘易斯(John Lewis)的列举项:

(1) 在追求非特定目标时,不跨越边界协同使用武力;

(2) 不使用核武器来影响一个国家内部社会武装冲突的结果;

(3) 不公然使用武力干预属于另一超级大国集团或是势力范围的国家内正在发生的战争;

(4) 不扩大与内战相关的公然使用武力的范围,如果这种扩大需要跨越国界公开使用武力;

(5) 在涉及双方敌对集团的武力对抗中,不坚持胜利;

(6) 不对正式属于对手势力范围的国家部署核武器(Falk 1971:193)。

* * *

(1) 尊重对方的势力范围;

(2) 避免直接军事对抗;

(3) 把使用核武器作为最后选择;

(4) 与不可预测的理性选择相比,选择可预测的异常(anomaly);

(5) 不寻求破坏另一国的领导(Gaddis 1986:小节标题进行了重新安排,132—140;也可参见 Cohen 1981:57—59,Hoffman 1987:41—48)。

第七章
世 界 政 治

只要有人类社会就会有政治。政治正如我们在前面的章节所指出的那样，并不等同于权威关系，尽管政治学是这样认为的。现在，我开始转向哈罗德·拉斯韦尔（Harold D.Lasswell），他也许是最伟大的政治学家，至少从他提出的关于政治的概念看，他是极其特殊的一位。我在导论中把政治定义为任何社会中最重要的事。拉斯韦尔认为政治必须涉及在一个社会中影响和回报（rewards）的分配。有影响力的人通过技巧性地操纵符号、控制物质价值以及使用暴力来获得他们所希望得到的绝大部分影响和回报。精英们构成了技能群体，他们通过三类行为可以得到他们希望获得的一切，这三类行为与我们贯穿本书所讨论的三类相同。

根据拉斯韦尔关于政治的观点，政治并不仅仅限于国家或是国家间的关系。人们的行为也总是具有政治特征。只要人类是一个整体，就会有世界政治。拉斯韦尔对行为的兴趣涵盖从个人行为（由于他在政治行为主义的实证主义和方法论方面所取得的个人成就，人们认为他是政治行为主义的一个创立者）到人类的最大运动。这些运动最重要的是从欧洲农业社会到当今我们所处的社会的多面变革。我们可以用现代性（modernity）来描述这个世界，而正是现代化的多种变化导致了现代性。

拉斯韦尔的行为主义有一个重要的局限性。尽管他也对符号以及符号的使用非常感兴趣，但是他把语言视为一个透明的媒介：语言的重要性只在于语言所表达的内容而已，精英们可以通过改变语言的内容来满足自己的需要。当然，他们改变的是符号的内容。但是，他们如何言说与他们所使用的符号一起建构了他们所做的事以及如何做的大部分内容。拉斯韦尔是一个实证主义者，而非建构主义者。

为了使拉斯韦尔的行为主义变为建构主义，我在此提供三种相关的观点。人们在使用语言时就如同做任何其他事情一样也可以变得非常具有技巧性。通过技巧性地使用语言，他们可以获得影响。拉斯韦尔所说的三个行事类别，每一类都可以以这样的方式体现出来。我提出这样的观点首先是通过把它们置于与当前盛行的国际政治相对的观点之中，这种盛行观点忽略了与政治相关的行事方式。其次，我的观点把它们置于一个现代化的语境之中，我们可以将其理解为我们行事的方式发生了深刻的变化，我们所发出的声音也发生了变化。

现代化之前的一个特点是出现了使用语言的技能，刚开始是支持，最后尽管没有完全替代，但还是取代了人类早期的活动。职业技能都是在公元 500 年左右随着国家的出现而受到现代性的影响的。在 19 世纪中期，随着组织在国家内和国家间的出现，使用语言的实践意味着为了政治而进行的言说方式在实际政治运作方面地位的提高，尽管政治现代性从未与任何一种现代化的系列职业技能完全脱离。

技　　能

在导论中，我把任何社会成员认为对他们所在的社会单元而言重要的事情都定义为政治。这里暗含着政治的分配性观点（Young 1968b：65—78）。我们必须把“重要性”这一标准包含进来：重要到针对它们的分配会导致竞争。当然，关于政治的分配性观点，在拉斯韦尔的名著的题目“政治：谁在何时如何得到了什么”中得到了有力、清晰的表达。[1]拉斯韦尔实际是告诉我们“政治是关于影响和那些有影响的人的研究”，有影响的人是指那些“获得可以获得的大部分的人”（Lasswell 1958：13）。拉斯韦尔所关注的是要表明那些有影响的人如何获取和保持（影响的方法）以及作为结果这些回报给他们带来了什么。因此，他所评价的谁得到什么实际是谁做了什么。

那些有影响的人所做的是控制人们发明、生产、交换以及保持我们认为重要的一切的方式。简言之，他们的价值导向严重地影响我们。如果理解正确的话，这种政治观点把“我们”与“他们”只是在程度上区别开来。我们所有人都在影响着其他人以价值为导向的活动。拉斯韦尔所用的术语“大多数”实际是借用了另外一个重要意思，即保持影响和回报分配的稳定比例是政治所必需的。“那些得到大部分的是少数精英……”(Lasswell 1965a：3)。对政治的这种定义还受到包括来自新马基雅维利学派的罗伯特·米歇尔斯(Robert Michels)、加埃塔诺·莫斯卡(Gaetano Mosca)以及维尔弗雷多·帕累托(Vilfredo Pareto)的影响。我们也看到人们引用帕累托的话：“‘每个民族都是由所在群体的一些被选出的人所统治’，每个人都是被统治者统治着。”(Lasswell and Kaplan 1950：202)

拉斯韦尔的观点有力地表明精英们是根据他们的选择而不是根据多数人的选择在进行统治。持自由主义传统的英美政治思想的观点则有所不同。人们选择他们的统治者就如同他们在市场上挑选物品，或是至少他们可以这样做。人们认为民主程序、宪政保证、自由思想以及利益平衡可以防止市场失灵现象的出现，其结果是多元主义。利益不同而产生了不同的竞争群体，进而产生了不同的统治(Bentley 1967：447—459；Truman 1951：45—65)。或者我们接受拉斯韦尔的一些观点，这也许会导致多头政治(poliarchy)：即政治是那些不被很多人统治的少数人的统治(Dahl and Lindblom 1963：272—323；对比 Bentley 1967：298—320)。[2]

拉斯韦尔认为只要有政治，就存在一个“政治体”(a body politic)(该术语要归功于托马斯·霍布斯)或是“政治组织的社会”(Lasswell and Kaplan 1950：186)。当政治体无争议地拥有了领土，因此获得主权，它就成为一个国家(Lasswell and Kaplan 1950：177—185)。国家拥有政府，政府是进行统治的正式形式，即按照“政治方案”(political formula)进行统治(该术语来自莫思卡尔；Lasswell and Kaplan 1950：126；可参见 pp.126—133)。拉斯韦尔对这样的领土和主权并没有太多兴趣。很显然，那些有影响力的人所做的并不仅仅限于国家以及国家间的关系。我们不应把世界政治与狭义的国际关系混淆。拉斯韦尔是根据“整个人类价值观状态与构成”来定义世界政治的(Lasswell 1965a：3)。

拉斯韦尔所说的世界是指整个地球以及全人类，可以说是全世界。当前，“国际政治实际上包括了整个世界”，但是历史上并不是这样，尽管

"国际政治比法律上所固定的任何政治单位都要大"。伊曼纽尔·沃勒斯坦以"作为一个经济和物质实体而自成一体……"来定义世界(Immanuel Wallerstein 1974:15)。当前,由于资本主义所导致的劳动分工,无论整个世界是否一个经济和物质实体,这个定义显然太有局限性。

整个世界是一个无所不包的社会建构,也是一个物质实体。每个世界都是一个整体。任何一个这样的世界都是由那些有影响力的人所达到的状态而定义的,是他们所了解的世界,因为世界是由他们的行动所建构的。世界政治是我针对那些有影响力的人所使用的术语,他们的影响曾经遍及整个欧洲,现在遍及整个世界。而我们所知的世界是一个包含全球的社会单位——一个国家的世界,一个人类的世界。

国际关系学者一般把他们所研究的世界视为一个由国家组成的世界,是一个影响力分散的世界。国际关系学者将其称为没有统治者的无政府状态。正如我在第五章所清晰表述的,我认为无政府假设本身就是错误的。如果我们把国家作为国际政治中的"谁",把战争作为"怎样"的话,那么没有任何一个国家进行统治,所以国际关系就被理解为无政府状态,这种推理是正确的。但是,拉斯韦尔并没有这样做。他是从个体(即在任何层次的政治中都存在有影响力的人)开始。我们也必须这样认为。如果国际关系是以无政府状态为前提的话,那么我们应该转向有影响力的人的世界,他们的活动可以构建一个多头政治(Brown 1974:186—190)。但是,由于缺少国家的保护支持,这样的事就不太可能发生。尽管如此,少数国家的统治,即霸权、等级、他治,还是可能的。

拉斯韦尔在政治学研究中被认为是行为主义运动的核心人物。[3]行为主义从研究人开始,而非人为事物或是像政府、法律或国家那样的抽象内容。[4]国际关系中的行为主义主要倾向于关注"国家"领导人如何加工信息、应对差异、发展形象以及内化他们所处的环境。[关于此类行为主义最系统的阐述,可参见 Jervis(1976)]。行为的被动观点是对国际关系是关于国家的行为,而非人的行为的观点的补充。[5]人们的知觉以及国家行为是通过"制定决策"而联系在一起的,"制定决策"这一术语表明人们并不像他们思想所决定的那样选择自己的行为。[6]

拉斯韦尔的政治行为主义是一种积极的形式:行为就是行事。拉斯韦尔当然意识到大多数这样的行为是在"完整的实践模式"中发生的,包括以国家，也就是政府的名义进行的“决策的实践”(Lasswell and Kaplan 1950:177，192；参见该书第八章，标题为“功能”)。政府内的“决策过程”可以被分为各种功能(拉斯韦尔认为总是分为七种)(Lasswell 1963:93—105)。在此处最适合的词是“功能”，拉斯韦尔并没有对其进行定义。功能分析，也称结构功能主义，在社会学和社会人类学中都居主导地位，但拉斯韦尔的功能分析由于它的非系统性特点而与前者不同。拉斯韦尔认为系统不具有功能性：也没有包含目的论。[7]

功能分析只是拉斯韦尔行为主义的一个程序性附加物，这使他可以通过他所称的结构方法(configurative method)对行为语境的丰富性进行排序。[8]因此，拉斯韦尔的行为主义首先是承认国家，之后把运行的首要性赋予了政府。但是，他并不要求在概念上把国家间行为与国家内行为进行分工，也不依赖把对个体政府的决策行为的研究作为二者的分界。那些有影响力的人所做的一切反对这样的概括。

那些有影响力的人是如何获得和保持自己想要的东西的？拉斯韦尔认为他们通过三种方式来实现——“操纵符号、控制供给和使用暴力”(Lasswell 1965a:3)。这些都是技能。那些技能娴熟的人构成了“技能群体”，他们相互竞争或是合作来分配回报，总是使自己的群体受益。[9]有影响力的人也会使自己的优势地位制度化和合法化，这是一个群体为了生存所必需的。

拉斯韦尔倾向于认为使用暴力的技能在西方的生活中正在减少，而其他两个技能的作用在上升。我们也可以用另一种不同的方式来描述这个趋势。暴力本身已经成为一个高度专业化的技能，使用暴力不再是像封建地主那些近乎于土匪行为的活动。20世纪，“随着世界危机的持续，新一轮的暴力使用专家不断出现”(Lasswell 1958:96)，不仅仅如此，使用暴力的技能越来越成为一个可以用于监督的技能，即被系统地用于驻防或监视的军事任务中。

正常来说，在技术、经济和社会领域中专业技能的迅速出现是与“现代化”密切联系的。[10]然而，“现代化”是一个模糊的术语，它可以指近几个世纪削弱农业社会固有的不平等所发生的一切。技能变为一种专业化，只是经历现代化的社会建构的一个部分。不同方面的现代化构成了现代性(modernity)，现代性是很多事物向现代转变的条件。

区别现代性与现代主义(modernism)非常重要。现代主义通常是指19世纪末20世纪初所发生的艺术和文学领域的运动,焦虑、疏离以及身份的丧失通常是现代主义经常涉及的主题(Bradbury and McFarlane 1976)。它是对现代性的文化反应,经常被认为是对作为社会控制工具的组织的去人性化结果的特别反应。(本书第四章注释12对“组织”这个词进行了定义。)

组织在19世纪的兴起是长期以来技能趋于专业化的一个显著特点。实际上,它是晚期现代性(late modernity)的一个主要特征。组织对人们的影响是政治性的,法兰克福学派的批判传统就是现代政治理论。[11]对于后结构主义也是如此,福柯对监督技能的出现以及它与纪律和控制的联系的关注也表明了这一点[12](Foucault 1978, 1979)。

拉斯韦尔并不具备一个现代主义者的敏感性。对他来说,现代化是一个无所不包的社会变化过程,结果是导致“在各个方面参与水平的提升”(Lasswell 1965b:293)。组织增加了价值的可获得性,促进参与。拉斯韦尔的结构方法是以部分变化的多元化为中心。鉴于这种观点和前提,渐进的专业化并不能使一个技能群体控制分配。影响的相对分散化和由此产生的回报确实看上去是现代化的一个重大结果。[13]这反过来意味着对于技能需求的解释、为自己的实践和对自己所得的回报进行辩护以及把别人与自己的努力联系在一起的这些能力成为同等重要的活动。行事越来越成为一个言说的问题,而参与暴力、传送物品以及其他行为本身却不那么重要了。

拉斯韦尔倾向于把技能专业化视为那些有影响力的人所需要的行为方式的一种扩展。他没有把与影响相关的技能固定于言说技能的提高,这是他积极行为主义的一个不足。言说(talk)实际是主动积极的,因为正如我在第二章中所说明的,大多数言说行为具有“行事性”:说某件事本身(言语行为),发出某个声音,就是做了某件要做的事。语言构成了行动。如果现代性意味着更多的言语的话,它意味着要做得更多,而不是更少。[14]

很显然,我是用一般的方式在使用“言说”和“声音”这两个术语。一个人可以说,因此可以被听见。他也可以用写的方式作为言说的媒介,这样他的话就可以被听见。一个人也可以不用语言来表达,如可以通过味觉、通过姿势，从而被感觉到。言语涉及所有的感觉，至少从隐喻角度是这样。理解所说的以及所做出的反应也是如此。这些一起构成了感官多样性的活动，但是我们又不能把不同感官的活动完全区分开，它们是在进行社会建构的行事。

可以想象我们思考的方式，也就是我在第三章中所讨论的认知和道德方式，它们在物质上与我们的各种感觉相关。视觉与图示表象、顺序推理和分析相关。听觉与配器、作曲以及和音相关。味觉、嗅觉和触觉与再现、记忆和联想相关。[我在此主要参考马歇尔·麦克卢汉的相关观点(Marshall McLuhan 1964)。]但是，对我们的思考方式产生决定性影响的是扩大我们感觉的那些媒介，而不是感觉本身。视觉的敏锐度并不是关键，起关键作用的是那些字母。听觉的敏锐度还不如音乐的熏陶重要。电影和电视取代了"身体语言"以及我们所能品尝、闻到和触摸到的世界的最高想象。而通过控制我们的思考方式，使用媒体的技能几乎定义了现代性本身。

权力政治

在当代话语中，无论是公共话语还是大众话语，"权力政治"几乎是世界政治的同义词。学术话语也是如此，尽管只符合部分条件。实际上，第二次世界大战后，在美国，建构国际关系学科的运动是基于权力为中心的假设(这是与政治学的区别，后者肯定权威是权力的核心)。拉斯韦尔也把权力和影响作为政治的一个概念核心，权力是通过影响来界定的。

在拉斯韦尔和卡普兰一起进行的系统论述中，他们把权力定义为"实施影响的一种特殊情况"，在这种情况下，人们主要通过使用或是期望通过使用"相对严厉的处罚"来实现(Lasswell and Kaplan 1950：76，84)。处罚是一种"希望改变未来的行为而针对某种不当行为所采取的行动"(Lasswell and Kaplan 1950：48)，即无论通过奖励还是惩罚，通过赞扬还是谴责，通过商品还是服务的再分配，或是使用武力(这是拉斯韦尔和卡普兰的话，我稍微进行了调整)来做到这一点。影响是指"在价值中的位置和潜力”，即在价值分配方面所处的位置（Lasswell and Kaplan 1950：60）。这个概念体系所体现的是被动地对待影响，积极地对待权力：人们拥有影响，使用权力。

拉斯韦尔的积极行为主义从内部看一直保持着一致性，但是，我们需要积极地把“影响”用于行为上。那么，人们就没有必要把权力说成是行为，从而避免了拉斯韦尔和卡普兰相对严格的标准所造成的混乱。实施影响的效果是价值立场的转变，就如同诸如“回报”“特权”“优势”等术语所产生的效果。只要“权力”不是指行为以及产生的效果，而是指在行为中的能力运用，我认为我们就可以通过使用“能力”和“资源”等词而减少这种混乱。考虑到它们和其他概念所引起的歧异（更多参见 Hart 1976；Baldwin 1979），在全书中，除非在明显的隐喻性使用时，我尽量避免使用“权力”这个词。[15]

拉斯韦尔和卡普兰把“权威”定义为“正式的权力”：“说一个人拥有权威，并不是说他仅拥有权力，而是指政治安排赋予了他这种权力……”（Lasswell and Kaplan 1950：133）我注意到就在前文中拉斯韦尔和卡普兰把政府作为统治的正式方面。人们可能会得出这样的结论，即权威只不过是政府的另一种表达形式。但是，拉斯韦尔和卡普兰对于权威还有另外一个标准，就如在下面的话所表示的：“说一个人具有权威就是在说……那些遵从这些政治安排的人不仅期望他拥有权力，同时也认为他对权力的使用是正义、恰当的。”统治因此就是“有效的权力”（Lasswell and Kaplan 1950：208），“权威”是通过被接受而产生的正式权力（参见本书第六章注释 1），因此也是有效的。

我在此想表达的是，统治是有效实施影响力，在某种程度上有效是因为某种政治安排，它使统治成为一种常态，一种被接受的活动。在第六章中，我放弃了“权威”一词，在此处又放弃了“权力”这个词。我想拉斯韦尔和卡普兰也许也是如此，因为“统治”主要指“在某个政体中分配控制和实施控制的方式”（Lasswell and Kaplan 1950：208），这就使“权威”和“权力”两个词都没有必要了。世界政治会构成一个政体吗？当然，所有的内容现在都存在：影响的实施，认为独立的国家是实施影响的主要途径的政治安排，对影响模式的接受，以及与这种政治安排一致所得的回报。拉斯韦尔把权威包含在他与卡普兰所定义的体系中，这样做并没有把世界政治同政治的世界区别开来，也没有把统治排除在世界政治之外，也不支持政治学与国际关系之间的区分。

构建国际关系学科的世界观挪用了“现实主义”(Realism)一词。[16]现实主义与拉斯韦尔关于政治的全面观点不同，把权威(即合法的权力)留给政治学作为研究国家的核心，而把研究国家间的政治，即权力政治留给了国际关系的研究。不仅如此，现实主义把权力与军事努力和外交联系起来。用雷蒙·阿隆的话来说：“国际关系是通过那些外交官和士兵的特别行动来展示的……”(Raymond Aron 1973：6)如同从卡尔·冯·克劳塞维茨(Karl Maria von Clausewitz)开始的每一位现实主义者所相信的，如果战争是外交的延伸，外交同样也是通过暴力控制来分配政策的拓展。[17]按照这种观点，熟练使用暴力的那些人倾其所能来扩大他们的影响，通过征服来强化影响，通过拉斯韦尔所说的其他控制技能来加固影响。

原则上说，没有什么会阻碍这个过程，直到它达到可能的最大程度(是当时人们所知的世界)。在实践中，一些和平中心通过暴力而建立，每一个都是对其他中心的威胁，彼此之间一直存在无休止的、没有决定意义的关于影响的竞争。[18]在利维坦的逻辑中，这些中心在内部是和平的，因为影响的问题已经通过暴力得到解决。它们是国家，国家的领导人有机会从其他国家的对手中夺取影响，同时也有义务阻止他们从自己这里获取影响。对于现实主义者来说，世界政治是国家间为了赢得回报的斗争，这些回报或是通过赢得暴力的考验(战争)或是使别人相信这样的考验对他们是不利的(外交)而获得。

汉斯·摩根索晚期的思想在一定程度上定义了当代现实主义思想的基础，现在至少在美国，这种说法不需要任何解释(关于汉斯·摩根索的观点的证明，参见 Vasquez 1983：38—47)。并不是所有的现实主义者都是这样。阿隆认为外交结构、工业扩张以及意识形态运动都是当今世界的主要特征，而 E.H.卡尔则认为军事实力、经济实力以及舆论权是进行控制的主要方式。但是，他们都认为自己的观点是现实主义的，主要是因为他们都认为外交与作为暴力的权力是最根本的(Aron 1954：159，165；Carr 1964：102，145)。

正如同现实主义者们认为关于影响力的最大规模的结构是国家间的

斗争，他们把在斗争中那些有影响的人之间进行的竞争视为国家对自身利益的追求。“在国际政治中，政治现实主义最显著的标志是以权力来界定利益。”(Morgenthau 1967：5)[19]在摩根索以权力界定利益的断言中包含着作为估算结果的利益的概念(对比第五章注释3)。实际上，摩根索曾总结说，从操作层面看，需要总是进行考量和估算的是权力地位。(他并没有总结说这可以很容易就做到；参见 Morgenthau 1967：197—201。)得到一个人所能够得到的一切是一个估算问题，即估算根据自己拥有的使用暴力的资源所可以做的一切。

现实主义关于世界政治的观点具有连贯性和简单性的特点。通过事先假定政治达到一定规模后会导致国家的形成，以及由此而引起的关于影响和回报的分配，除此之外还会引发国家间的激烈竞争，现实主义者认为世界政治完全不受其他层次政治的影响，但是反过来则不一定正确。世界政治的各种危急情况可能会强迫国家在国内组织影响和分配结果方面越来越集权化，越来越高效。[20]世界政治把压力置于那些在国内有影响的人，使他们要在拉斯韦尔所指出的那些技能的专业化方面进行现代化，但是并没有把技能的现代化外溢到世界政治中去。正如现实主义者们所看到的，武力永远不会失去它的作用(Osgood and Tucker 1967)，而现代化，如果从这个角度理解的话，能够确保这一点。

我们开始看到为什么国家对现实主义来说是一种决定性的抽象概括，因为在世界政治中，任何一个国家的地位都加强了在那个国家内部获得影响的技能的现代化，而每个国家都被迫做同样的事，这种状况使世界政治永远不会现代化。实际上，这种情况使为了政治目的而使用的暴力越来越激烈。[21]由于国家发现它们所处的形势永远不变，但是现代化的手段可以失去控制，因此，一些现实主义者担心国际关系体系会解体或毁灭。但是他们并没有看到体系内部正在发生的变化，结果是人们认为政治充满暴力，这种暴力政治的形象不仅仅是从封建武士那里继承的方式和在专制国家使用暴力的正式化所致，这种正式化也使现实主义者怀旧地抵制当代政治的不同现实。在现实主义看来，是世界政治的武士文化使国家以及国内政治发展成如今的样子。反过来，国家使世界政治总是呈现它过去一直保持的状态。“战争造就了国家，国家造就了战争。”(Tilly 1965：42)

所有的国家无论是以何种形式出现都是一种合法的安排，这种合法的安排一般被称为法律秩序。法律赋予了一些有影响的人代表国家行事的权利，他们能够这样做是因为他们被赋予了垄断地使用暴力的权力（也可参见第四章）。从这一点看，国家是一种强制性的和平。这样，国家也是那些有影响的人的完美工具。它使他们在国内可以廉价地进行统治，并允许他们任意使用所控制的资源，以在世界上同他国竞争来获得影响和回报。现实主义者大多数情况下都总是自然地接受法律在造就国家方面的作用，用法律实证主义的术语来说就是国家都需要能够执行的规则。如果这样理解的话，法律对国家来说是有用的，但也正是由于以上原因，法律不是国家的工具，至少在与他国的关系方面不是。

这种观点即使按照现实主义的观点来看也是有缺陷的。律师如同武士一样在国家的现代化之前就已存在。[22]即使我们（暂时）接受世界政治抵制现代化的观点，律师也会继续发挥重要作用。他们可以提供政策观点或是为政策辩解，这些可以威胁、使用或是代替以各种形式结合起来的暴力："可以发明或是阐述一种语言，为使用或是否定权威提供正当理由"的正是律师们（Lasswell 1958:107）。[23]

武士、外交官和律师为了那些有影响的人，自己也作为有影响的人，在现实主义所假定的充满敌对的世界政治中为国家发挥作用。他们作为国家的代理人从事一般来说都比较敌对的活动。但是，当律师们在谈论国际法时就好像国际法是国内法的另一种不完善的形式，会通过"世界的法治"改进被等同于自由世界的国家，这时就会出现混乱（Larson 1961:3—9）。"通过国际法来获得世界秩序"这样的愿望欺骗了很多现实主义者，使他们认为律师的活动与世界政治毫无关联，而律师们一般都是这种幻想的牺牲品。

也许某些特定的法律与世界政治毫无关联，但是律师们并非如此。现实主义的文献表明他们与世界政治有关系（可参见 Corbert 1959; De Visscher 1968; Henkin 1979; Boyle 1985；关于案例，可参见 Chayes 1974）。实际上，律师、武士及外交官属于同样的技能群体，对于国家成功实现现代化都会有帮助。这些技能群体中的人指令他人必须以某种方式行事，告知他们不这样做的后果，同时也为了以达到想要的效果而采取的措施提供正当理由，通过这样的方式他们可以获得自己想得到的一切。

他们在这些方面技能娴熟。

如果我们理解正确的话，外交官和律师与武士们具有相同的前现代社会（premodern）的职业技能。拉斯韦尔指出了三种这样的技能，即操纵符号、控制供给和提供暴力。他尤其强调第一种，第二种则一带而过。[24]拉斯韦尔也意识到牧师技能的重要性，但认为牧师技能的重要性随着世俗化在下降，世俗化也是伴随着现代国家的技能化而出现的。近来，随着原教旨主义的再次兴起，这种说法可能会引发质疑，尽管人们不会质疑拉斯韦尔关于宣传是牧师技能的现代化翻版的观点。也许我们应该说现代化并没有像它的受益人倾向宣称的那样完全决定性地胜出。19 世纪关于国家的理念以及国家身份的心理力量当然促进了民族国家思想的发展。因此，民族国家作为现代性的象征和工具代表着牧师和武士技能的统一，可能不是第一个，但可能是最完美的。

世界政治仍然是人们进行信仰竞争的一个场所。与牧师们相同，当今的宣传家、理论家、教师、出版人都会试图阐明人们所面临形势的意义与重要性，毫无疑问这会对影响和回报的分配产生影响。从这一点看，我们感谢最近大众教育的发明及普及，这只有在由民族国家组成的世界中才可能发生。现实主义者或是忽视这类技能，因为它的政治影响是隐藏的，或是把它作为一种意识形态来进行一般性的讨论。至少，拉斯韦尔认为它具有现代的、工具性的宣传特点。

最后一类前现代社会的技能群体是商人、生产商和金融家，他们的活动决定性地影响着回报与影响的分配。正如我们将会看到的那样，这一群体也包括医生和农民，我们在以拉斯韦尔的视角来评价现实主义及其局限性时暂时没有考虑他们。商人、生产商和金融家都关注商品的生产（这是拉斯韦尔所忽略的）和分配。人们也许会认为现实主义认为这些都是与权力相关的活动，而不是仅仅作为能力的组成部分。但是，大多数情况却不然。

这也是有原因的。政治学与经济学的严格区别促使形成了三个学科：政治学、经济学和国际关系。其影响是改变了 19 世纪人们所认为的经济学只专门研究自我调节的市场的认知。即使是凯恩斯干预经济的基础也没有影响到市场行为（微观经济学）的核心假设，也需要对一些曲解进行调整，尽管这是资本主义所固有的，并被市场活动的规模而放大（宏观经济学)。在这之下是人们不愿意赋予资本主义所应得到的,即马克思把资本而不是市场作为研究核心,这样做也使资本主义成为一个肮脏的词汇,甚至对于那些自由的受益者来说也是如此。

如果把诸如市场、资本等抽象的政治搁置一旁,我们发现商人、生产商和金融家们在现代国家出现之前就对影响的分配产生了很大影响,在资本主义普遍盛行期间继续如此。生产因素的世界性流动(就土地和物质资源而言是流向生产因素)经常弱化了国家在控制方面的努力,强迫国家采取一种只能通过立法来实现的分配模式。我们再次发现,如现实主义所假设的,世界政治是现代化之前就存在的,现实主义者们低估了主要技能群体所发挥的重要作用,这些群体本身也受国家内现代化趋势的影响。

现实主义者依赖于关于世界政治的一种观点,即只承认一种历史上重要的技能群体(即使只承认这一种,也只是部分承认)。现实主义也有其批评者。他们大多注意到现实主义对权力政治的过度关注,这里的权力政治是根据有组织地获得暴力和使用暴力来定义的。很多此类的批评者们关注世界政治的复杂性,包括众多的竞技场(arena)、问题和行为体,而且大多数都远离军事事件(Keohance and Nye 1977; Mansbach and Vasquez 1981; Vasquez 1983)。

如果用隐喻的语言,"竞技场"尽管是指一个开放的空间,但它是用来指代某些组织的官员互动的密切程度,这些组织都与主要价值分配相关。(我在本书第四章对"官员"和"角色"进行了定义。)"行为体"是指组织行政人员中的那些等级和网络,他们的活动范围一般是围绕"问题"而展开。尽管"问题"被认为是具体的,而与地点无关(与"竞技场"不同),但它们一般被称为"问题领域",这就使问题和领域可以相互转换。[25]

在过去的20年中所发生的事使很多现实主义者相信他们不能忽视"问题领域",至少他们所界定的世界经济就属于国家竞争的领域。一个结果是人们认识到"霸主"可以不用军事努力而是使用规则来使自己得到相当大比例的回报。另外一个结果是重新发现经济治国之术,很多现实主义者从未忘记这一点(Hirschman 1980; Baldwin 1985)。在这些发展之后是人们承认市场并不是自我调节的(Polanyi 1957),也并不仅仅是马克思才关注资本主义。从近期的一些主要研究著作看(Krasner 1985;

Giplin 1987)，现实主义对世界经济的关注又沿着新现实主义这条线复苏。[26]

新现实主义继续了现实主义的做法，即无论是在哪个领域只重视那些以强制力来定义能力的行为体。相比而言，现实主义的批评者认为问题/领域与行为体是相互依赖的：把某个分配性问题视为问题能够确保一个组织对其作出反应，归属于某个组织也使人们的活动与该问题有了关联，而行为体属于公或属于私并不重要。实际上，这种区别是没有意义的，因为国家作为组织与大多数分配性问题都有关系，但同时又不能排除其他一些私人的权威组织与这些问题的关联。

按照这种观点，最主要的现实不是国家，而是组织，国家只是一个复杂的事例。组织的兴起是现代性晚期一个决定性特点，它带来了行为方面的巨大改变，也对政治的定义产生了巨大影响(Wolin 1960)。一些主要的分配性判断不再是通过某一个整体而作出，无论是通过暴力、煽动还是通过那些道德高尚的民间实践。相反，它们被分为以任务为主的若干部分，特定的官员被要求承担不同的部分。传统模式的分配以及政治实际上消失了，但是分配还在快速发展。政治现在被描述为领域、问题以及行为体的交叉运作，这些都是从组织的角度来界定的(实际上是交叉界定的)。

这种观点被用于全球层面，并且已经获得了一些可见成果，并被称为功能主义(Mitrany 1966；参见哈斯的评论和重述，Hass 1964)。由于功能主义者积极地预测政治的消亡，最有影响的现实主义思想家摩根索认为他们是最该批判的目标。[27]当然，功能主义就如同最开始所阐述的那样是有缺陷的，因为它不愿意把有组织的活动视为是政治的，它更倾向于国际组织的规范作用，而反对在国家内部运作组织，并认为武士和外交官的实践完全是现代社会之前的。

但是，功能主义确实指向了晚期现代性所产生的全球性后果，主要是通过组织雇用专业人士来调整。功能主义也暗示了一种洞察力，国际法专业的研究者可以对此进行澄清并受到赞扬：对世界政治而言那些重要的拥有特殊技能的人是多面的政府官员。他们在特殊的组织、国家和其他的组织集合体以及全球体系中发挥作用，有影响的人通过它们来分配价值(详细论述参见第四章)。

拥有这些技能的人可以是武士、外交官,但是不会仅仅只是其中的一种。他们必须是组织中的官员。他们也可以是宣传家或金融家,或是某个职业组织中的成员,这样其身份更具现代性——如规划者或是各式的经理人。他们的一个共性是隶属于某个组织,而该组织的活动与世界政治相关。[28]

功能主义认识到组织增多的重要性,尽管如此,它还是认可现实主义关于政治的观点。同时,功能主义也要接受国家转型的现实,而不是认为国家是毫不相关的。有些职业的服务使国家出现,并且这些职业所从事的是与传统世界政治相关的活动,功能主义允许这些职业的现代化。最后,这也表明现代化之前的那些职业技能的持续有效性。如果从这个角度来看功能主义的话,现实主义就不会再批判功能主义回避了影响及实施影响这一永恒事实。实际上,现实主义也可以使自己现代化来适应组织的崛起对于国家内和国家间全球分配性问题的影响。人们对这些问题的回答已经与过去不同了。

现代性的声音

现实主义从未认为商品比武力或是良好的行为重要。现实主义坚持强调战争、武力、保护商品的必要性以及在敌对的世界中良好行为的荒谬性。现实主义对于那些强调信任或是说服、建构或交往等的观点置若罔闻,对于增进或是完善关系更是如此。一个更好的现实主义要把这些声音和观点包含进来,因为这些观点是对现代社会前职业的真实描述,它们的作用在影响分配方面不可忽视。

功能主义在大多数情况下采纳的是一种任务的语言,一种行事的语言。但是,同时也是关于各种声音的表达,这些声音表达的是各种问题以及涉及解决这些问题的常规事宜。无论组织中的工作人员如何看待自己,他们职业中的大部分时间是在与别人交流,把他们的语言落实到文字上。他们的声音一般是局限在其他人为他们所限定的任务上,即他们必须要做的事。因此,他们的首要任务是把这些声音记录下来,主要是文字记录,如解释、指令、承诺,这些构成了一个组织独特的现实的规则。在这个组织的范围内,每个工作人员为更大的通常是没有被意识到的目的服务,即影响和回报的分配。

这些有影响的人的影响会日渐具有决定性,但是同时也陷于他人的语言所产生的规则的环境中。很显然,当今有影响的人如他们自己所说的要倾听两类声音。一类声音来自他们自己的职业,另一类是规则的环境。我们无法事先判断它们是否一定相互冲突或相互补充。这实际上也不是一个经验性的问题。每个现代化之前的技能群体都有各自的特点。只有一类声音可以在组织的背景下被听到,在这种情况下就存在持续性和互补性。否则,我们就可能会发现不协调之处,这对大多数人来说就是现代性和现代主义的标记。

对于那些接受过军人和外交官技能训练的人们来说,军官们把他们的职业与组织的声音协调得非常好。他们作为"军官"以及他们对等级和命令链所赋予的重要性对产生这种和谐起了重要作用。他们的训练同样如此。部队的军官们都是在专业的院校中进行社会交往的,通常接受的都是工程学方面的教育,而工程学在很大程度上受科学发现和分析方法的影响。军事人员与机器打交道,同时认为军队也是一个机器。即使是军事行动较少时,也要花大量时间接受职业中期培训,如现代管理、计划以及分析技能等,实际上作战对大多数军官来说是一种不太常有的事。

相比而言,外交官们却不愿通过接受此类技能培训来提高他们的技能。他们坚持认为他们的技能是个性化的、非正式的。他们通常通过高度礼仪式的互动来展示前现代社会的社会特点。我们也必须指出外交官不再单独甚至是为政府间的关系负全部责任。他们所承担的责任正在减少,主要是由于国家内、国家间以及国家之外官僚机构的增加。换句话说,外交官是以相关性为代价而保留了其前现代化的完整性。

他们为何这样做是一个很有意思的问题。从职业来看,与士兵们相比,外交官们所受的高度正式纪律约束较少,也没有被强迫适应机器及机器的使用。他们所接受的训练也不同。外交官们更倾向于把自己看作是接受广博教育的人文主义者或是通才。他们同时也坚守自己的信仰,即他们代表"主权",就如同主权一旦被赋予,就具备了个人特征。所有这些表明,外交官们除了现实主义所提供的信仰之外没有自己的职业信条

(Hicks and others 1982)。但是,正如我们所看到的,现实主义促使我们相信世界政治的实践通过不使世界政治现代化而使现代国家成为可能。对于实践以及那些实践者来说都是如此。外交官们得出了这样的结论,但是是错误的。现实主义外交使组织构成的世界成为可能,这包括外交官也是一种组织中的官员。

通过坚持前现代化的社会特点,外交官们只听到我们所听到的现实主义的一种声音,但是他们与其信仰一起被认为与现代世界的相关性越来越小。律师们则是代表了另外一种情况。如我们已经注意到的,他们也是一类技能群体,其声音被一种对立取向(adversarial orientation)和一种还原工作方法所改变。他们把一个给定的问题分解,以发现所针对问题的某个方面的观点,或是提供某种辩解。但是,在组织快速发展的压力之下,法律职业已经体现出一定程度的分裂。

拿破仑法典是为了现代化的目的而特意被引进的,它当然很大程度上决定了欧洲大陆的特点。律师的对立取向似乎看上去是采纳演绎方法,为所有法律问题在法典中找到答案。后者的活动直接支持被称为国家的组织复合体,国家把非个人的统治扩大到之前易受对立定义影响的社会生活的方方面面。即使管理是对敌意对抗的一种组织可能性,我们也必须记住所涉及的技能也仅仅是首先为了对立目的而进行的语言精炼。

对比英国与美国的法律经验,差别很大。法律裁断的权力分散性以及与国家其他活动的分离同法律训练的鲜明特征结合在一起,法律训练既强调具体案例对塑造法律整体结构的重要性,又鼓励在探索过程中使用归纳的研究方法,即每个案例的事实而不是法典的具体内容是人们在研究中的起点。还有一点需要补充的是对权利的关注,权利在某种程度上先于法律,对于管理命令来说是一种限制。[29]这些特点使英美法律训练和实践与当时组织性和分析性的活动产生了冲突。

尽管如此,进入公共服务领域或是在大的等级组织中发展事业的律师快速增加,至少在美国是这样。[30]在英美,主导的法律范式被称为法律实证主义(legal positivism),它认为国家的存在是出于功利目的,国家利用组织的理性和对资源的安排来确保社会的最大利益。英美律师们承认其职业实践的前现代化社会信条以及对推动现代化的原则的影响。

在普通的律师以及盛行的功利实证主义和被组织雇用的法律行业人士之间毫无疑问存在矛盾，普通的律师更关注案子、权利和诉讼。这些矛盾在当一些年轻的律师震惊地意识到他们所受训练与他们的职责间的脱节时会因人而异。[31]通常人们会在这个过程中明白，并且学会他们必须做什么。也许他们最先学到的是大部分在组织中工作的律师为他们所在的组织所从事或计划做的事提供正当理由，这也暗含在他们的大部分训练中。

提供正当理由与分析所用的程序相同。人们可以从一个给定的场景开始，把它分解为尽可能多的部分，然后发现可以针对可能的质疑提供最佳辩解的部分，或是人们为这种事件提供一种解释，使其与相关的规则相一致，或是根据预测起草一些所需要的规则。这些是律师们在训练过程中所学到的任务，并且会在组织背景下得到回报，即使这具有对立导向。

现代律师们的辩论性特点支持言说的分析模式，这是晚期现代性的特点，与律师为客户辩护的历史性作用相联。无论接受的是民法训练还是习惯法训练，律师就如同士兵所发挥的作用一样使我们过渡到了当今的世界，他们所发挥的作用要好于外交官。按照法律实证主义的标准，国际法并不是完全意义的法律，但是这并不是世界政治中的律师可以为世界政治体提供辩解的障碍，因为他们的意义在于明确了赋予组织活动权威的规则(通常是国家的规则，还有多国公司的规则)，而不是表明哪些规则是要执行的。依赖于这样的辩解是实施“进攻”的一种和平方式，而不是一种替代，这一点就如同外交的作用一样。

下面我们可以转向另外两个技能群体，来思考一下组织的快速发展对这两个群体以及他们在世界政治中的地位产生的影响。拉斯韦尔看到了其中一个群体，即牧师(神职人员)和宣传者的重要性，这种重要性无论是在组织出现前还是出现后以及对政治的批判方面都有所体现。但是，他强调牧师在保护和传播一个社会的核心信仰方面的责任，实际是歪曲了牧师话语的特征。正如我在第三章中所指出的，牧师所做的不仅仅是维护信仰。他们讲述的故事和解释为世界提供了意义。

推测(conjecture)是牧师们的一个特权，也许是“原始政治”的内容：“仪式和象征……不应该仅仅被视为权力的美丽骗局……”(Eckstein，1982:472)牧师从属于一个等级之中，他们的服务在农业社会和现代国家的早期被武士们挪用，这些也许是牧师的推测渐微的关键。国王们可能出于私人预言的需要而保留牧师，但是他们更需要牧师来加强他们在公众中的重要地位。在任何一个地方，王权都依赖于“宗教的认可……”[32] 但是，这并不是说推测这项技能在早期现代西方的武士社会已经消失，使牧师仅仅成为宣传者，背叛宗教的事还是经常发生。

不仅如此，教师这个职业总是把推测作为其技能的一个组成部分，向人们解释条件的意义和世上发生的事件，因此建构了我们所知的世界本身。教师们总是体现出他们教授知识的技能和推测技能之间的矛盾。他们毫无疑问也向学生传授了这种矛盾，这一点由于教师这一职业也属于公共服务而被强化，就如同前面提到的牧师那样。只有一部分教师——大部分是教授——可以避免这种现象，他们认为自己是学者。但是，即使在这方面他们也非常谨慎。

教师和学者这一技能群体中也包含一些其他传播信息的人。他们中有记者、广告商，甚至还包括那些行为古怪的小册子作者、剧作家以及为流行音乐配诗的抒情诗人，他们都把自己的推测融到自己的作品中。艺术家促进人们之间产生一种共同身份，但是他们的历史地位还是保留了下来，尽管这种身份还是受组织现实的影响。但是，媒体可以用来传播娱乐成为当今世界的一个标志。当然，人们非常了解使用壮观的场景来掩盖政治、保护特权阶层的利益，这不需要在此继续评论。宣传并不是由几个专业人士来对符号进行控制，更多是对一些场景的管理。

即使世俗的宗教与通过技术性来提高对重要商业活动的控制可以共存，但在其中也充满小的推测、奇特的联想和人们无法完全控制的想象。当今的世俗牧师护卫国家的安排（武士的任务），仅凭借牧师技能他们是很难做到这一点的。如果不冒险改变推测的话，也同样如此。只要世界是有组织的，并且在这个世界中任何一个等级和官僚网络都不能垄断影响和回报，那么世俗宗教间的竞争就会加强它们对那些信仰自己宗教的人的控制，这主要由于受到其他宗教的威胁而导致。当然，这也为每个人提供了另一种观察角度，可以选择性借用，甚至为进行推测提供了空间。

在研究世界政治时，如果认为武士、律师、外交官的活动不与其他公共行为相互交织，那就忽略了敌对的技能拥有者所处的认知现实。还有一点被忽视，那就是这样的技能在进行组织分配时与牧师的推测和教诲技能的相互作用。组织可以是敌对的技能群体的精炼形式，牧师和教授可以对抗组织的影响。但是，现代性的必要性对于两个技能群体的关系产生了不可改变的影响。一方面，牧师、教授、公共人士以分析严谨、职业纪律和组织必要性方面的教育为名而牺牲了推测；而另一方面，组织中的管理人员的思想受到了那些难以捉摸的推测、奇思怪想，甚至是不具备专门技能的人所说的未经调整的愚蠢话语的影响，从而改变了自己的观点。

我们必须注意的是其他技能群体在当代社会中并不是非常明显。这可能是拉斯韦尔对此关注较少的原因。实际上，讨论技能的起源以及前现代社会的特点比找到一个合适的表达来概括依赖于自己的技能来实现分配目的的职业更容易。这种技能实际是狩猎技能，正如我在第三章中所指出的，它需要寻找线索、判断所面临的情况或是照顾那些需要照顾的人。

狩猎不是一个语言技能。狩猎者和采集者除非是想协调一些活动，否则就不需要说话。当然，如果狩猎者要把他的技能传授给其他人的话，他们也会谈论他们为什么这样做。通常他们会集中讲述他们经历的影响，狩猎者会学习"解读"一些他们所遇到的迹象，并把它们和一些特殊的相似内容或"案例"联系起来。正如我们在前面所看到的，案例通常是医生们所讨论的，律师们也经过这样的诊断训练(这里也存在一些混乱，因为律师们通常不会实践他们所教授别人的内容)。那么，从英美文化中的这种特殊之处，我们有什么可以学习的吗？

习惯法是独立于武士和他们的活动而出现的。在通过王权来控制分配之前它就存在了。其统治是基于以下假设，即可以在没有或是无视那些颁布指令或执行来自上层指令的技能群体的情况下来统治日常事务。习惯法以占有、使用、协议或是行为为基础来决定事物的归属，以此来解决分配问题。[33]与其对立的则是强调律师和法官的实践。律师对分配性问题的建议对自己的客户有利，而法官们则是通过对比类似的案例，从中找到最匹配的情况，以此来决定。所有这些都与所作的承诺内容有关。一个条约或是一个头衔只是使讨论内容正式化：谁做了什么，并影响他得到了什么，反之亦然。

财产或是契约问题是基于交换的存在这一前提。我们可以假定无声的以物易物是可能的，但是通常情况下，交换是通过激烈的行事性谈话来实现的，在真正交换之前人们会正式或非正式地出价、还价、承诺，直至接受。如果市场上没有了讨价还价，那是因为这样的行事性语言被一般性的交换体制取代，在这样的体制中，价格基于整体情况被明确定好（并标出），市场的参与者在决定是否以固定的价格进行交换时起了很大作用。很多经济学家都对这样的一般性自我调节体制（市场）特征有浓厚兴趣，从而忽视了交换的言辞维度。实际上，他们已经放弃了这些内容，把它们留给了律师，至少在英语世界是这样。

经济学家们与母亲、农民和医生并不属于同一技能群体。最有影响的经济学家是教师，他们都是各自学科领域内的成员。那些致力于必要的交换实践（参与市场）的专业人士属于教育、发展和治疗的类别。人们可以概括市场的总体特征，但不会注意到市场的存在会促进哪些市场行为——人类所生产的商品和服务的交换，是指自己种植、制作，还是学习其他人想拥有或学习的。当需要分配所生产的东西时，所有的各类生产技能、做事技能都需要有一个额外的语言维度。

人们创造财富时也就引发了分配性问题。如果在现代性的条件下人们青睐于对生产活动再投资的话，我们就必须把资本主义称为生产与分配综合体（productive-distributive complex）。在这个综合体中，生产、交换和财富的生产性相互关联被诸如金融家这样的职业所调节，他们的技能完全是获得承诺和保证结果的言辞技能。他们签订合同，进行买卖，从事那些通常是关于交换的行事性对话。这种对话与前现代社会针对交换的讨价还价语言没有什么区别。书面记录是这种对话的扩展，当然现在是电子记录。资本主义及其代言人离开这些就无法生存。现代记账方法的发明从这种意义上说是一种组织适应，也是认可与交换及其影响的相关技能的常规化。

管理交换的影响更多是金融家以及其他资本操作者的技能，因为他们总是发现自己处于生产活动与交换关系的网络之中：资本主义似乎总是有自己的生命周期，总是而且不可预测地在发生变化。它使人们想起了以下这个隐喻，即金融家们拥有与母亲、农民、医生以及那些依赖狩猎技能的人一样的共性。

作为一种物质上的生产活动，资本与分配所需要的相关交换技能之间的社会关联构成了生产和分配的物质世界与影响分配的政治世界的一种联系，通过政治世界，可以获得物质上的回报。商业与政府的共生关系，与负责规划生产的政府各个部门和影响分配的部门的关系一样，体现出以下二者间更加基础的组织性协调关系：一是那些处理投资、财产、合同，以及类似的关于生产的技能群体，二是那些使用同样的技能进行分配的群体，这里的分配不仅仅是某种特殊产品的“营销”，而是最大程度上对各种社会性利益进行分配（可参见 Lindblom 1977）。

如果作为相互依赖的群体，商人和王子们曾经是可以区分的。因此，后来才有了金融家和首相们。如今，把他们的继任者们区分开已经不是那么容易。分析和诊断方法的混合、辩解语言与含蓄语言的混合、指令与承诺的混合，都体现出为了物质增长和一个“健康的世界经济”对资本主义的依赖，以及为“保持机器运转”而对组织的依赖。

现实主义者正在弥补其对世界经济的明显忽视。但是，他们拒绝接受与影响力相关的技能已经通过从属于组织而实现了现代化这样的观点，也不接受这种可能性，即现代化的同样轨迹影响了物质生产活动与交换关系的联系。如果他们看到了组织兴起的这两种影响，就能够看到组织联系允许甚至要求在历史上曾经分开的技能现在要结合在一起，就如同世界经济和世界政治现在无法分开一样——从事世界政治的人也在从事世界经济领域的活动。他们所做的几乎全部是围绕把他们联系在一起的组织结构，以其职业技能进行的行事性言语活动，即全部是对彼此说什么的问题。

如前面所建议的，这种情况与那些以推测、说服、解释技能来建立意义的群体没什么不同。宗教和意识形态与政治和经济在最大程度上相互交织。世界政治中的“谁”已经不再是一个简单的问题，不再是确定正确的类别、谁是王子、谁是士兵的问题；世界经济中的“谁”也同样如此，不再是谁是商人，谁是生产者这样简单。所有相关的“谁是”都是组织中的官员。但是，他们与组织的关联只是一部分，其余的与他们的职业定位相关，这些完全是前现代社会的特点，这也是他们所努力促进的工作语言。行事性言语的独特领域背弃了建构社会现实的其他技能方式，包括影响和回报的现实，它们总是会使某些人受益。

注 释

1. 第一版出版于1936年。1958年版拉斯韦尔进行了补充。

2. 多元主义与稳定的政治精英在多头政治的统治形式方面是一致的，这一观点建构了民主理论，该理论在第二次世界大战后的美国政治学中影响不断增强（参见Dahl 1956，1961；Bachrach 1967，1971）。拉斯韦尔在这段时间不断借助多元主义，我们可以把这一点理解为他偏离了其早期的观点，即有影响的人大多可以得到他们想得到的一切。这也反映出当时的民主理论吸纳了他早期的观点。

3. 关于20世纪20年代行为主义的兴起、拉斯韦尔的作用以及更广的社会和学术环境，参见Crick(1960)。

4. 正如拉斯韦尔在与哲学家亚伯拉罕·卡普兰合作的系统研究中所阐释的，政治学是"发现国际关系的主要问题，而不是抽象的制度或组织；……"（Abraham Kaplan 1950：xxiv）但是，当他们说到用一系列事件（包括主体性事件）来系统阐述政治的主体性问题，而不是用无时间性的制度或政治模式时，我们注意到了去人性化的趋势（Kaplan 1950：xiv），也可参见拉斯韦尔扩展的讨论（Lasswell 1960：240—267）。关于事件转向的哲学基础，参见Eulau(1968)。尤劳受拉斯韦尔的影响很大，对行为主义进行了比较简洁、但非常有益的介绍。

5. 互补性通过接受学术工作的分工而得以确保，参见戴维·辛格（David Singer 1961）的论述。行为主义者主要研究在国家内部发生了什么，其余的则研究它们之间发生了什么。罗伯特·杰维斯是从"知觉和分析问题的层次开始"（Jervis 1976：13—31）。

6. 从官僚政治视角对决策的研究避免了被动性，它位于行为主义传统之外（Allison 1971）。也需要注意的是对于事件流向的研究——如同对决策的研究——是行为主义的一种被动形式，"事件发展"避开了决策与分析问题层次，更适合于"国际关系的实质是关于互动流动（flow of interaction）的系统概念"（McClelland 1976：108，107）。

7. 正是这样的目的论引发了对结构功能主义的无穷批判，大多是引自Hempel(1959)。如果海因茨·尤劳所认为的拉斯韦尔转向事件允许其采用"突现特征"（emergent properties）来解决分析问题的层次是正确的话，那么他表明体系具有目的性，也应该受到批评（Heinz Eulau 1968）。

8. 拉斯韦尔所说的"政治分析的结构方法在于对发展和平衡概念的使用……"并不意味着一种结构—功能主义观点，因为这些概念并不是作为系统的特征，而是作为评价"事件朝着和背离哪个方向变化"的工具（Lasswell 1965a：4）。

9. 拉斯韦尔在其1963年著作中并没有使用"技能群体"，尽管他在1958年版的附言中使用了这个短语（Lasswell 1965a：3—20）。该术语在下述两部著作中都曾被提及：Lasswell（1965a：85，203）；以及Lasswell and Kaplan（1950：65）。

10. 尽管社会学家们从涂尔干开始倾向于把该过程视为一个区分过程，而不是专业化过程，但区分过程被认为是一个结构性特征，人们猜想该特征是用来把在社会学中长期占支配地位的社会变化功能进化模式“客观化”（目的是其双重意义）。

11. 对此的概述，参见 Held(1980)。在法兰克福学派之外的一个重要讨论是伯尔曼（Berman 1982）的研究，虽然他在使用“现代性”的术语方面具有误导性。

12. 在这个语境和相关语境中，我不想使用“后现代”一词。用后现代来描述当代建筑不恰当地表明了一种对现代主义的抵制。实际上，“后现代主义”建筑是对现代主义的一种反应，是对现代性的一种回归。“后现代主义”会更好一些，“浪漫风格的现代”会更好一些。只有当现代主义者对现代性的反应是作为世纪末的幻想(fin de siecle)或是对现代社会前的社会生活的浪漫回忆，并且现代性本身被否定，“后现代”这个词看上去才是适合的。后实证主义社会理论，一定会把现代性作为其主要内容，我希望我的这本书能够对后实证主义社会理论作出一些贡献。把后实证主义称为后现代也会起误导作用，称它们为现代主义者可能更安全一些，尽管一个后结构主义者可能会把我在此所持的建构主义观点仅仅称为是现代的，原因是建构主义大量使用了现代性的建构。关于后结构主义与现代性的模糊关系，参见 Ingram(1987：77—78)。

13. 伦斯基估计在传统的农业社会中 2%的上层人口得到了回报的 50%，在现代社会，要少于一半(Lenski 1967：308—313)。

14. 由于第一次世界大战以及后来的第二次世界大战，拉斯韦尔把很多注意力放在宣传和语言中对于符号内容的操纵方面。但是，他这样做强化了他的倾向，即把用思想来谈话和在谈话中的技能等同为“主题内容安排”（Lasswell and McDougal 1960：119—127，引自 p.124；首次出版于 1943 年）。这种被动的分析方法在“内容分析”方法的发展过程中达到了顶峰。“内容分析”现在是以知觉为导向的行为主义所青睐的方法(参见 Lasswell and others 1949)。

15. 可比较 Rosenau(1980a：39)：

> 那么，如何在不受语言结构的驱使，而过于专注于对“权力”的拥有的情况下把重心放在“权力”的拥有和互动层面？……多年来，我通过把“权力”这个词从我的分析词汇中消除而解决了这个问题（因此，我在此处对于“权力”这个词使用了引号）。当“权力”是指拥有的特点和资源时，我用能力这个概念取而代之；当分析的是“权力”的相对关系时，我用“控制”或“影响”等动词来代替。

16. 我使用了大写的“Realism”，以使它有别于哲学中的实在论（如在本书第一章中所讨论的），并不是因为它是建构国际关系学科的原理论。现在，我认为功能主义可以作为实在论的一个重要替代者。此处，我也使用了它的大写形式，是为了使它区别于人类学和社会学中对功能主义的一般性使用（可参考上文和第一章：我从哈斯那里借用了这种传统，参见 Hass 1964：5）。

17. 拉斯韦尔和卡普兰对外交的看法完全不同。“一个外交官是一个具有正式地位的外交能手……”，一个外交家“非常擅长处理与其他群体的权力关系（谈判和协议），而不是对符号、暴力、商品或服务的操控”（Lasswell and Kaplan 1950：

193)。

18. 这就是传统上人们所称的“安全困境”,它是由约翰·赫兹(John H.Herz)命名的,由他和赫伯特·巴特菲尔德(Herbert Butterfield)一起阐述,他们也深受霍布斯的影响,参见 Herz(1959:231—243)。关于行为主义和选择理论的理解,可参见 Jervis(1976:58—113;1978)。

19. 拉斯韦尔认为政治人物的“明显标记”是把私人动机置于公共物品之上,“以公共利益的名义进行的替代的理性化”。

20. 在总结对他的观点的大力支持时,查尔斯·蒂利说:“到我们所处的时代,国家预算、国家债务、政府雇员的数量或欧洲国家政府规模等其他指标的增加,几乎都是对战争所做的准备工作了。”(Charles Tilly 1975:74)但是,另外一种观点是:“有效的税收征集、对债务的支持以及专业军事管理使国内保持了和平,把有组织的暴力的不确定性转到了对外事务中。”参见 McNeil(1982:79)。人类学家们在讨论现代化之前的国家(在农业背景下的政治)的起源时也提出了类似观点(Service 1978)。

21. 理查德·阿什利曾说现实主义“依赖于一个双向的、两面的言辞使用”。一个坚持认为国家是一个社区,在“西方的理性话语中理解为……一个不受时间影响的永恒、普世的身份”(Ashley 1983:413)。第二个是在历史决定论的基础上无限期地延缓国家之间这样一种社会的实现(Ashley 1983:414—415)。在此处所提供的理解不同,主要是通过发现仅仅一种改变,即现实主义者所理解的现代化,这种改变把国家之间的安排理性化,并确保了国家间关系不变的特性。

22. “律师经过规则、罗马法和普通法的训练,在保护王子抵制教皇、保护君王抵制贵族方面的作用非常明显。”(Lasswell 1958:107)

23. 在国家的国内政策上他们可以做到这些,如拉斯韦尔在其所引用的文章中所提到的,对外政策也同样可以。在对外政策中,他们也使用他们的行事技能,其目的与外交官们所使用的他们技能的目的是相同的。

24. 在拉斯韦尔的论述中,它们被平等对待(Lasswell 1958)。在他的其他作品中,符号的操纵一直是其关注的内容,而商品和服务的流动除了其 1965 年著作的部分章节(Lasswell 1965a:107—124)之外都被忽略,即使在这一章节中,它也作为一种条件而被被动地讨论,而不是作为实施影响的一种工具,如在“控制供给”这样的短语中所指的那样。

25. 詹姆斯·罗西瑙(James N.Rosenau)在 20 世纪 60 年代中期使“问题领域”这个术语流行起来。在其 80 年代的著作中,他对主要观点再次进行了阐述(Rosenau 1980b:153—168, 461—500)。

26. 新现实主义是一个我们必须谨慎使用的术语,因为肯尼思·华尔兹用微观经济学的语言重新阐述现实主义时用的也是新现实主义的方法,但是对于世界经济关注的并不多(Kenneth N.Waltz 1979;另可参见 Keohance 1986)。

27. 摩根索把它称为“政治的抛弃”(repudiation)。他的批判主要集中于那些提议使用科学来解决社会问题的人,但也包括那些利益和谐的自由信仰者。对利益和谐的批判成为卡尔批判的焦点(E.H.Caar 1964),它们被不恰当地与那些把问题分解,然后解决问题的人混在一起,这里指的就是被称为功能主义的那些人。

28. 即使是那些没有受雇于组织的专业人士也发现他们的职业越来越具组织性,越来越与治理相关。政治已经影响他们的活动,无论他们的活动是否影响到政治(参见 Gilb 1966)。

29. 理查德・弗拉斯曼把这些权利视为"自由原则"的建构,如同在"道德与法律实践"中所阐释的(Richard E.Flathman 1976:44)。(关于权利,也可参见第五章。)自由国家的晚现代时期实际上从权利作为对管理命令的限制转为对管理的赋权。西奥多・洛伊认为这预示着如他的一本书的书名所展示的"自由主义的终结"(Theodore J.Lowi 1979)。

30. 参见加兰特关于他所说的普通律师业(ordinary lawyering)和宏大律师业(mega lawyering)的区别,即前者是为某些专门的客户服务,而后者是为那些大的组织服务(Galanter 1982)。

31. 戴维・肯尼迪对此有不同的理解,他发现在训练之中,"权力"与"管理"之间的脱节已经很明显了,他自己倾向于后者,即通过在一个"去政治化的程序性秩序"中发挥作用(David Kennedy 1985:368—369)。

32. Bendix(1978:22),一般可参见第二章("王权的神圣和世俗基础");在这个非神圣的结盟中,"具有深奥知识的专家同样也会产生很多世俗的影响……"(p.22)

33. 现代社会初期财产和主权观念的平行发展表明关于财产与契约的"习惯法"构成了现实主义所认为的武士产生的基础(Ruggie 1986:141—148)。

第八章
理性与资源

人是理性的。人们拥有自己的目标，并依此进行选择。规则通过明确选择者的目标和手段而限定可以选择的范围。面对多种结果，我们会把自己所倾向的结果排序，这就要求我们对事物的可能状态进行比较。一般来说有三种可能性，会产生对于人类或利益来说共有的三种结果。得益于几位主要作者的观点，我认为主要是位置（standing）、安全和财富三种。

人们对于自己行为的解释也总是和这样理解的利益相关。人们把同样的利益归咎于像国家这样的集体，把利益作为国家行事的正当理由或是国家利益。我认为国际关系学者经常倾向于使国际关系集中在安全利益上，这种做法忽视了位置和财富对行为影响的重要性。无论个人为他们自己还是作为国家的代理人追求什么样的利益，他们这样做所利用的资源都是不同的，而取得的成果也必定不一样。我可以对不同的社会安排所存在的剥削提供一个标准，同时也得出了一个令人不快的结论，即消除一种形式的剥削自然会强化另外某种形式的剥削。

比　　较

没有哪个词会像“理性”这样在社会科学内引起如此多的讨论。大多数对理性的定义对它们本身而言都是无可反对的。布赖恩·伯里和拉塞尔·哈丁指出:“理性至少包含两个意思:一致性和选择适当的手段以达到目标,无论目标是什么。”(Brian Bury and Russel Harding 1982:371)与此类似的是约翰·豪尔沙尼的定义:“理性在常识层面,以最简单的形式意味着选择(是什么或者至少是人们所认为的)最佳手段以达到某个结果、目标或是目的”(John Harsanyi 1983:231)。

选择是行为,同样行为也是选择。理性描述了行为的一个重要特点:它们总是把可以使用的手段与可以看得见的结果联系在一起。因为我是从行为开始,也可以被理解为是从理性开始。我还注意到手段与结果的定义与我前面关于能力的描述一致(第三章)。任何一个具有推理能力或是使用规则的人都能够为了他想要达到的结果而进行适合的选择。任何一个有能力的人当然会犯错误或是误判,但是,他也能够意识到这样的错误或误判。[1]如果这样理解的理性是赘述和无关紧要的话——每个人都是理性的,因为每个人都是某个人——那么,这就不是一个问题,而只是一个可以开始的起点。[2]

人们也许会反对伯里和哈丁把进行选择的人视为“一个整体”(one),而豪尔沙尼的被动建构使人们提出了更加重要的问题,即谁来选择?我对他们的定义进行思考后认为,这个“谁”应该是一个个人。机器也可以进行选择,但只是个人技能的拓展。非人类动物(变形虫、家养的宠物等等),其行为看上去像是理性的(在同样情况下,一个人也会作出同样选择),但是我们不能说它们是在像人那样进行选择。这是因为动物缺少洞察力,也不能支持其他选择(Elster 1979:4—28)。[3]集体并不作出选择,个体作为集体的代理者进行选择。“集体理性”是一个有争议的委婉表达,因为个人的理性选择汇集在一起从集体角度看很少是理性的,这也描述了集体行动障碍的脆弱性,而它恰恰是社会选择理论所一直坚持探究的。

人们可以发现伯里和哈丁给出的定义与豪尔沙尼给出的定义还是存在细微差别的。二者都是指“手段”(means),但前者是指“多种结果”,后者是指“一种结果”(end)。根据豪尔沙尼的观点,从一种结果转向多种可能的结果意味着一种可以概括的理性模式。“这种模式是一种偏好模式,在这种模式下,一个人如果在所有可能实现的目标中按照完整的系列偏好进行递推性选择的话,他就是在理性地行事。”(Harsanyi 1983:232)当然,一个人在面对多种手段与结果的情况下进行的理性选择由于信息问题以及可能出现的可能性而会更加复杂。不仅如此,人们还要应对各种不确定性,无论这些不确定性是由于对物质环境的错误理解还是其他人按照自己所期望进行选择的环境所致(即战略互动)。[4]

任何一个有能力的人在一个多变的世界中都能够理性行事。赫尔伯特·西蒙将此称为"有限理性"(bounded rationality)(Herbert A.Simon 1985:295—297)。这个表达具有误导性。作为程序的理性不是有限的,它不仅仅是描述理性行为最大化的"令人满意"的替代者(这是西蒙另一个更加有名的术语)。人们会根据适合他们的环境来进行理性选择。以不同方式受到限制的是人们作出选择时的环境,而限制环境的是规则。

在第一章中,我已经指出规则不能"治理"所有的社会性内容。人们在面临是否遵守规则的情况下总是可以进行选择。规则控制着环境的建构,环境使人们的选择可以被理解。最简单的情况是一个规则建构了一个选择界限。人们或是遵守这个规则或是不遵守。很多环境是由多个规则而限定。那么,选择就不再是是否遵守规则,而是遵守哪一个规则,遵守到何种程度的问题。

建立一个市场边界的规则是暂时搁置影响选择的其他规则的作用。或许以下的说法更好:暂时搁置的其他规则是指那些所有相对正式的其他规则。进行市场选择的人们会遵守一系列非正式指令(如同准则一样,如质量比数量重要)、指示(商店折扣)或是承诺(为最好的顾客提供最好的服务)。市场的意义在于要建构一种场景,使个人可以获得良好信息,这样,在面对明确、有限的选择时,人们就可以不冒什么风险而作出选择。这就是准确意义上只有一种选择的情况,即是否遵守规则。换句话说,市场概括了进行选择的最简单的情况,它只是由一种相关的规则建构而来。人们带入市场[当然也可以带入到更加复杂的场景中;可比较基欧汉(Keohane 1984:113—116)关于"经验法则"的论述]的非正式规则使市场简单、一般化的情况变得更加复杂,但是并没复杂到使经济学家们绝望的程度。规则,如同市场一样,为个人提供了不理性行事的机会,但是同样可以如他们总是坚持的理性那样获得更好的结果。

在没有简单限定的情况下,一个人可能面对交叉或是强化规则的多种情况,好像至少对观察者来说没有可以进行自由选择的可能。我们可以以修道院的生活为例,那里的生活由于存在很多规则而变得非常简单,并且一切都是常规化的。理性的个人总是根据与大部分规则一致来选择自己的行为，因为没有选择其他行动的可能——规则几乎包括了可能出现的所有情况。在这种情况下，我们说是规则在进行统治是可以被理解的。但是，如果我们毫无保留地说这种情况就是前现代社会的社会运行方式的话则不可接受。这种情况是人们经常用来与现代性的范式情况进行对比的。

为了理性选择的需要，现代性的一个最突出特征是相互竞争的系列规则所产生的多种相互交叉的界限。在这些情况下，人们通常必须选择那些已经不能改变的行动路径，通常是在理性选择缺少一个明确基础的情况下。交叉的界限界定角色和预期，个体可以在多种选择中自由选择，但是无法充分利用所面对的所有选择。社会学家们经常会从多种系列规则的角度来看这种情况，因为似乎对于社会学家们来说这样更可以解释个人行为，而从个人或个人选择方面并不能很好地做到这一点。但是，这样做也存在风险。社会学家会冒着把目的论用于所面临的情形的风险，一旦这种情形被描述为是一致的，被称为一个系统后，这一切就变得异常容易。

经济学家与社会学家间的所谓区别分别来自市场和现代社会的运作方式的差异(Mitchell 1969；Barry 1970)，用巴里的话来说，经济学家偏向数学和机械方面，而社会学家偏向话语和组织方面(Barry 1970:3)。前者给人们呈现的是简单、专门限定的情况，而后者则呈现出由于不同且重叠的系列规则而使之复杂的情况。没有什么要求现代社会具有“有机体”(organismic)特征，也没有什么情况要求市场具有数学特征。每种特征都是由于我们发现它们是适合的而确定的。如果我们确实避免了这些情况的有机体特征——它们也是现代社会的范式特点，那么，不是出于默认或是作为一个缺陷，而是作为一种描述充分的企图，留给人们的只是话语的特征。

在学科范式之间的程序性差异是可以预见的，它们也还会持续，即使当各学科的人看到它们之间的操作范式存在一些重叠。当经济学家(或者更恰当地说是社会选择理论家们)和社会学家在争论农民的理性时，这个辩论实际是驱散了辩论曾经过时的看法，有人会严肃地反驳塞缪尔·波普金的政治经济学观点，即农民是理性的(Samuel L.Popkin 1979)。相反，人们的论点转向了理性的人行事的场景，即归纳村庄的特点。

如果村民们已经把村庄这种场景分解为不同的界限分明的场景（如家庭、市场），这样他们可以进行对自己有益的选择，那么他们就会这样做。如果他们不能的话，那是由于各种交叉规则的多样性以及前现代社会的一些物质限制所导致的（Popkin 1979：32—82）。只要不把一些不必要的内容归于村庄，如道德、浪漫、目的论的内容，那么尽管我有自己的话语倾向，我仍会同意波普金所说的，即“当农民*基于个人行动*，考虑到所希望结果的可能性时，他通常会以自我利益为重的方式来行事”（Popkin 1979：31，波普金所作的强调）。我们没有必要来证实这句话的可信度：一个农民总是会为了自己的利益行事（所有的行动必须是个人的）。我也同意以下这句话：“个体的理性农民的行为，无论是在市场还是在非市场的情况下，都不会汇集成一个‘理性的村庄’。”（Popkin 1979：31）对于其他地点也是如此。最后，我也同意波普金的观点，即通过这个视角，“我们可以讨论为什么一个群体中的个人会接受某些规范而拒绝接受其他规范，他们又是怎么样做的……在什么情况下，个人会考虑遵守或违背规范”（Popkin 1979：18）。当然，还有什么时候他们不会这样做？[5]

那么哪些方面是我不同意的呢？波普金声称为自己建构了一个演绎框架，并在这个框架下重塑了社会学家们历史的和归纳的丰富性（Popkin 1979：5）。然而，归纳的丰富性是在接近演绎表象的框架下发挥作用的，波普金也指出了这一点（Popkin 1979：5—17）。这种表象认为整个村庄是由规则统治，规则消除了个人选择的可能性。但是，这不是现代性和社会学家们所关注的复杂界定情况的运作范式。无论村庄是否一个或几个界限分明的情况，波普金发现它都会消逝到一个更大的世界中去，而我会从社会学的角度总结出这个世界的特点。波普金的学术兴趣（“控制”他的学术范围的规则）使他无法把对村民的研究一直延续到对现代性的研究。

如果理性必须是关于手段与结果的最佳选择的话，“无论它们可能是什么”（再引用巴里和哈丁的话），手段与结果越多，对于学者来说就越难用数学和机械的方式来概括其特点。面对复杂情况，效率就会更低。人们会考虑很多结果，或是那些可以取得的结果，甚至会在这种低效率中获得满足。我们说某个行为是非理性的，因为我们对于这个行为了解得太少,无法欣赏该行为产生的结果。

在程序的基础上忽略或暂不考虑这些情况,这对实证主义学者来说本身就是理性选择。还有另外一种选择,也是从个人行为开始,但是超越了个人行为,到了社会建构层面。这种选择需要扩展而不是摒弃方法论上的个人主义。(回忆一下第一章对方法论和认识论之间衔接的讨论。)这种扩展的关键是,接受个人为了理性行事而必须进行"功利性"对比。

正如杰里米·边沁所教授的,功利性是"在任何一个事物中都存在的特点,并以此使意图的考虑方受益……如果这一方是一般意义上的社会,那么这种受益就涉及整个社会的福祉;如果是个人,就应该是个人的福祉"(Jeremy Bentham 1948)。理性的个人总是选择使自己获益的行为。但问题是,个人要在众多的可能中确立一整套偏好。换句话说,要从一个简单的手段与结果的理性概念概括出经济学家所倾向的那种一般性偏好模式(Harasanyi 1983:232)就要求进行功利比较(它们经常是"预期功利";参见第六章注释 4 和注释 15)。

对边沁来说,这样的对比要求一个集体中的所有成员都要这样做,因为个人的偏好汇集成"整个社会的福祉"。边沁自己也承认把很多不同人的主观性偏好汇集在一起有难度(Arrow 1983:48)。经济学家们从威尔费雷德·帕累托开始就更近了一步:他们禁止进行个人间的比较。更准确地说,他们拒绝基本功利的可能性,因此使整体的功利标准没有任何意义。如果个人功利都是无法衡量的,人们就很难再为不同的个人增加各种功利(Arrow 1983:122;一般参见 47—49,103—105,115—132)。

但是,个人很显然会进行个人之间的比较。他们会把自己所处的环境与其他人进行对比。作为一种定义,他们的选择一定总是在自己的偏好间进行比较,而不是在他人的偏好与自己的偏好之间进行比较。人们会从事物状态的对比中建构偏好,之后对这些偏好进行比较。因为所有这样的事物状态从定义上看都是社会性的,它们会总是涉及其他个人、他们的特征、偏好以及选择。"即使是个人决策这样一个看上去最简单的行为也会涉及整个社会的参与"(Arrow 1983:63)。

对比是一个认知和社会行为。认知取决于推理以及言语的可能性,即使是什么都没有说。对比依赖于溯因推理、断言(如果只针对自己)和隐喻(对比第四章注释 23)。人们能够进行比较的必须是已经被建构的可以比较的事物状态，我把这些称为比较基础。它们可以是被建构得只包括自己，而不包括所有他者，也可以是包括自己和另外一个他者，或是包括自己和几个他者。这三种可能建构了比较的基础，并把它们建构为三类：内部比较(internal comparison，或是用社会选择的语言来说是个人内比较)、二者(或是个人之间)比较(binary comparison)，以及全部比较(global comparison)*。

我们如何进行比较实际上总是相同的。我们所比较的内容构成了比较的不同类别。对于内部比较而言，所比较的是事物的状态，在这之中，事物的特征、偏好、选择和成就只是作为一个选择资源或是障碍发生作用。进行选择的人对事物的状态逐一比较，找到与他的偏好最接近的。他说想得到所能得到的一切。

具体而言，进行选择的人可能会作出那些相比自己而言使其他人受益更多的选择，或是因为那就是他的偏好，或是因为并不在意由于他的选择而导致的他人利益(或损失)的增加。第一种情况属于一种特例，经济学家们称其为"扩展同情"；我认为这是一种自我扩展。考虑到自我的社会建构，这种情况是比较典型的。第二种情况定义了一种场景，在这种场景之中，部分(个体及其偏好)与整体(集体的幸福)不确定地联系在一起。这种情况包含了代表扩展自我而进行的内部选择。

第二种比较是二者比较，即把自己所面对的事物状态与进行选择的另一个人的进行比较。第一个进行选择的人把另一个人的偏好和选择理解为与自己的是不相容的(无论后者是否这样理解)。前者会在事物的所有状态中进行选择，作出相对于另一个人来说对自己最有利的选择，即我想得到更多，因此他得到的更少。与出于选择目的所作的选择(也可能是集体的)相比，进行选择的人可能倾向于选择使他人受益(或是遭受损失)的那种。换句话说，他建构了一个整体，包括他自己的收益，也包括另一个人的，二者关系明确。一方的收益总是以另一方的损失为代价。

对于这二者来说，一种双方都倾向于选择的情况是使二者都获得较少收益。此时，建构的真正价值是一个或多或少的对比关系，而不是数量问题，因为对比是最重要的。如果这些选择者们之间是一种战略互动关系，那么人们就会违背由关系决定的整体要求。在这种情况下，这种比较

* 与"二者比较""内部比较"相对应。——译者注

就转变为内部比较，除非有哪一方猜测另一方是在进行二者比较。结果是使所有情况都由彼此的关系来决定。第二种情况是出于比较目的，只能有两个进行选择的人。其他额外的参与者可以视整体情况，或是加入一方，使自我的一边扩展，或是加入到另一方（或是更恰当地说是被认为加入了另一方）。

如同二者比较，全部比较主要是考虑选择和偏好，但不是自己的。取代自我和他者的顺序，进行比较的是一系列选择者［“全部比较”这个术语来自弗罗霍克（Frohock 1987：103）；对全部比较的讨论，主要参考的是竞技比赛，参见 Mackay 1980：13—20，61—77］。那么，现在的问题非常实际。一个人如何把自己的资源、偏好、选择和结果与很多其他人的进行比较呢？有两种选择。他可以把整体分解成几对，由他自己和其他人中的一个进行比较。或者他可以利用排序。一组或是全部就包括了一系列排序：第一、第二……最后。此外，这种顺序中的位置也产生了一种排序价值（通常是颠倒的：在一个包含十个位置的排序中，排在第一个的价值是十，排在最后的是一）。这时，进行选择的人就可以说：我想得到最好的。

任何人都可以把事物的状态建构为一种排序，其他人可能不知道他们被排序。更典型的一点，排序也是一种公共建构。它们可能是传统的，或是正式安排的结果。那么，整体对所有人来说都同时变为一种关系性的，尽管每一对关系的变化可能不会影响到全部关系。排在第一第二的人可以变换位置，但这不会影响其他人，以此类推。基数排序可以使比较非常容易；正式性为所排的每个位置都赋予了价值。

具有相当正式性的排序体系就如同在第四章中所定义的机制。整体不再是简单的特征、偏好、选择或是结果的集合，而变为由规则定义的整体。在这个整体中，人们讨论资源的影响，界定偏好；人们作出选择并把结果记录下来。这样，被建构的整体与所有参与者的愿望和福祉相关，但又与它们是分离的。前者作为一个整体具有自己可以控制的特征，代替了后者的特征；而后者的特征，从参与者的角度看是难以控制的。

在比较的基础上进行选择，其内涵可以由囚徒困境来说明。对于囚徒困境的描述很多，我在此就不再叙述。［我推荐罗伯特·阿克塞尔罗德的介绍（Robert Axelrod 1984：7—12）。］进行博弈使博弈双方都处于这样一种情况下，即每个博弈者所进行的事物内部比较会产生二者比较所带来的同样的理性选择。这种结果主要是由于每个博弈者都会考虑另一个博弈者会进行二者比较的可能性。换句话说，仅二者比较的可能性就破坏了内部比较的逻辑。

由于内部比较在战略互动的条件下经常变为二者比较，我们也就明白了为什么人们会用二者比较作为一个捷径。在囚徒困境反复博弈的情况下，阿克塞尔罗德发现博弈者们违背他的建议（"不要嫉妒"，Axelrod 1984：110）而进行了二者比较——这种倾向主要是由于博弈者了解了博弈积累的分数。我们可以想一下阿克塞尔罗德所介绍的关于循环锦标赛的情况。有些热衷于计算机软件设计的人设计了计算机软件来模仿重复的囚徒困境（描述见 Axelrod 1984：27—54）。为了赢得锦标赛，在一个项目结束之后，一个人必须要在与其他游戏者的游戏中获得最高分数。这种建构的情况概括了内部比较的特点（尽最大努力与所有其他人比赛，而不考虑他与其他人得多少分数），这种内部比较成为达到想要结果的方式，结果反过来是取决于全部比较（一个人在所有参与者中的排序）。

在设计程序时，很多锦标赛的参与者们假设他们的对手会彼此嫉妒，因此二者比较是达到所规定结果的最佳方式。但是，他们的想法实际是错误的。"好的"策略，其目标是无论对手强或弱（软件分别取决于内部比较和二者比较）都要取得最好的结果，即排在第一位。持排在最前面战略的博弈者（这也正如结果显示的，是所提交的最简单程序，被称为"以牙还牙"）"从未比在游戏中的其他游戏者的得分高！"（Axelrod 1984：112）

阿克塞尔罗德展示出一些在锦标赛的结果中令人们惊讶的方面。"即使是来自政治学、社会学、经济学、心理学和数学领域的专家们也会犯系统性的错误，他们都想竞争自己想得到的东西，不够宽容大度，对另一方的反应太悲观。"（Axelrod 1984：40）这样的错误是可以避免的。参与者们需要明白为实现所要达到的目标，由一个孤立的博弈排序转为锦标赛式的博弈需要从二者比较转变为内部比较。在一个单一博弈中，目标是"赢得"比赛。在重复的博弈中，最终目标需要通过内部比较来达到最好状态，再来进行全部比较。

阿克塞尔罗德可能把锦标赛的目标定义为一种全部比较，即博弈者的分数多于对手。很显然，二者比较适合这种情况。结果基本应该与阿克塞尔罗德那些具有战略倾向的博弈者所期待的结果相符。阿克塞尔罗德会发现自己肯定了那个盛行的原则，即好人总是坚持到最后。比较是一种由规则产生的社会建构。当规则改变时，比较的基础、人们所作的选择以及结果都会变。

很显然，我所归纳的三类比较与我在本书中所指出的三类言语行为、规则、推理、修辞等相对应。内部比较是从部分到整体，二者比较是从整体到部分，而全部比较是在一个整体代替另一个整体的情况下进行的。如果颠倒一下前面的章节顺序的话，应该是全部比较依赖于断言、溯因和联想以及隐喻（实际是两次：一个是事物的相关状态的建构，然后是为了比较）；二者比较依赖于指令、演绎以及转喻；内部比较依赖于承诺（对自己和对他人的承诺；这是拓展机制）、归纳和提喻。

手段、结果和利益

人们有不同的"最终结果"，韦伯用德语表示为"*Forderungen*"（Max Weber 1947：185）。如我在前文所指出的，结果的多样性取决于对偏好的排序，这种排序反过来又促使人们进行三类比较。这三类比较构成了塔尔科特·帕森斯所称的明确的"即刻结果"（immediate ends），它介于理性选择的手段和理性的个人所面对的各种不同结果之间。"在最终结果有一个给定体系的情况下，*即刻*结果是对行为体来说给定的事实……'给定的'意思是理性的假定涉及对即刻结果的追求。"（Talcott C. Parsons 1937：262—263，塔尔科特所作的强调）第一种类型（重新排序后）——全部比较——"赋予"人们对"即刻结果"的位置的关注，并产生敬重和羡慕的感觉。第二种——二者比较——使人们意识到威胁，把对安全的担心作为即刻结果。第三种是内部比较，使人们更加注重财富，意味着获得和拥有不仅仅是物质结果，同样还有任何有价值的东西。[6]

把即刻结果进行这样的列举并没有令人惊讶之处。我们可以举一个例子来说明，托马斯·霍布斯就把价值和比较联系在一起。"美德（Vertue），一般来说，在各种物体中是因为卓越而被珍惜的东西；在比较中是一致的。因为如果所有事物对于所有人来说都可以拥有或是可以得到，那么就不会有人珍惜它们。”(Thomas Hobbes 1968：134；对比 Hume 1963：81—88)因为对比事物的特征和成就是“人的天性”。

> 我们发现了三种引起争吵的主要原因。第一是竞争，第二是缺乏自信，第三是荣耀。
>
> 第一种情况使人们为了得到自己想要的东西而侵略；第二种情况是为了安全；第三种是为了声誉(Hobbes 1968：185)。

霍布斯假定了一种二者比较与稀缺结果的模式：“如果任意两个人都期望得到他们不可能同时得到的事物，他们就会成为敌人……”(Thomas Hobbes 1968：184)他也可以想象另外的可能性。像这样的“收益”结果可能导致竞争，但不必要引发侵略，我认为这不取决于另一方的收益。如果利用了二者比较，安全就是结果，因为另一方的更大收益可能引起侵略或是给自己带来其他损失而对自己产生威胁。或者，也可以进行全部比较，那么其他人的收益会导致自己的位置退后，而使那些收益少的人所受的尊重减少。

哈罗德·拉斯韦尔在他著名的《世界政治与个人的不安全》中对即刻结果进行了简单的列举(Lasswell 1965a，首次出版于 1935 年)。“政治分析就是对一个社会的价值塑造和价值构成变化的研究。代表性的价值有安全、收入以及尊重。”(Lasswell 1965a：3)在他后期的作品中，拉斯韦尔列举了 8 种价值，分为两类：幸福价值和尊重价值。第一类包括幸福(健康、安全)、财富、技能以及感悟。第二类则由权力、尊重、正直以及爱戴构成(可参见 Lasswell and Kaplan 1950：55—56)。我认为这种列举不如前一个列举有帮助。幸福描述了所有价值的条件以及被实现的任何程度的所有价值。汇集在一起的幸福使其他人以及来自他们的环境(疾病、自然灾害等等)的其他人感受到威胁。原来所使用的安全这样看上去只是指或至少主要指前者。包括财富、技能以及感悟的其他幸福是由内部比较或是达到这些或其他结果的方式来界定的。对于尊重价值来说，我看不出权力、正直以及爱戴是如何等同于尊重的，尽管它们如同财富、技能等一样可能是实现被尊重的方式。这样的价值本身就可以是结果，在这种情况下，它们属于内部比较的价值范畴。

拉斯韦尔后来列举的价值把最终结果和与最终结果有关系的即刻结果结合在了一起。例如，财富作为获得尊重的一种方法，本身也可以成为一种结果，这样它就成为与尊重无关的最终目标。工具性的和最终价值也解释了我在前文指出的霍布斯对待收益的复杂性。手段与结果是不稳定的，不能成为为了解释目的而把它们合并在一起的理由。

关于即刻结果的划分的另外一个例子是亚伯拉罕·马斯洛(Araham H.Maslow)非常著名的关于“基本需求层次”，主要是以对比事物的状态为标准。这些包括生理需求、安全需求、归属感和爱的需求、尊重的需求以及自我实现的需求。我们需要立刻把生理需求从这个列举中删除，因为它们不是受认知驱动的，即使它们可能会影响对人类行动结果的认知。同时，我们也应该把所谓的自我实现删除。我们可以或者把自我实现与获得技能或是启示的结果归为一类，或是直接把它与其他所有像此类需求层次的安排删除，因为它们只是人类对特权反应的一种狭义自由建构。

实际上仍然有三种需要，可以总结为“安全”“爱”和“尊重”。“安全”和“尊重”显然分别与二者比较和全部比较有关。而“爱”相对而言更难理解。我认为这是因为马斯洛假定环境既包括丰富的物质也包括情感的丧失。作为一种理性行为，对财富的热爱以及获得爱与对比一个人希望得到的和一个人自己所拥有的是出于同样原因。

在比较的基础上所划分的最后一个关于即刻结果的例子是哈贝马斯所说的关于“知识建构人的利益”的概念(Habermas 1971:308—315)。哈贝马斯使用的“利益”(*interesse*)概念是康德所表达的“利益”(Habermas 1971:191—213)。我们不能把它与英文的利益概念相混淆(Bernstein 1978:192)。“我把利益界定为基于人类可能再造和自我建构的基本条件下的基本取向。”(Habermas 1971:196)[7]这个概念和马斯洛的概念相比并没有偏离太远：“或者是利益是行动的前提或者利益产生行动。”(Habermas 1971:198)一共有三种由知识建构的人类利益，与“询问过程的三个类别”相对应。

> 经验分析科学的方法包含了技术认知利益；历史诠释的科学包含了一个实用方法；而批判科学则包含了解放性的认知利益……(Habermas 1971:308，哈贝马斯所作的强调)。

把这些认知利益中的第一个描述为“技术性的”，并将它与分析和演绎联系起来，这使其明确依赖于二者比较。第二种认知利益——被描述为实用的，并且指向“意义的理解”——“在其结构上是努力在所有行为体中达成可能的共识……”(Habermas 1971:310)我将此理解为实用结果是通过对比事物状态来界定的。因为人的选择是以实际利益为参考的，并且间接与整体利益相关，所以人类的知识就包括“可能共识的达成”。我认为这种对以“意义理解为导向”的“探究过程”的描述是对诠释学口号的一个认可，而不是澄清实际利益。这个口号与历史相对论不够吻合，不过历史主义关注整体并不一定是从多个个体建构而来（如果在原则上不明确的话，但是从观察者的角度看实际是这样）。

哈贝马斯把他的第三种认知利益称为解放性的，因为他在其作品中就是这样定位的。“批判科学……主要关注的是……决定理论阐述何时会抓住社会行动不变的规律性，何时又表明了依附的固定关系，而这种关系在原则上是可以改变的。”（Habermas 1971：310）这是对哈贝马斯的目标的一个简短描述（至少在他写这本书时是这样；关于哈贝马斯 20 世纪 70 年代的作品，参见 Ingram 1987）。它也表明哈贝马斯混淆了作为认识利益方式的批判内容与被描述为即刻结果的利益。“解放”描述了一种方式，而非结果。

相反，这种利益被诸如尊重、尊敬或是位置这样的结果所描述。这样，它是由全部比较建构而来的。关于“解放”，不明确的一点是它是否否定了全部比较（例如，为了支持启发而作为一种内部建构的事物状态），或是要求改进理解，或是接受全部比较，或是对于场景有一个更加有效的选择，在这之中可以把自己的位置与他人的进行比较。哈贝马斯对心理分析和自我反思的兴趣（Habermas 1971：310）——更不用说“交流能力”——可能导致这两种结果出现，即使是在这两种情况下人们也可能不想使用“解放”一词。[8]

在对比较基础进行讨论时，我避免用“利益”这个词来描述即刻结果的三种类型，当然除了哈贝马斯所用的康德意义上的“利益”。但是，大部分讨论即刻引起了我们通常意义上关于利益的讨论，即与人们想得到的东西相关（Barry 1965：175—176）。“需要”是指结果的即刻性；帕森斯遵循威尔费雷德·帕累托的观点，认为即刻结果与利益是等同的（Talcott C.Parsons 1937：263）。即使哈贝马斯也预先假定了利益和“需要”之间的联系。“利益展现了利益的目标与我们实现愿望的能力之间的关系”（Habermas 1971：198）。

但是，我们知道愿望与利益并不能建构一种简单的身份。正如弗里德里希·克拉托赫维尔所观察到的："我们可以想到这样的例子，人们可以清楚地分清自己所需要的和自己希望得到的：如同由于疲惫而坐在暴风雪中，从利益看不能这样做，因为会有冻死的危险。"(Kratochwil 1982：6)在这种对等关系中，还需要加入其他内容。克拉托赫维尔认为应该加入"原因"来解释除喜欢和不喜欢之外的内容(Kratochwil 1982：6，参见Flathman 1966)。

我们可以看到克拉托赫维尔的说明并不支持这样的结论。一个在暴风雪中面对死亡的人确实想坐下来，但他同时也想活下去。在对比两种情况后(内部比较)，我会选择后者，我们可以理解为这是我的偏好。如果要理解克拉托赫维尔的说明，我们就必须在需求和利益的等式中加入结果的多样性，这也是一个概括性模式需要提供的。那么，原因就是关于偏好的解释：我在大雪中不会坐下来，因为与休息相比我更想活下来。

当然，克拉托赫维尔认为需求或(我再加上一点)偏好与利益的等式是不够充分的，在这一点上，无疑他是正确的。其他人也同意该观点。因此，拉斯韦尔在他与亚伯拉罕·卡普兰的作品中把"利益"定义为"需要以及支持预期的模式"(Abraham Kaplan 1950：23)。在需要和愿望的对等中需要加上的因素是行动的预期或是机会：一个需要只有在一个人可以对其采取行动时才能成为利益。

巴里的阐述与此类似。"比较接近的是，我们可以说如果一个政策或是行动增加了他获得他想要的东西的机会时，那么它们就是他的利益。"(Barry 1965：176)所以，加入的因素涉及机会，要得到机会需要诸如财富、权力这样的"资产"。由于财富和权力也是利益(巴里依赖于帕森斯的研究；对比注释6)，它们"形成了一个关于利益与满足的数量和分配的有用指示。用'利益'来评估(尤其是当利益被转化为金钱时)远比用需要的满足来评估更实用"(Barry 1965：184)。这里就涉及热情与利益的区分，后者为需要添加了"反思和估算的因素……"(Hirschman 1977：33)。这是关于利益的自由主义观点，并且这种观点越来越有影响，帕森斯、拉斯韦尔、卡普兰以及巴里都证实了这一点。经济学家们也把它作为概念组织的基础。例如，如果偏好不是参考了"满足需要的机会，一般需要通过诸如金钱这样的中介来表达"(Barry 1965：184，巴里所作的强调)，那么谈论机会成本就毫无意义。

具有这种特征的自由主义的利益概念有三点与需要不同。第一，利益介于一个人所拥有的各种不同需要和各种不同结果之间。[9]利益在多变的特定环境中更是如此。利益更容易被认为是特定的方式与最终结果的一种中介或是渠道。巴里通过指出一般媒介对满足需要的优势也表明了这一点。尽管如此，金钱作为这样一种媒介不应与可以用金钱来衡量的财富或是任何一种财产相混淆(如安东尼·吉登斯所认为的资源媒介也是如此；参见第一章)。

利益的自由主义概念的第二个特征是，利益不是媒介；有规则限制的实践才是。(对比本章注释7和注释8。)利益既是手段也是结果——同时是被概括的手段和即刻结果。无论是被增加、减少还是融入了特殊情况，利益都可以把那些特殊情况转变为关于手段和结果的一个连贯、可控的一般表述。被这样认为的利益使自己通过规则具有了特殊性，比如建构像金钱那样的普通媒介。第三，像一般方法/即刻结果这样的利益必须与为行动创造机会的资源联系起来。利益是一般性的，由规则框定，与资源相关联，这些使“资产”具有了特殊意义。在巴里看来，财富和权力是资产，由于不同的特殊方法、结果和环境，它们是资源一般性的稳定表象。

为了使这个概念更完整，我加上第四点。哈贝马斯对认知的关注清晰地指明了这一点，克拉托赫维尔也直接表明了这一点。利益作为我们对行为的解释是被认可的。原因表明了我们想当然的理性与我们处于某个位置来满足我们需要之间的关系。再回到我前面所举的在暴风雪中的例子：我想坐下来；我想活下去；我无法同时做这两件事。对于任何一种选择，我所提供的原因表达了一种利益。我无法继续，因为我的资源已经耗尽；我也可以使我自己很舒服，直到死去。或者我还可以继续，因为我还能，这样我才能生存下去。在这两种情况下，只有内部比较影响到我的思维，我得出不同的结论主要是因为我的资源。我的推理说明了在面对这样的环境时我的选择的意义。我的利益并没有变：我要从所面对的环境中得到我能够得到的一切。

我们也可以很容易找到所提供的推理展示出不同利益的例子。如果例子是突出二者比较的话，所给出的进行选择的理由也会是合理的(这就是克拉托赫维尔所说的一个人在暴风雪中继续前进的理由，我认为是错误的)。因此,当你我存在争议时,我注意你的行动(你开始的行动),也解释自己的行动。如果例子是依赖于全部比较,解释就伴随着行动。这样的解释会澄清人们的选择(我作弊,因为我想得到更高的分数)或是表明它们的意义(我汇报了你作弊的事,因为我和其他人都没这样做)。无论多么有技巧,这样的话总是存在。

如果三种清晰的比较类型可以作为行为的原因,那么在概括层面,只有三种利益。我在前面已经把它们概括为即刻结果的类型。按照呈现的顺序,第一种与全部比较和解释相关联。比较和解释的主题总是"位置",这是我为它们所定义的利益选择的术语。第二种与二者比较和辩护相关,主题总是"安全",这是我对它们所定义的利益比较倾向使用的术语。这里的安全不仅仅指个人安全,还指我们所看到的其他人想得到的我们所拥有的一切的安全。第三种与内部比较和含义相关,我把这样的利益称为"幸福",当然这个术语不包括传统意义上对所有最终结果的描述。作为一种替代,我用了"财富",但并不仅仅指以金钱作为中介的财产。一个人可以拥有知识、爱或其他任何有价值的财富:一个人总是有兴趣获得更多这样的财富。

位置、安全、财富是人类可以控制的利益,它们随处可见。它们包括生存,无论是在战场还是在暴风雪中,也包含所有其他的最终结果,无论是无关紧要的还是稀奇古怪的。我们使它们成为我们言语和规则中的主题内容,我们也把它们与各种社会安排联系在一起,包括在现代社会非常突出的一点,即国家。作为国家行为的理由以及治国结果,它们建构了"国家利益"。罗伯特·奥斯古德(Robert E.Osgood)关于"国家的自我利益"的讨论非常能说明这一点。

> 在所有国家利益中,最根本的是生存和自我保护……国家安全是一个相关的,但意义更广的结果,因为它不仅仅包括生存,还包括国家生存的能力。安全从最广意义上说是主观的,是没有恐惧的状态……
>
> 国家利益的另一个重要类型是自给自足,或者是在制定对外政策中不考虑其他国家或是超出本国控制的事宜。
>
> 在关于国家的结果与动机的任何分析中,我们还必须把国家对国家声誉的追求考虑在内(Osgood 1953:5—6)。

奥斯古德的观点完全是我在第七章中所描述的现实主义观点。现实主义者，包括奥斯古德本人，一直在区分手段和结果方面非常谨慎。国家利益是结果的问题。对于手段而言，“使用独立的国家权力是得到国家结果的最重要手段，这里的权力主要指一个国家影响其他国家按照自己的意愿行事”(Osgood 1953:13)。

现实主义者同时倾向于把权力本身视为结果。用阿诺德·沃尔弗斯(Arnold Wolfers)的话来说，“把满足国家结果的权力的追求变为一种不考虑环境的对国家实力的追求”(Arnold Wolfers 1962:106)。沃尔弗斯对这种趋势的评论是，“理性的驱动变为一种病态的动力”(Arnold Wolfers 1962:106，也可参见 p.89)。奥斯古德对于国家利益的叙述也与此类似。

> 最后，是对国家权力、财富和声誉的扩大或增加。这种自我利益由于强烈的动机变得非常明显，这些动机促使国家追求野心、军力，产生追求统治和权力的意愿与冲动(Osgood 1953:6)。

如果在一个语境中解读的话，沃尔弗斯和奥斯古德的这些话表明，在 19 世纪，国家的代理人及公众对“权力”越来越关注，很显然已经把它视为结果。这些话进一步表明人们对它过于关注，已经不是理性的，这已经成为我们这个时代的一个特点。汉斯·摩根索的观点不同。他提出了在所有人身上，在任何时候，人都具有一种“对权力的强烈欲望”(Morgenthau 1946:192；关于乔治·齐美尔，对比第六章的注释 6，并注意尼采的巨大影响)。摩根索与沃尔弗斯和奥斯古德一样认为这种对权力的渴望和追求是非理性的。[10]我认为他们的观点是，19 世纪经历了国家代理人和公众在识别国家利益时在对比的基础上发生的重要转变。

我们这样说是说明了 20 世纪 40 年代和 50 年代在现实主义和理想主义之间的论战(现实主义者把那些对国际关系中的功能主义、制度安排表现出一些兴趣或是有信心认为国家间存在一种利益的潜在和谐的人轻视地称为理想主义者；对比第七章注释 27)。尽管存在差异，但理想主义者更倾向于内部比较，兴趣在于财富和手段的选择，把金钱作为媒介。现实主义也在概念上形成了统一，即在国家构成的世界中，二者比较是不可避免的，其中，安全是最重要的利益，军事是手段。一个国家的安全一直被认为是另一个国家不安全的表现。

我们不可否认在大多数国家代理人的实践中都可看到这两种比较的基础。沃尔弗斯和奥斯古德都很警觉地注意到转变不是在内部比较和二者比较之间，而是从比较基础转向了全部比较（对于“global”这个词的意义，可参见 Hobsbawm 1987：314—327）。贯穿于整个现代性，国家毫无疑问在整个现代性过程中对自己在世界上的位置有很大兴趣。然而，主权国家平等的假设阻碍了人们对超越仪式之外的位置的关注。对于主权国家可以获得的资源，以及关于国家及其资源和国家代理人调动这些资源的能力的信息所产生的限制也是如此（Osgood 1957：61—87）。

自 19 世纪开始，这些限制消失了，作为一个人格化的特性，主权很久之前就是这样了。主权平等成为一个国家的司法特征，国家参与正式的、明确的国家体系，因此这也成为需要进行全部比较的条件。大众传媒使公众可以看到整个体系的运行，就好像它是一个永无终止的体育赛事。国家可以获得关于国家的特点的各类信息，这使国家的代理人和公众一直处于永不停息的比较之中。原来理解的作为保证国家安全手段的资源成为衡量一个国家位置的主要标准，这些标准主要包括土地面积、人口、国家财富、工业能力、技术成就，当然还有军事能力。

比较基础的变化将会改变现实主义者们已经习惯了称之为“权力”的特征。当二者比较和安全主导国家代理人的实践时，权力把军事能力描述为一种手段，并预测军事力量使用的结果。除了判断一个国家的安全之外，衡量一个国家的其他特征即使可能，也没有任何意义。衡量安全最有效的方式就是战争。战争的结果决定了双方的满意度，即它们在安全中的相互比例，这本身是很难衡量的。安全是一种资产，它可以通过在战争中花费其他资产（如财富等）来获得和维护。战争的结果是可以预测的，战争也是可以避免的，人们可以把军事能力作为一个媒介来对其衡量，并以其代替战争。

全部比较把“权力”转为一个普通媒介来衡量位置，不允许使用权力作为一种手段来实现其他利益，有时甚至是激进的。对这一点我们可以稍有不同的理解，即国家的任何资源或是成就，如果可以进行对比，并且很方便衡量，就可被用来为国家排序。它们的位置以及所衡量出的在位置中的差异就是它们的权力。因此，我们理解运动员之间的竞争，他们总是成对地比赛，之后产生一个全部选手的积分排序。因此，现实主义者们发现，在过去几百年中所盛行的是国家所处的条件。在此，看似矛盾的是军事力量，作为国家位置的一个重要衡量标准，它不应该被视为一种资产，这种资产被用来追求诸如安全那样的国家利益，因为军事力量的耗尽会直接影响国家在世界上的位置。即使耗费军事力量会提高国家相对于其对手的安全，因为军事接触使后者耗费的军事资源多于自己的耗费，但是该国的位置与那些在体系中没有如此耗费军事力量的国家相比仍会下降。

那么让我们暂时接受沃尔弗斯和奥斯古德所表示的，在当今世界，全部比较已经取代了二者比较。我们会期待重视军事力量，同时反对其使用。我们更希望对于那些军事力量较弱的国家而言，军事力量在全部比较中有可能变得不那么重要。相反，位于顶部或接近于顶部的国家很有可能在关于位置的问题上建议那些位置低的国家或是像沃尔弗斯和奥斯古德这样的观察者们所认为的，尽可能回避权力。如果衡量标准不确定或是排序变化得不到承认（没有单独的"记分员"），那么那些受到影响的国家代理人和公众就可能产生报复性反应。对全部比较的要求和重视甚至可能使人们产生摧毁整个体系的想法。

可以认为这些总结符合我们所了解的世界（Osgood 1957：88—119）。在 20 世纪初德国人和日本人的修正主义并不是证明他们希望获得无休止的权力，而是证明他们应该获得的是在世界上的位置，而当时的位置还没有改变。一般来说，战争是对失意的一种反应，而最终彻底的胜利则是摧毁充满不确定的体系。在战后的排序中，美国和苏联的位置证实了权力即是一种无处不在的衡量标准，同时又是无用的资产这样的矛盾。核武器的毁灭性确保它们可以为国家提供安全，但前提是它们不被用于国家安全上。因此，由于不使用的核武器可以作为衡量国家位置的一个标准，按照威慑逻辑，大量的核武器堆积，远远超过了所需要的数量。国家常规军事力量在国家的排序中也是如此。以军事实力排序使国家使用武器的速度远不能超过武器补充更新的速度，除非它们被用来减少主要对手的能力。但是，后面的行为却使全部比较所基于的体系面临危险。

全部比较的世界是对当今国际关系的最佳描述吗？摩根索认为任何时候的国际关系都是如此。其他现实主义者则认为当今的国际关系就是这样。“那些称自己为现实主义者的人假定，在最终分析中，国际关系中的行为体都是把自己在世界上的位置最大化。”(Young 1986:118)如果我们把全部比较体系限制在两个国家内，这两个国家是一个全部比较体系中排在最前面的两名，那么这种情况的现实主义特征更强。

正如从本书第六章的内容所看到的，我认为当代国际关系始终是他治。他治意味着内部比较居主导，对于那些自由选择的人来说可以获得的资源是不对称的，也产生了不对称结果，并且这种结果受霸权支持的影响。美国和苏联都维持了自己直接统治的势力范围，这也使其维护了二者之间他治的一种稳定模式。两国也都进行了一系列多样的比较，并指导自己的资源在不直接影响财富和安全的情况下朝着有利于改变自己相对位置的方面使用。由于全部比较在排序上只有两个位置，如果不是因为可以比较的资源与成就的多样性，它很容易与二者比较相混淆，或是变为二者比较。[11]结果就是一个竞争的场面，一场没有终止的锦标赛，在很多赛场中多轮比赛在同时进行，我们所有的人都是无法回避的观众。

对两个国家来说，这种安排的一个好处是它在一定程度上掩饰了彼此间的他治关系和所保持势力范围的等级关系。由于不停的竞争吸引了全球的注意力，而没有影响双方的相对安全，美国与苏联的代理人都非常清楚不能让多种全部比较的霸权体系转为二者比较，在二者比较中所有国家都会陷于危险。国家的代理人不需要为所有这些想出答案，他们只需要明白他们的利益如何服务于现状，这种现状会为其他利益服务。

剥　　削

人们“剥削”他们可以获得的资源来追求自己的即刻利益。由于资源包括人，这里的人包括自己，也包括其他人，因此理性的行为也自然包括对人的剥削。这种日常意义的剥削不可避免地包括人的物质方面，也包括社会方面。如果没有剥削模式的话，我就没有必要考虑剥削问题。但是，事实是确实存在这样一种模式，一种结果不平等的模式，这引发了我对道德意义的思考。

约翰·罗默(John Roemer)最近在努力发展一个"关于剥削的一般性理论",他的起点应该也是从不平等开始[Roemer 1982, 1986;参见怀特(Wright 1985:64—82)关于该问题的扩展]。

> 在几乎所有的社会或是经济体中,都存在不平等。但是,并不是所有的不平等都被社会认为是剥削性的或是不公平的。当然,剥削这个词本身在某些方面就包含着一定意义的不平等。那么一个特定的社会会把哪些形式的行为视为剥削性的,哪些不是呢?(Roemer 1985:102)

罗默对此问题的回答无论在方法上还是在规范方面都非常有力。他提出:"一个群体如果具有可以进行其他选择的条件,而且在这些条件下其成员可以更加富裕,他们就是被剥削了。"(Roemer 1982:103)罗默之后问到是否至少一个群体会选择脱离社会,这些社会的条件建构了我们一般所称的封建主义、资本主义和社会主义,也包括当代社会主义的中央集权体制。

人们也许会问,用什么脱离?罗默提出了三种可能。一个群体可以通过以下三种方式脱离社会:第一种是与"自己的私有财产"一起离开,第二种是与"可转让的人均生产性资产"一起离开,第三种是一旦不可转让资产可以平均分配,与自己拥有的人均不可转让资产的份额一起离开(Roemer 1982:105, 109)。可分割财产包括"生产方式、资源",不可分割资源是"技能"(Roemer 1982:109)。罗默的结论是,在封建制的条件下,理性的农奴会与他们的私有资产一起离开(从现实角度看如果他们可能的话)。在资本主义的条件下,工人们会与可分割财产的人均份额离开。在社会主义条件下,那些相对没有技能的人会离开。这些解决办法对于个人来说几乎是不现实的。尽管如此,革命总是在为那些受剥削的群体解决问题。"每次革命都是消除那些与资产形式(封建联系、生产的可分割方式、不可分割资产)相关的不平等,允许私有的资产范围也随着历史的推进变得越来越窄。"(Roemer 1982:109)

罗默的定义是非常具有分析性的,但还是遵从了马克思对于剥削以及消除剥削的关注。尽管如此,我还是要指出罗默所作假定的一个缺点,即无论资产是如何在特定的生产方式中被建构,只是与生产活动有关。资源是达到某些结果的手段,是通过由规则限制的实践而建构成这样的。

资源必须首先是一种物质现实，但是它们永远不可能是单独的自然的原材料。只是由于社会建构了这样的使用才使这些自然材料成为资源。如果它们被建构得与最终结果和利益相关的话，它们也可以成为资产。只有当结果是财富时，资产才与生产活动联系起来。当即刻结果是位置的话，资产就成为衡量和改变位置的资源。当安全受到威胁时，资产就成为使其他人感到不安全的资源。

把历史的时代特点按照生产方式来划分如封建主义、资本主义等，这样做的问题在于每个时期也同样都有位置和安全问题，它们都与财富的生产有复杂的关系。在每个时代，剥削在所有的三种利益中都会继续，资产也被用来支持获得这些利益。关注任何一种这样的利益中的不平等都可能会加强或是不影响或是抵制由其他利益所造成的不平等。这种剥削的复杂性会消除任何要使用罗默的标准来辨别或消除剥削层次的企图。实际上，我们需要一个衡量剥削的标准，能够应用于所有利益和资产模式的不平等之中。

我提出的使用标准是我从自由主义政治经济学中借鉴而来的。剥削是描述任何理性的个人在实现利益的过程中增加租金的情况。“租金是向资源的拥有者所支付的一部分，这些资源也可以被用作他用。租金是超出机会成本的收入。”（Buchanan 1980：3）一个完善的市场可能不存在租金，但是没有任何一个市场是完善的。租金的可能性是使企业家们尝试新的生产活动的动力。一个具有自我管制制度的市场总是会降低租金，因此说服其参与者寻找其他支付租金的新活动，无论这些支付形式如何简捷（Buchanan 1980：6—7）。当市场被规则统治的实践系统地破坏时，租金对有些人来说就会增加，这种增加是以其他一些人为代价的。颁布这样的规则，收获其成果其实就是一种对租金的追求（与此相对的是对利润的追求，这是在一个制度化良好的市场中对租金的可能性作出的反应；Buchanan 1980：7—11）。自由主义者们认为追求租金是剥削性的，我认为如马克思所说追求利润也同样如此。

人们可能会从租金作为剥削的标准中看到我认为在罗默的激进标准中存在同样的局限。它似乎仅仅是指财富及其生产。但是，租金作为剥削标准的简单性意味着租金相对其他利益更容易使用，只要它们被认为是可以核算的资产。我认为寻求租金总是剥削性的，不管租金提供的是昂贵的位置、安全,还是财物,与以其他方式使用一个人的资源相比它的代价更高。为了表明这种观点,我们可以简单地看一下罗默所指的某些时代的利益。

在封建社会,安全的分配产生社会安排,这些安排是个体在出生时规则就赋予了他们在社会上的位置。一个人的位置决定了他是会提供安全还是生产产品,也决定了他可以用于交换的条件。交换是不平等的,因为农奴们总是要为自己的安全有所付出。他们所获得的安全总是达不到威胁到地主安全的程度,从而威胁到后者收取地租的能力。不平等的位置更加强化了交换的不对称性。

罗默会直接进入到资本主义社会。我认为从逻辑上和历史上看,我们应该转向与国家相关的剥削的条件,国家的出现恰好与欧洲国家封建制的衰落同时发生。国家使与位置相关的规则与提供安全区别开来。从原则上说,安全不再是作为私有资产而产生并可以交换,而是大家都可以获得的一种公共资产,而与位置和财富无关。这是因为安全不是由那些具有社会地位和财富的人提供的。相反,作为所有人的代理人,安全领域的专家要为所有人履行自己的责任。

把国家建构为一种集体的安全制度(可回忆第四章)可以为那些具有社会地位的人提供安全,这远比他们为自己提供安全的代价要低。当然,这是对那些拥有需要保护的财富的人来说,这一点也可以帮助解释在欧洲国家形成时期君王与资产阶级之间的联合。人们会发现支付集体安全的花费以及忍受那些在追求租金时"搭便车者"的费用要低得多,一些"搭便车者"会逃避为安全付费,因为他们拥有的资产太少(对比第六章注释16)。对于索要租金的人来说就更便宜了,通常是由那些负责提供安全的人作为一种位置或是财富而实现。罗默对于社会主义的国家主义[他不恰当地将之描述为"地位剥削"(Roemer 1982:243—247; 1985:109—110);可比较 Wright 1985:71]的关注准确来说是对这种剥削关系的认可,当社会主义宣布纠正了其他形式的剥削时这一点就更加明显。

资本主义是以集体安全为前提的,这种集体安全仅用最小部分的生产资产就可以购买到。财富的生产与交换也允许众多的排序体系以及赋予它们位置的制度的存在。最后,资本主义依赖于适合的市场制度来获得生产性资产。如果资产被视为"最初的私人财产"[这个词来自罗默

(Roemer 1985:104);这个概念深深地根植于自由主义思想中],那么出于生产性目的而进行的扩大和交换是具有剥削性的。但是,由于市场竞争而导致的创新,从任何一个受益人的角度看这种剥削性都只是暂时的。从长远看,个人财富的起落(使用的这个术语具有双重的含义)是平衡的,剥削的分配也可以被视为是没有剥削性的。

对自由主义正义的这种描述的问题在于它的假定,即个人具有与生俱来的一些天赋或是能力。从出生起,人们在社会安排中的参与就是不平等的,社会安排使人们可以选择机会,发展技能,使自己的能力更强。一个人比其他人具有更多技能,这意味着他有更多的机会来获得资源。在这种情况下,租金就可以被概念化为天赋及先天的能力和技能性地参与生产活动与受控制地获得资源之间的差别。由于这些差别是不可估算的,租金被转变为一种生产活动的体系。没有人必须为那些租户来收取租金。资本主义把利用生产性资源来产生更多这样的资源作为一种系统性内容。资本主义无限的生产力同时也加速了生产活动。同时,它也加剧了技能与获得隐性租金(buried rent)和其他资源之间的差异。

罗默关于可分割资产和不可分割资产——资源和技能——的区别遵循了先天的资产这一自由主义概念。用建构主义的话来说,所有这些区别都被误导了。财富的再分配会改变由于获得资源的不同所引发的剥削。这也是社会主义的目标。无论用什么样的言辞,回报总是不足以用来把技能平等化。相反,社会主义促进了技能在资源获取方面的不平等发展。社会主义这样做实际上也是把财富作为衡量社会地位的替代标准。

我们通过简单回顾现代史可以得到什么呢?尽管在前现代社会的社会安排中,大多是用地位(位置)来代替其他资产,并获得毫无疑问是剥削性的其他利益。封建社会是通过利用地位支持下的不安全来达到这个目的。从范式角度被明确为国家的社会安排是利用安全的条款来实现其他利益。剥削的组织性方式被赋予了特权位置。最后,社会安排也被认为是具有生产活动和资产的市场,是具有剥削性的,因为把个人建构为参与者的规则只是为仅仅一部分人产生了租金。我认为,统治是有剥削性的。如果存在三种统治,那么就有三种形式的剥削。如果统治是不可避免的——这种观点我认为是遵循了规则与统治的逻辑,那么剥削也同样如此。减少一种形式的剥削会强迫或是促进另一种其他形式剥削的存在。

那么资本主义和社会主义又是怎样呢？它们都不是统治的形式，但是都对剥削产生影响。资本主义的生产力，被用来不停地利用地球（也包括人类）的自然资源，生产了大量易于被剥削性地分配的资产。社会主义将在没有否认资本主义生产效率的情况下消除由于资本主义而加重的剥削。这就要求在国家的支持下对技能以及组织的扩散给予不同的支持。这就引发了中央集权制（Wright 1985：78—82，1986：120—123）。

认证技能的集中建构了由两个阶级组成的世界。一个是城市的统治阶级，他们的职业资历以及高度磨练的技能使他们非常适合一个组织复杂的社会的需要。该阶级的主导利益是他们的社会地位以及对那些维持现状的主导活动的支持。另一个阶级是这个阶级之外的所有人。他们中的大多数人极度贫困，没有技能，甚至连作为工人或是农民的作用都不能有效地发挥。

资本主义为这样的阶级安排支付了租金，同时也资助国家成为安全的提供者，而国家体系成为一个不安全的源头，使国家必须永远存在下去。反过来，国家为很多（不是全部）城市阶级的成员提供直接支持，主要是通过雇用他们为国家的行政管理人员或是官员。其他组织——无论是公共的还是私有的——也同样如此。国家也对不同阶级可以获取的不同资源进行补偿，主要通过采取一些社会主义或是福利政策，这也加强了接收租金的技能拥有者的地位。

资本主义是财富的源头，被用来支持一个不正常安全体系以及以职业资历和组织为导向的统治阶级。资本的全球性流动依赖于由国家的位置与安全构成的体系，在该体系的掩盖下，人们是看不到通过电子途径进行的资本流动的。资本主义也依赖于这些体系来纠正自己不稳定的趋势。物质增长的显著阶段性源于资本主义需要通过技术革命大规模地建构新的资源（Onuf 1984）。与此对应，我们也看到了组织性干预。如果资本主义不能通过技术革命继续更新自己——我认为这也是一个存在争论的问题，那么增长的下降将会使组织进一步加强，使那些城市专家们进一步进行统治（Seabold and Onuf 1981：32—36）。

对于剥削这样的人类现实我们是没有解决办法的。即使在没有解决办法的情况下，我们也必须称之为剥削，因为剥削就是它一直存在的那个样子。

> ……我认为,困难不是在于找到解决的办法,而是要认识到一些事情是解决的基础……如果在我们思考时,赋予了它正确的地位,那么对困难的解决就只是一个描述而已。我们要开始对其进行思考,而不是努力跨越。
>
> 现在的困难在于停止。
>
> 路德维希·维特根斯坦
>
> (1976:par 314, p.58e)

注　释

1. 有些错误或误判是系统性的。在某些情况下它们的出现是可以预测的(例如危机),这样它们就使在这种情况下的理性行为被赋予了实质意义(Jervis 1976)。但是,正如弗格森和曼斯巴赫所认为的,这并不否定基于理性假设理论的可能性(Ferguson and Mansbach 1988:146—160)。但是,这确实需要对这样的理论进行完善、修改,使其更加复杂,但同时作为一个政治经济学的范式理论又使其不那么容易说明问题。因为人们不可能学习那些他们确实系统犯过的"错误",这就表明问题在于社会选择理论本身,而不是在于个人。因为理论是语言建构的,语言所采用的各种比喻可能捕捉不到完全理性的人的认知世界。例如,"赌博是人们在涉及一些冒险性决策时所使用的最主要的隐喻……"当人们面对很多不确定性时,人们真的认为他们是在像"冒险的赌博"中所进行的选择那样思考吗?(Einhorn and Hogarth 1987:42)如果如社会选择理论所说的,人们学着在面对不确定性时不要犯错误,那是因为他们学会了把隐喻使用在社会选择理论家所青睐的情况上,这些理论家们面临着对理论化进行解释的要求(关于非命题性学习,也可参见本书第三章注释16)。

2. 我认为理性的这种建构是从完全的重复中保存下来的,因为人类行为的一部分(我认为是一小部分)是完全反思性的或是依赖直觉的。只要这样的行为不被认知性地(社会性地)调整,不受选择的影响,那它们就不是理性的。然而,这样的行为可能就是人们的选择,如果他在那一刻不是完全受本能或是条件反射的影响。可以把这种情况与非人类生活中的这种情况进行对比(下一个注释)。

3. 在把博弈论用于非人类生活时,罗伯特·阿克塞尔罗德发现个体实施的"生存战略"会导致集体的自然选择和进化。如人们一贯认为的,进化过程依赖于竞争,就像阿克塞尔罗德所表示的,它同时也依赖于合作(Robert Axelrod 1984:88—105):

> 在一个多变的环境下,合作能够开始,且能够继续,而且一旦开始就能够自我保护,看到这些确实令人鼓舞。但是,最有意思的是就取得这些成果而

言，关于个人或是社会背景我们可以设想的内容却很少。个人不一定是理性的：进化过程使成功的策略发挥作用，即使是行为体不知道原因或是如何实现。行为体也不需要交换信息或承诺。他们不需要语言，因为他们的行动已经表明了一切(Robert Axelrod 1984:173—174)。

不仅仅这些个体不需要是理性的，除非他们是人类，他们也不可能是理性的。“战略”、“行为体”(players)、“行动”都是为了表达效果而进行的策略选择。

4. 承认在不确定条件下的结果的多样性实际解决了以下这个问题：“是使可能的收益最大化，可能的损失、可能的后悔最小化是理性的，还是要满足不同的标准是理性的。”(Kratochwil 1987:312)针对一个可能的结果，使收益最大化、损失最小化实际使可以选择的多种结果分别最大化了。二者都是理性选择，尽管一种冒更多的风险，取得更多的收益，另外一种冒更少的风险，收益也更少。随后人们选择哪一种则取决于一些额外因素，如是否愿意接受风险，延迟回报或是延迟由理性选择历史所建构的其他特征。从程序上来说，无论收益最大化还是损失最小化，对于社会选择理性来说确实是不同的(参见 Frolich and Oppenheimer 1978:49—65)。

5. 巴里承认“把强调规范与人们理性地追求受限制影响的目标的理论结合在一起……在逻辑方面不存在不一致性”(Barry 1970:181)。波普金认为这种结合非常有用，很显然我认为这是必不可少的。

6. 帕森斯把“财富”和“权力”都视为即刻结果的明确内容(除非是最终结果要求放弃)，因为它们是“来自经济和政治层面的分析……”(C.Parsons 1937:262)在社会文化层面出现了“融合”(integration)，它不是作为行动的一个即刻结果，而是在所有社会体制中都存在的一个条件。对于一致性来说，帕森斯应该注意到位置是又一个即刻结果，它集体表现为体系融合，这是在社会文化层面最容易辨别的。对于只有一个舞台用于进行全部比较的体系来说，它接近于一个完全融合的理想类型；那些有多个的则不是这样(C.Parsons 1937:263—264)。

7. 此句的结尾是“*即工作和互动*”。哈贝马斯在其他地方对此进行了扩展：“*知识与建构利益是以工作、语言和权力为中介的*。”(Habermas 1971:313，哈贝马斯所作的强调)工作是指“个人为了生存和保护自己而对所处环境的控制和使用”。哈贝马斯所指的是通过“语言”进行的交流活动或是信息的交换。我没有看出他为什么不像“互动”所表示的那样把所有交换都包含进来。权力主要指“自我反思的力量”(Habermas 1971:134)。我们可以推断权力并不仅仅指自身内部的，因为反思“使主体从对假设实在性权力的依赖中解放出来”(Habermas 1971:310)。这样，权力就指对思想的控制，也包括对自己思想的控制。

8. 哈贝马斯并没有特别指出实际利益(practical interest)与解放利益(emancipator interest)之间的区别，这一点从他阐述的关于理性的另外两个概念就可以看出，这两个概念分别是认知工具理性和沟通理性(Habermas 1984:10)。第一类理性与工作的媒介有关(注释 7)，在这之中，技术认知利益形成了。第二种是“基于那些辩论性演说的不受限制的、统一的、可以达成共识力量的核心经验之上……”(Habermas 1984:10)辩论性语言明确指那些互动和语言的媒介,在这之中实际的认知利益形成。沟通理性的获得是“统一的”和“产生共识的”,这是指实际的和解放性的结果。哈贝马斯在指出韦伯作品中所指的“理性的三种复杂形式”时,承认沟通理性起两种作用。三种复杂形式是指“认知—工具理性”“道德实际理性”“美学实际理性”(Habermas 1984:237—241)。可以用一个更艺术的表达形式来称呼媒介,即“权力”,它以其给定的形式与认知利益平行发挥作用,并与其互动。

9. 该词从词源学角度也表明了这一点。利益这个词是经由法语由拉丁文“interesse”演化而来,部分意思是“在……之间”(Flathman 196:16,注释 4,从皮特金的博士论文释意而来;可比较 Pitkin 1967:157)。

10. “在自利中,有由于结果的自然限制而体现出的理性因素,这在对权力的意愿中是缺乏的。正是因为这个原因,只有自利可以由妥协而得到缓解,而对于一种需求的满足会刺激获得更大权力的愿望。”(Morgenthau 1946:193—194)这种观点削弱了关于手段与结果的区分。对权力的渴望是没有边际的,我们必须推断它会超越有限结果,对有限结果的追求会使人们保留对手段与结果的区分。也可参见 Waltz(1959:34—39)。

11. 学者们也混淆了。在意识到现实主义把那些从事国际关系的人视为“地位最大化者”时,奥兰·扬(Young 1986:118)指出:“一个由把地位最大化者所组成的社会与霍布斯所描述的国家自然状态相似。因为每个行为体的收益对其他行为体来说都是损失,成员之间会发现自己或多或少处于一种纯粹的冲突之中……”扬还描述了一个由安全最大化者组成的安全体系,属于二者比较。同样的困惑也说明了在阿克塞尔罗德的循环锦标赛中为什么参加者会有那么多不好的表现。

概 要 表

在本书中，我把非常杂乱的社会建构现象归为几个类别，实际上总是三类，总是在重复同样的关系特点。在第三章，我论证了我提出的观点，即至少有一些三类事物是普适性的。但是，我并不认为哪一类是最基础的。如果在社会建构之前，有一系列基础特征的话，我会建构一个相对应的表格，分为三列，每一列代表一类，主要是根据其特征来列举。当然，这是一种标准的理性方法。同样，我也会为每种情况列出单独的一列，在这之中，发现这些类别的具体表现形式。之后，我把表格的各个部分填满，一切就都清晰明了了。

所有的一切都非常清楚，只有一点除外，即我怎么能够站到作为一种社会建构的人类经历之外来提供一系列的坐标以“解释”所有这些经历模式的不断重复。我的建构主义取向使我不认为存在那种可能性，即我或是任何一个我所推测的坐标是位于社会建构之外。一切都必须被置于表格之内。那么表格又从何而来呢？作为我所建构的一部分，表格也必须具有自己的坐标来控制整个建构，实际上它不会是原来所建构的那个样子。

当任何事物从说明角度看都不是最基础时，实际的困难在于为外部的独立标准找到一个良好且有用的标签。即使当人类在没有柏拉图式的本质、超越一切的词语或是“魔幻三和音”(triads)(Sebeok 1983:2)的帮助下建构现实时，还存在另一种可能。人类都有共同的特征——从生物角度看都具备的能力——它们都受到社会建构的影响，有些变为一种普适性的实践。诸如视觉能力或是双足行走的能力可能在一起就导致了一些普适性的实践，比如在文档堆中从一个文档查到另一个，这种视觉能力与双足行走能力一起导致了与物质相关但是是社会建构的活动，比如测量两点间的最短距离，开辟通道等等。

在第七章，我提到我们的三种感觉与我们推理类别相关联的可能性。一般来说存在五种感觉，我认为这是社会建构的，可能不是普遍性的。我们所赋予这些感觉的或多或少的重要性也是如此。我质疑三种感觉主导了所有的社会实践，即触觉、视觉和听觉，其他感觉则起辅助作用。这三个主要感觉都不能控制或主导其他两个。我也质疑人们普遍赋予触觉、视觉和听觉的重要性，这也可以从我们身体的其他方面得到支持：我们自己的内与外也不同(Johnson 1987：19—37；Lakoff 1987：266—281)。我们的触觉表明了在我们之内和之外的界限，我们可以看出去，我们听到外来的声音。同样，我们的身体所经历的部分与整体的关系也是如此："触摸"是从一个整体到另一个整体；"看"是从一个整体(我们自己)到有许多部分的世界；"听"是听到部分世界，但是是作为我们大脑中的一个完整部分。

经历能力

	存在的类别和在空间和时间意义上的构成与限定	物质控制的类别和控制形式的构成与限定(第一章)	自行的努力、协定、交换和与之相伴的施动性和机会的构成与限定
经历范式	断言性言语行为	指令性(第二章)	承诺性
	指导性规则	指令性规则(第二章)	承诺性规则
	溯因推理	演绎(第三章)	归纳
	恳求	比赛(第三章)	线索寻找
	耻感	恐惧(第三章)	罪感
	监控机制	行政机制(第四章)	管理机制(第四章)
	隐喻	转喻(第四章)	提喻
	风俗	美德(第五章)	权利
	讲实话	不伤害(第五章)	遵守承诺
	霸权统治	等级统治(第六章)	他治
	牧师与教授	武士与外交官(第七章)	医生与商人
	解释	辩护(第七八章)	暗示
	全部比较	二者比较(第八章)	内部比较
	位置	安全(第八章)	财富
	触摸	看见	听到

我认为我们对世界的感觉经历与我们的身体本身，加上我们对入和出、整体与部分的关系的理解的强化，会产生推理的三个类别，很多其他社会实践更是如此。我把这三种感觉称为“经历能力”(faculties of experience)。它们不是人类经历的全部，但是我把它们作为最重要的经历。它们不仅仅是单独的、作为不可调节的触、看、听的身体能力问题，它们还涉及一系列关系。我不想单独来命名某个类别，因为它们是一个系列，也应该被这样看。这系列能力在下面的概览表中显示出了纵向内容的不同。

那么如何来描述横向的内容呢？我注意到其他一些学者在归纳社会现实特点方面的努力。路德维希・维特根斯坦专门写到了“生活的形式”(回顾第一章的内容)。迈克尔・瓦尔泽借用了布莱兹・帕斯卡尔(Blaise Pascal)的概念，即“个人的特质和社会产品各自有它们的运行范围”(Michael Waltzer 1983:19)。我发现马克斯・韦伯“比较关注家族、宗教、经济、政治、艺术、情爱和智力(科技)生活秩序‘内在的和法律自主性’或是生活活动的范围与价值……”(Sacaff 1987)。罗伯特・考克斯指出了“生产的社会关系”的12种“模式”(Robert W.Cox 1987:11—34)，他把它们称为“单子”(monads)。考克斯在考察莱布尼兹对“模式”这个术语的使用时认为它只是一种方法，用来观察“社会生活的独特形式，以便发现它们的发展动力特征，就如同它们是根据一个独特的社会原则在发展一样”(Cox 1987:405)。迈克尔・奥克肖特在他的“经历模式”中也写到了模式(Oakeshott 1933)。他在理想主义的基础上指出了三种模式(历史的、科学的和实践的)，它们不是“能力”(Oakeshott 1933:71—73)。奥克肖特从整体与部分关系的角度来表现的每个模式对我来说却表达了另外的意思：他的三个模式实际是我所说的三种能力(并且是同样的顺序；参见Oakeshott 1933:98, 182, 260)。

像“形式”“范围”“模式”这样的词语或是被整理或是引起一种本质主义趋势。在人类活动之后，把具体、连贯的活动进行定位总是存在风险。我重新审视了这些风险，并在第一章关于范式的讨论中提供了合适的放弃说明和解释。由于一直思考着这些说明，我建议把表格的横向内容称为“经历范式”。与经历能力不同，经历范式并不构成一个明确的系列。实际上人们建构多少种范式就有多少种范式。在建构时，也是像建构的那样来理解。

各位朋友，理论是灰色的，而生命之树常青。

——约翰·沃尔夫冈·冯·歌德(Johann Wolfgang von Goethe)

Faust(1976:97)

参 考 文 献

[Bracketed information locates references in text, by chapter, unless otherwise indicated.]

Abercrombie, N., S. Hill, and B. S. Turner (1980) *The Dominant Ideology Thesis.* London: George Allen and Unwin. [6]

Aggarwal, V. K. (1985) *Liberal Protectionism.* Berkeley and Los Angeles: University of California Press. [4]

Aiken, H. D., ed. (1968) *Hume's Moral and Political Philosophy.* New York: Hafner Publishing Co. [5]

Alexander, J. C. (1982) *Theoretical Logic in Sociology,* Vol. 2, *The Antinomies of Classical Thought: Marx and Durkheim.* [Intro.]

———. (1983a) *Theoretical Logic in Sociology,* Vol. 3, *The Classical Attempt at Theoretical Synthesis.* Berkeley and Los Angeles: University of California Press. [4]

———. (1983b) *Theoretical Logic in Sociology,* Vol. 4, *The Modern Reconstruction of Classical Thought: Talcott Parsons.* Berkeley and Los Angeles: University of California Press. [4]

Alford, C. (1985) "Is Jürgen Habermas's Reconstructive Science Really Science?" *Theory and Society* 14: 321–340. [3]

Alker, H. R., Jr., and R. K. Ashley, eds. (forthcoming) *After Realism.* [5]

Allison, G. (1971) *The Essence of Decision.* Boston: Little, Brown. [7]

Almond, G. A. (1986) "Spheres of Influence Behavior: A Literature Search and Methodological Reflections," 145–167, *Dominant Powers and Subordinate States,* ed. by J. F. Triska. Durham: Duke University Press. [6]

Anderson, P. (1978) *Passages from Antiquity to Feudalism.* London: Verso. [6]

Aron, R. (1954) *The Century of Total War.* Boston: Beacon Press. [7]

———. (1973) *Peace and War,* abridged version trans. by R. Howard and A. B. Fox. Garden City: Anchor Press. [7]

Aronson, J. L. (1984) *A Realist Philosophy of Science.* London: Macmillan. [1]

Arrow, K. J. (1983) *Collected Papers,* Vol. 1, *Social Choice and Justice.* Cambridge, MA: Harvard University Press. [8]

Ashley, R. K. (1983) "The Eye of Power: The Politics of World Modeling," *International Organization,* 37: 495–535. [5]

———. (1986) "The Poverty of Neorealism," 255–300, in *Neorealism and Its Critics,* ed. by R. O. Keohane. New York: Columbia University Press. [Intro.]

———. (1987) "The Geopolitics of Geopolitical Space: Toward a Critical Social Theory of International Politics," *Alternatives* 12: 403–434. [Intro., 7]

———. (1988) "Geopolitics, Supplementary, Criticism: A Reply to Professors Roy and Walker," *Alternatives,* 13: 88–102. [1]

Austin, J. L. (1954) *The Province of Jurisprudence Determined and the Uses of the Study of Jurisprudence,* with an Introduction by H. L. A. Hart. New York: Noonday Press. [2,5]

———. (1963) *How to Do Things with Words.* Cambridge, MA: Harvard University Press. [2]

———. (1964) "A Plea for Excuses," 41–63, in *Ordinary Language,* ed. by V. C. Chappell. New York: Dover Publications. [2]

Axelrod. R. (1970) *Conflict of Interest.* Chicago: Markham Publishing. [6]

———. (1984) *The Evolution of Cooperation.* New York: Basic Books. [8]

Bach, K., and R. M. Harnish (1979) *Linguistic Communication and Speech Acts.* Cambridge, MA: MIT Press. [2]

Bachrach, P. (1967) *The Theory of Democratic Elitism.* Boston: Little, Brown. [7]

———, ed. (1971) *Political Elites in a Democracy.* New York: Atherton Press. [6, 7]

Baker, G. P., and P. M. S. Hacker (1984) *Skepticism, Rules and Language.* Oxford: Basil Blackwell. [1]

Balbus, I. D. (1983) *Marxism and Domination.* Princeton: Princeton University Press. [6]

Baldwin, D. A. (1979) "Power Analysis and World Politics: New Trends versus Old Tendencies," *World Politics* 31: 161–194. [7]

———. (1985) *Economic Statecraft.* Princeton: Princeton University Press. [7]

Barnet, R. J. (1973) *Roots of War.* Baltimore: Penguin Books. [6]

Barry, B. (1965) *Political Argument.* London: Routledge and Kegan Paul. [8]

———. (1970) *Sociologists, Economists and Democracy.* Chicago: University of Chicago Press. [8]

Barry, B., and R. Hardin (1982) "Epilogue," 367–386, in *Rational Man and Irrational Society?* ed. by Barry and Hardin. Beverly Hills: Sage Publications. [8]

Beitz, C. R. (1979) *Political Theory and International Relations.* Princeton: Princeton University Press. [5]

Bendix, R. (1962) *Max Weber: An Intellectual Portrait.* Garden City: Anchor Books. [3,6]

———. (1966–67) "Tradition and Modernity Reconsidered," *Comparative Studies in Society and History,* Vol. 9: 318–323. [7]

———. (1978) *Kings or People.* Berkeley and Los Angeles: University of California Press. [7]

Benedict, R. (1946) *The Chrysanthemum and the Sword.* Boston: Houghton-Mifflin. [3]

Bentham, J. (1948) *The Principles of Morals and Legislation,* with an Introduction by L. J. LaFleur. New York: Hafner Press, reprinting ed. of 1823. [3,4,5,8]

———. (1962) "Panopticon: or the Inspection House," 37–172, in *The Works of Jeremy Bentham,* Vol. 4, ed. by J. Bowring. New York: Russell and Russell. [5]

Bentley, A. F. (1967) *The Process of Government.* Cambridge, MA: Belknap Press. First published 1908. [7]

Beres, L. R. (1980) *Apocalypse.* Chicago: University of Chicago Press. [4]

Berger, P. L., and T. Luckmann (1967) *The Social Construction of Reality.* Garden City: Anchor Books. [1]

Berman, M. (1982) *All That Is Solid Melts into Air.* New York: Simon and Schuster. [7]

Bernstein, R. J. (1978) *The Restructuring of Social and Political Theory.* Philadelphia: University of Pennsylvania Press. (Intro., 1,8]

Bhaskar, R. (1979) *The Possibility of Naturalism.* Atlantic Highlands: Humanities Press. [1]

Birnie, P. (1985) *International Regulation of Whaling,* Vol. 1. New York: Oceana. [4]

Black, M. (1962) *Models and Metaphors.* Ithaca: Cornell University Press. [2, 4]

———. (1970) *Margins of Precision.* Ithaca: Cornell University Press. [3]

Bleicher, S. A. (1969) "The legal Significance of Re-Citation of General Assembly Resolutions," *American Journal of International Law* 63: 444–478. [4]

Bloor, D. (1983) *Wittgenstein: A Social Theory of Knowledge.* New York: Columbia University Press. [1]

Bohannan, P. (1967) "The Differing Realms of Law," 43–56, in *Law and Warfare,* ed. by Bohannan. New York: Natural History Press. [4]

Bonner, J. (1986) *Politics, Economics and Welfare.* Sussex: Wheatsheaf Books. [Intro.]

Bothe, M. (1980) "Legal and Non-Legal Norms—A Meaningful Distinction in International Relations?" *Netherlands Year Book of International Law.* Vol. 11: 65–95. [2]

Boyd, R. N. (1984) "The Current Status of Scientific Realism," 41–82, in *Scientific Realism,* ed. by J. Leplin. Berkeley and Los Angeles: University of California Press. [1]

Boyle, F. A. (1985) *World Politics and International Law.* Durham: Duke University Press. [7]

Bradbury, M., and J. McFarlane, eds. (1976), *Modernism 1890–1930.* Hammondsworth: Penguin Books. [7]

Brennan, G., and J. M. Buchanan (1985), *The Reason of Rules.* Cambridge: Cambridge University Press. [5,6]

Brown, S. (1974) *New Forces in World Politics.* Washington: The Brookings Institution. [7]

Bruner, J. (1986) *Actual Minds, Possible Worlds.* Cambridge, MA: Harvard University Press. [1]

Buchanan, J. M. (1980) "Rent Seeking and Profit Seeking," 3–15, in *Toward a Theory of the Rent Seeking Society,* ed. by Buchanan and others. College Station: Texas A & M Press. [8]

Buchanan, J. M., and G. Tullock (1962) *The Calculus of Consent.* Ann Arbor: University of Michigan Press. [6]

Buchler, J., ed. (1955) *Philosophical Writings of Peirce.* New York: Dover Publications. [3]

Bueno de Mesquita, B. (1981) *The War Trap.* New Haven: Yale University Press. [6]

Bull, H. (1977) *The Anarchical Society.* New York: Columbia University Press. [5,6]

Callinicos, A. (1985) "Anthony Giddens," *Theory and Society* 14: 133–166. [1]

Carr, E. H. (1964) *The Twenty Years' Crisis, 1919–1939.* New York: Harper Torchbooks, reprinting 2nd ed., 1946. [7]

Carreau, D., and others (1978) *Droit internationale économique.* Paris: Librairie générale de droit et de jurisprudence. [2]

Cavell, S. (1979) *The Claim of Reason.* Oxford: Oxford University Press. [1]

Chayes, A. (1974) *The Cuban Missile Crisis.* New York: Oxford University Press. [7]

Claude, I. L. Jr. (1962) *Power and International Relations.* New York: Random House. [4,8]

Clegg, S. (1975) *Power, Rule and Domination.* London: Routledge and Kegan Paul. [6]

Cohen, I. J. (1987) "Structuration Theory and Social *Praxis,*" 273–308, in *Social Theory Today,* ed. by A. Giddens and J. H. Turner. Stanford: Stanford University Press. [1]

Cohen, J. L., E. Hazelrigg, and W. Pope (1975) "De-Parsonizing Weber: A Critique of Parsons' Interpretation of Weber's Sociology," *American Sociological Review* 40: 229–241. [6]

Cohen, M. (1984) *Ronald Dworkin and Contemporary Jurisprudence.* Totowa: Rowman and Allanheld. [2]

Cohen, R. (1981) *International Politics.* London: Longman.

Comaroff, J. L., and S. Roberts (1981) *Rules and Processes.* Chicago: University of Chicago Press. [4]

Connolly, W. E. (1974) *The Terms of Political Discourse.* Lexington, MA: D. C. Heath. [Intro.]

———. (1983) *The Terms of Political Discourse,* 2nd ed., reprinting lst ed. with a new last chapter. Princeton: Princeton University Press. [1]

———. (1987) *Politics and Ambiguity.* Madison: University of Wisconsin Press. [1]

Coplin, W. (1965) "International Law and Assumptions about the State System." *World Politics* 17: 615–634. [2]

Corbett, P. E. (1951) *Law and Society in the Relations of States.* New York: Harcourt, Brace. [5]

———. (1959) *Law in Diplomacy.* Princeton: Princeton University Press. [7]

Coser, L. (1956) *The Functions of Social Conflict.* New York: The Free Press. [4]

Coulter, J. (1983) *Rethinking Cognitive Theory.* New York: St. Martin's Press. [3]

Cox, R. W. (1983) "Gramsci, Hegemony, and International Relations: An Essay in Method," *Millennium: Journal of International Studies* 12: 162–175. [6]

———. (1986) "Social Forces, States and World Orders: Beyond International Relations Theory," 204–254, in *Neorealism and Its Critics,* ed. by R. O. Keohane. New York: Columbia University Press. [6]

———. (1987) *Production, Power, and World Order.* New York: Columbia University Press. [6, Synoptic Table]

Crick, B. (1960) *The American Science of Politics.* Berkeley and Los Angeles: University of California Press. [7]

Dahl, R. A. (1956) *A Preface to Democratic Theory.* Chicago: University of Chicago Press. [7]

———. (1961) *Who Governs?* New Haven: Yale University Press. [7]

Dahl, R. A., and C. E. Lindblom (1963) *Politics, Economics, and Welfare.* New York: Harper Torchbooks. [7]

Dallmayr, F. D., and T. A. McCarthy, eds. (1977) *Understanding and Social Inquiry.* Notre Dame: University of Notre Dame Press. [1]

Day, D. (1987) *The Whale War.* New York: Random House. [4]

D'Amato, A. (1984) *Jurisprudence.* Dordrecht: Martinus Nijhoff Publishers. [4]

Damon, W. (1977) *The Social World of the Child.* San Francisco: Jossey-Bass. [3]

Dell, S. (1981) *On Being Grandmotherly: The Evolution of IMF Conditionality,* Essays in International Finance, No. 144, International Finance Section, Department of Economics, Princeton University. [4]

D'Entreves, A. P. (1967) *The Notion of the State.* Oxford: Clarendon Press. [6]

Derrida, J. (1976) *Of Grammatology,* trans. by G. C. Spivak. Baltimore: Johns Hopkins University Press. [1]

Deutsch, K. W., and others (1957) *Political Community in the North Atlantic Area.* Princeton: Princeton University Press. [1]

De Visscher, C. (1968) *Theory and Reality in Public International Law,* revised ed. trans. by P. E. Corbett. Princeton: Princeton University Press. [7]

Dobb, M. (1963) *Studies in the Development of Capitalism.* New York: International Publishers. [6]

Domhoff, G. W. (1967) *Who Rules America*? Englewood Cliffs: Prentice-Hall. [6]

Doran, C. F. (1971) *The Politics of Assimilation.* Baltimore: The Johns Hopkins Press. [6]

Duby, G. (1980) *The Three Orders,* trans. by A. Goldhammer. Chicago: University of Chicago Press. [3]

Durkheim, E. (1915) *The Elementary Forms of Religious Life.* London: George Allen and Unwin. [3]

———. (1933) *The Division of Labor in Society,* trans. by G. Simpson. New York: Macmillan. [4]

———. (1964) *The Rules of Sociological Method,* trans. by S. A. Solovay and J. H. Mueller. London: Collier-Macmillan. First published 1938. [2]

Dworkin, R. (1977) *Taking Rights Seriously.* Cambridge, MA: Harvard University Press. [2,4]

———. (1986) *Law's Empire.* Cambridge, MA: Harvard University Press. [2,5]

Easton, D. (1953) *The Political System.* New York: Alfred A. Knopf. [Intro.]

———. (1965) *A Systems Analysis of Political Life.* New York: John Wiley and Sons. [Intro.,6]

Eckstein, H. (1973) "Authority Patterns: A Structural Basis for Political Inquiry," *American Political Science Review* 67: 1142–1163. [Intro.,6]

———. (1982) "The Idea of Political Development: From Dignity to Efficiency," *World Politics* 34: 451–486. [7]

Eco, U., and T. A. Sebeok, eds. (1983) *The Sign of Three.* Bloomington: Indiana University Press. [3]

Edelman, G. (1987) *Neural Darwinism.* New York: Basic Books. [3]

Einhorn, H. J., and R. M. Hogarth (1987) "Decision Making under Ambiguity," 41–66, in *Rational Choice,* ed. by Hogarth and M. W. Reder. Chicago: University of Chicago Press. [8]

Eliade, M. (1978) *A History of Religious Ideas,* Vol. 1, *From the Stone Age to the Eleusinian Mysteries,* trans. by W. R. Trask. Chicago: University of Chicago Press. [3]

Elias, N. (1982) *Power and Civility,* Vol. 2, *The Civilizing Process,* trans. by E. Jephcott. New York: Pantheon Books. [5]

Elster, J. (1979) *Ulysses and the Sirens.* Cambridge: Cambridge University Press. [8]

Emmanuel, A. (1972) *Unequal Exchange.* New York: Monthly Review Press. [6]

Eulau, H. (1963) *The Behavioral Persuasion in Politics.* New York: Random House. [7]

———. (1968) "The Maddening Methods of H. D. Lasswell," *Journal of Politics* 30: 3–24. [7]

Falk, R. A. (1971) "The Relevance of Political Context in the Nature and Functioning of International Law: An Intermediate View," 177–202, in *The Relevance of International Law,* ed. by K. Deutsch and S. Hoffmann. Garden City: Anchor Books [2,6]

———. (1985) "Toward a Legal Regime for Nuclear Weapons," 453–472, in Falk, F. Kratochwil and S. H. Mendlovitz, eds., *International Law,* Vol. 2, *Studies on a Just World Order.* Boulder: Westview Press. [4]

Ferencz, B. B. (1975) *Defining International Aggression.* Dobbs Ferry: Oceana Publications. [4]

Ferguson, Y. H., and R. W. Mansbach (1988) *The Elusive Quest.* Columbia: University of South Carolina Press. [Intro.,8]

Fish, S. (1980) *Is There a Text in This Class*? Cambridge, MA: Harvard University Press. [1,2]

Flathman, R. E. (1966) *The Public Interest.* New York: John Wiley and Sons. [8]

———. (1972) *Political Obligation.* New York: Atheneum. [1]

———. (1976) *The Practice of Rights.* Cambridge: Cambridge University Press. [7]

———. (1986) "Philosophy, Political Theory and Practice," 145–170, in *Tradition, Interpretation and Science,* ed. by J. S. Nelson. Albany: State University of New York Press. [1]

Foucault, M. (1972) *The Archaeology of Knowledge,* trans. by A. M. Sheridan Smith. New York: Pantheon Books. [1]

———. (1973) *The Birth of the Clinic,* Vol. 1, *An Introduction,* trans. by A. M. Sheridan Smith. New York: Pantheon Books. [3]

———. (1977) *Language, Counter-Memory, Practice,* ed. by D. F. Borchard, trans. by Borchard and S. Simon. Ithaca: Cornell University Press. [1,5]

———. (1978) *History of Sexuality,* trans. by R. Hurley. New York: Pantheon Books. [7]

———. (1979) *Discipline and Punish,* trans. by A. M. Sheridan Smith. New York: Vintage Books. [4,7]

———. (1980) *Power/Knowledge,* ed. by C. Gordon, four translators. New York: Pantheon Books. [5]

Franck, T. M. (1968) *The Structure of Impartiality.* New York: Macmillan. [4]

———. (1985) *Nation against Nation.* New York: Oxford University Press. [4]

Franck, T., and E. Weisband (1971) *Word Politics.* New York: Oxford University Press. [6]

Friedrich, C. J., ed. (1949) *The Philosophy of Kant.* New York: Modern Library. [5]

Friedrich, C. J. (1963) *Man and His Government.* New York: McGraw-Hill. [6]

Frohock, F. M. (1979) "The Structure of 'Politics'," *American Political Science Review* 72: 859–870. [Intro.]

———. (1987) *Rational Association.* Syracuse: Syracuse University Press. [Intro.,8]

Frolich, N., and J. A. Oppenheimer (1978) *Modern Political Economy.* Prentice-Hall: Englewood Cliffs. [8]

Gaddis, J. L. (1986) "The Long Peace: Elements of Stability in the Postwar International System," *International Security* 10: 99–142. [6]

Galanter, M. (1982) "Mega-Law and Mega-Lawyering in the Contemporary United States," 152–176, in *The Sociology of the Professions,* ed. by R. Dingwall and P. Lewis. New York: St. Martin's Press. [7]

Gallie, W. B. (1962) "Essentially Contested Concepts," 121–146, in *The Importance of Language,* ed. by M. Black. Englewood Cliffs: Prentice-Hall [Intro.]

———. (1978) *Philosophers of Peace and War.* Cambridge: Cambridge University Press. [5]

Galtung, J. (1970) "Feudal Systems, Structural Violence and The Structural Theory of Revolutions," in *Proceedings of the International Peace Research Association Third General Conference,* Vol. 1: 110–188. [6]

———. (1971) "Structural Theory of Imperialism," *Journal of Peace Research* 8: 81–117. [6]

Gardner, H. (1981) *The Quest for Mind,* 2nd ed. Chicago: University of Chicago Press. [Intro.,1,3]

Garfinckel, H. (1967) *Studies in Ethnomethodology.* Englewood Cliffs: Prentice-Hall. [1,3]

Gauthier, D. (1986) *Morals by Agreement.* Oxford: Clarendon Press. [6]

Geertz, C. (1973) *The Interpretation of Cultures.* New York: Basic Books. [3]

———. (1980) *Negara.* Princeton: Princeton University Press. [3]

———. (1983) *Local Knowledge.* New York: Basic Books. [4]

Giddens, A. (1976) *New Rules of Sociological Method.* New York: Basic Books. [1]

———. (1979) *Central Problems in Social Theory.* Berkeley and Los Angeles: University of California Press. [1,4]

———. (1981) *A Contemporary Critique of Historical Materialism,* Vol. 1, *Power, Property and the State.* Berkeley and Los Angeles: University of California Press. [1]

———. (1982) *Profiles and Critiques in Social Theory.* Berkeley and Los Angeles: University of California Press. [1]

———. (1984) *The Constitution of Society.* Berkeley and Los Angeles: University of California Press. [1]

———. (1985a) *A Contemporary Critique of Historical Materialism,* Vol. 2, *The Nation-State and Violence.* Berkeley and Los Angeles: University of California Press. [1]

———. (1985b) "Marx's Correct Views of Everything," *Theory and Society* 14: 167–174. [1]

Gilb, C. L. (1966) *Hidden Hierarchies.* New York: Harper and Row. [7]

Gilligan, C. (1982) *In a Different Voice.* Cambridge, MA: Harvard University Press. [3]

Gilpin, R. (1981) *War and Change in World Politics.* Cambridge: Cambridge University Press. [Intro.,6]

———. (1987) *The Political Economy of International Relations.* Princeton: Princeton University Press. [7]

Ginsburg, C. (1983) "Clues: Morelli, Freud and Sherlock Holmes," 81–118, in *The Sign of Three,* ed. by U. Eco and T. Sebeok. Bloomington: Indiana University Press. [3]

Glaser, B. G., and A. L. Strauss (1967) *The Discovery of Grounded Theory.* Chicago: Aldine Publishing Co. [1]

Goethe, J. W. von (1976) *Faust, Part I,* trans. by R. Jarrell. New York: Farrar, Straus and Giroux.

Goldman, A. I. (1986) *Epistemology and Cognition.* Cambridge, MA: Harvard University Press. [1]

Goodman, N. (1978) *Ways of Worldmaking.* Indianapolis: Hackett Publishing Co. [1]

———. (1984) *Of Mind and Other Matters.* Cambridge, MA: Harvard University Press. [1]

Gottlieb, G. (1968) *The Logic of Choice.* London: Allen and Unwin. [2]

———. (1974) "The Nature of International Law," 331–383, in *The Future of the International Legal Order,* Vol. 4, ed. by C. Black and R. Falk. Princeton: Princeton University Press. [2]

Gouldner, A. W. (1970) *The Coming Crisis of Western Sociology.* New York: Basic Books. [4]

Gramsci, A. (1971) *Selections From the Prison Notebooks.* New York: International Publishers. [6]

Guitián, M. (1981) *Fund Conditionality,* Pamphlet Series, No. 38. Washington: International Monetary Fund. [4]

Gutting, G. (1980) "Introduction," 1–21, in *Paradigms and Revolutions,* ed. by Gutting. Notre Dame: University of Notre Dame Press. [Intro.]

Haas, E. B. (1964) *Beyond the Nation State*. Stanford: Stanford University Press. [7]

———. (1968) *The Uniting of Europe*. Stanford: Stanford University Press. [4]

———. (1980) "Why Collaborate? Issue Linkage and International Regimes," *World Politics* 32: 357–405. [4]

———. (1982) "Words Can Hurt You; or Who Said What to Whom about Regimes," *International Organization,* 36: 207–243. [4]

Habermas, J. (1971) *Knowledge and Human Interests,* trans. by J. J. Shapiro. Boston: Beacon Press. [3,8]

———. (1979) *Communication and the Evolution of Society,* trans. by T. McCarthy. Boston: Beacon Press. [2,3]

———. (1984) *The Theory of Communicative Action,* Vol. 1, *Reason and the Rationalization of Society,* trans. by T. McCarthy. Boston: Beacon Press. [2,8]

Hacking, I. (1975) *The Emergence of Probability*. Cambridge: Cambridge University Press. [3]

Haggard, S., and B. A. Simmons (1987) "Theories of International Regimes," *International Organization* 41: 491–517. [4]

Hamnett, I. (1975) *Chieftainship and Legitimacy*. London: Routledge and Kegan Paul. [4]

Hampton, J. (1986) *Hobbes and the Social Contract Tradition*. Cambridge: Cambridge University Press. [6]

Hancher, M. (1979) "The Classification of Cooperative Illocutionary Acts," *Language in Society,* Vol. 8: 1–14 [2]

Hardin, R. (1982) *Collective Action*. Baltimore: Johns Hopkins University Press. [5]

Harsanyi, J. C. (1983) "Basic Moral Decisions and Alternative Concepts of Rationality," *Social Theory and Practice,* Vol. 9: 231–244. [6,8]

Hart, H. L. A. (1961) *The Concept of Law*. Oxford: Oxford University Press. [2,4]

Hart, J. (1976) "Three Approaches to the Measurement of Power in International Relations," *International Organization* 30: 289–305. [7]

Hayek, F. A. (1973) *Law, Legislation, and Liberty,* Vol. 1, *Rules and Order.* Chicago: University of Chicago Press, [4]

Hegel, G. W. F. (1931) *The Phenomenology of Mind,* 2nd ed., trans. and ed. by J. B. Baillie. London: George Allen and Unwin. [6]

———. (1952) *Phänomenologie des Geistes,* 5th ed. Hamburg: Verlag von Felix Meiner. [6]

———. (1977) *Phenomenology of Spirit,* trans. by A. V. Miller. Oxford: Oxford University Press. [6]

Hekman, S. J. (1983) *Weber, the Ideal Type and Contemporary Social Theory.* Notre Dame: University of Notre Dame Press. [6]

Held, D. (1980) *Introduction to Critical Theory.* Berkeley and Los Angeles: University of California Press. [3,7]

Hempel, C. G. (1959) "The Logic of Functional Analysis," 271–307, in *Symposium on Sociological Theory,* ed. by L. Gross. Evanston: Row Peterson. [7]

Henkin, L. (1979) *How Nations Behave,* 2nd ed. New York: Columbia University Press. [4,7]

Heritage, J. (1984) *Garfinckel and Ethnomethodology.* Cambridge: Polity Press. [1,3]

Herz, J. H. (1959) *International Politics in the Atomic Age.* New York: Columbia University Press. [7]

Hicks, S. M., and others (1982) "Influencing the Prince: A Role for Academicians," *Polity* 15: 279–294. [7]

Hinsley, F. H. (1963) *Power and the Pursuit of Peace.* Cambridge: Cambridge University Press. [5]

Hirschman, A. O. (1977) *The Passions and the Interests.* Princeton: Princeton University Press. [5,8]

———. (1980) *National Power and the Structure of Foreign Trade,* expanded edition. Berkeley and Los Angeles: University of California Press. [6,7]

Hobbes, T. (1968) *Leviathan,* ed. with Introduction by C. B. Mcpherson. Middlesex: Penguin Books, reprinting edition of 1651. [5,6,8]

Hobsbawm, E. (1987) *The Age of Empire 1875–1914.* New York: Pantheon Books. [8]

Hoffmann, S., ed. (1960) *Contemporary Theory in International Relations.* Englewood Cliffs: Prentice-Hall. [Intro.]

Hoffmann, S. (1977) "An American Social Science: International Relations," *Daedalus* 106, No. 3: 41–60. [Intro.]

———. (1978) *Primacy or World Order.* New York: McGraw-Hill. [6]

———. (1986) "Hedley Bull and His Contribution to International Relations," *International Affairs* 62: 179–195. [5]

———. (1987) "Superpower Ethics: The Rules of the Game," *Ethics and International Affairs,* Vol. 1: 37–51. [6]

Hogarth, R. M., and M. W. Reder, eds. (1987) *Rational Choice.* Chicago: University of Chicago Press. [1]

Holsti, K. J. (1985) *The Dividing Discipline.* Boston: Allen and Unwin. [Intro.]

Hulliung, M. (1983) *Citizen Machiavelli.* Princeton: Princeton University Press. [5]

Hume, D. (1963) *Essays Moral, Political and Literary.* Oxford: Oxford University Press, reprinting ed. of 1741–1742. [5,8]

Husserl, E. (1970) *The Crisis of European Sciences and Transcendental Phenomenology,* trans. by D. Carr. Evanston: Northwestern University Press. [1]

Ingram, D. (1987) *Habermas and the Dialectic of Reason.* New Haven: Yale University Press. [1,8]

International Court of Justice (1980) Judgment: Case Concerning United States Diplomatic and Consular Staff in Tehran (United States of America *v.* Iran), *American Journal of International Law* 74: 746–781. [4]

Jakobson, R., and M. Halle (1971) *Fundamentals of Language,* 2nd, revised ed. The Hague: Mouton Publishers. [4]

Janis, M. W. (1984) "Jeremy Bentham and the Fashioning of International Law," *American Journal of International Law* 78: 405–418. [5]

Jennings, R. Y. (1986) Dissenting Opinion, International Court of Justice:

Case concerning Military and Paramilitary Activities in and against Nicaragua (Nicaragua *v.* United States of America), *International Legal Materials* 25: 1280–1289. [6]

Jervis, R. (1976) *Perception and Misperception in World Politics.* Princeton: Princeton University Press. [Intro.,7,8]

———. (1978) "Cooperation under the Security Dilemma," *World Politics* 30: 167–214. [7]

———. (1982) "Security Regimes," *International Organization* 36: 357–378. [4]

Johnson, M. (1987) *The Body in the Mind.* Chicago: University of Chicago Press. [3,4,Synoptic Table]

Johnson, M., and G. Lakoff (1980) *Metaphors We Live By.* Chicago: University of Chicago Press. [2,3,4]

Kahn, H. (1965) *On Escalation.* New York: Frederick A. Praeger. [4]

Kahn, H., and others (1976) *The Next Two Hundred Years.* New York: William F. Morrow. [3]

Kant, I. (1933) *Critique of Pure Reason,* trans. by N. Kemp Smith. London: Macmillan and Co. [1,3]

Kaplan, M. A. (1957) *System and Process in International Politics.* New York: John Wiley and Sons. [6]

———. (1961) "Problems of Theory Building and Theory Confirmation in International Politics," *World Politics* 13: 6–24. [Intro.]

Kavka, G. (1986) *Hobbesian Moral and Political Theory.* Princeton: Princeton University Press. [6]

Keal, P. (1983) *Unspoken Rules and Superpower Dominance.* London: Macmillan. [6]

———. (1986) "On Influence and Spheres of Influence," 124–144, in *Dominant Powers and Subordinate States,* ed. by J. F. Triska. Durham: Duke University Press. [6]

Kelly, G. A. (1978) *Hegel's Retreat from Eleusis.* Princeton: Princeton University Press. [6]

Kelsen, H. (1945) *General Theory of Law and the State,* trans. by A. Wedberg. Cambridge, MA: Harvard University Press. [2,4]

———. (1952) *Principles of International Law.* New York: Rinehart and Co. [2,4]

Kenen, P. B. (1986) *Financing Adjustment and the International Monetary Fund.* Washington: The Brookings Institution. [4]

Kennedy, D. (1980) "Theses on International Legal Discourse," *German Year Book of International Law,* Vol. 23: 353–391. [2]

———. (1985) "International Legal Education," *Harvard International Law Journal* 26: 361–384. [7]

Keohane, R. O. (1980) "The Theory of Hegemonic Stability and Changes in International Economic Regimes, 1967–1977," 131–162, in *Change in the International System,* ed. by O. R. Holsti, R. M. Siverson, and A. George. Boulder: Westview Press. [4,6]

———. (1982) "The Demand for International Regimes," *International Organization* 36: 325–355. [Intro.,4]

———. (1984) *After Hegemony.* Princeton: Princeton University Press. [Intro.,4,6,8]

Keohane, R. O., ed. (1986), *Neorealism and Its Critics.* New York: Columbia University Press. [Intro.,7]

Keohanc, R. O., and J. S. Nye (1977) *Power and Interdependence.* Boston: Little, Brown. [6,7]

———. (1987) "*Power and Interdependence Revisited,*" *International Organization* 41: 725–753. [6]

Klink, F. F. (1987) "Anarchy or Rule in International Relations: The Political Economy of Heteronomous International Exchange," Ph.D. Dissertation, The American University, Washington. [6]

Kohlberg, L. (1963) "The Development of Children's Orientations Toward a Moral Order," *Vita Humana* 6: 11–33. [3]

———. (1979) Foreword, in *Development in Judging Moral Issues,* by J. Rest. Minneapolis: University of Minnesota Press. [3]

———. (1981) *Essays in Moral Development,* Vol. 1, *The Philosophy of Moral Development.* New York: Harper and Row. [3]

———. (1984) *Essays in Moral Development,* Vol. 2, *The Psychology of Moral Development.* San Francisco: Harper and Row. [3]

Kohlberg, L., and C. Gilligan (1971) "The Adolescent as a Philosopher: The Discovery of the Self in a Postconventional World," *Daedalus* 100: 1051-1086. [3]

Konner, M. (1982) *The Tangled Wing.* New York: Holt, Rinehart and Winston. [4]

Krasner, S. D. (1976) "State Power and the Structure of International Trade," *World Politics* 28: 317-347. [6]

———. (1982) "Structural Causes and Regime Consequences: Regimes as Intervening Variables," *International Organization* 36: 185-205. [4,6]

———. (1985) *Structural Conflict.* Berkeley and Los Angeles: University of California Press. [7]

Kratochwil, F. (1978) *International Order and Foreign Policy.* Boulder: Westview Press. [2,6]

Kratochwil, F. V. (1981) *The Humean Perspective in International Relations.* Occasional Paper No. 9, World Order Studies Program, Center of International Studies, Princeton University. [5]

———. (1982) "On the Notion of Interest in International Relations," *International Organization* 30: 1-30. [5,8]

———. (1983) "Is International Law 'Proper' Law?" *Archiv für Rechts- und Sozialphilosophie,* Vol. 69: 13-46. [2,4]

———. (1984) "Thrasymmachos Revisited: On the Relevance of Norms for International Relations," *Journal of International Affairs* 37: 343-356. [2]

———. (1987) "Rules, Norms, Values and the Limits of 'Rationality'," *Archiv für Rechts- und Sozialphilosophie* 73: 301-329. [8]

———. (forthcoming) *Rules, Norms, and Decisions.* Cambridge: Cambridge University Press. [2,5]

Kratochwil, F., and J. G. Ruggie (1986) "International Organization: A State of the Art on an Art of the State," *International Organization* 40: 753-776. [4]

Kripke, S. A. (1982) *Wittgenstein on Rules and Private Language.* Cambridge, MA: Harvard University Press. [1]

Kuhn, T. S. (1970a) *The Structure of Scientific Revolutions,* 2nd ed., enlarged. Chicago: University of Chicago Press. 1st ed., 1962. [Intro.]

———. (1970b) "Reflections on My Critics." 231–278, in *Criticism and the Growth of Knowledge,* ed. by I. Lakatos and A. Musgrave. Cambridge: Cambridge University Press. [Intro.]

Lakatos, I. (1978) *The Methodology of Scientific Research Programmes,* Vol. 1, *Philosophical Papers,* ed. by J. Worrall and G. Currie. Cambridge: Cambridge University Press. [5]

Lakoff, G. (1987) *Women, Fire, and Dangerous Things.* Berkeley and Los Angeles: University of California Press. [Intro.,3,6,Synoptic Table]

Larson, A. (1961) *When Nations Disagree.* Baton Rouge: Louisiana State University Press. [7]

Lasswell, H. D. (1958) *Politics: Who Gets What, When, How.* Cleveland: World Publishing. [7]

———. (1960) *Psychopathology and Politics,* new ed. with afterthoughts by author. New York: Viking Press. First published 1930. [7]

———. (1963) "The Decision Process: Seven Categories of Functional Analysis," 93–105, in *Politics and Social Life,* ed. by N. W. Polsby and others. Boston: Houghton Mifflin. [7]

———. (1965a) *World Politics and Personal Insecurity.* New York: Free Press. [3,7,8]

———. (1965b) "The Policy Science of Development," *World Politics* 17: 286–309. [7]

Lasswell, H. D., and others (1949) *The Language of Politics.* New York: G. W. Stewart. [7]

Lasswell, H. D., and A. Kaplan (1950) *Power and Society.* New Haven: Yale University Press. [3,6,7,8]

Lasswell, H. D., and M. S. McDougal (1960) "Legal Education and Public Policy: Professional Training in the Public Interest," 42–154, in *Studies in World Public Order,* ed. by McDougal and others. New Haven: Yale University Press. [7]

Lenski, G. E. (1967) *Power and Privilege.* New York: McGraw Hill. [7]

Levi-Strauss, C. (1966) *The Savage Mind.* Chicago: University of Chicago Press. [Intro.,3,4]

Lewis, D. (1986) *On the Plurality of Worlds.* Oxford: Basil Blackwell. [1]

Lindblom, C. E. (1977) *Politics and Markets.* New York: Basic Books. [4,7]

Lipson, C. (1985) *Standing Guard.* Berkeley and Los Angeles: University of California Press. [6]

Liska, G. (1966) "The Heroic Decade and After: International Relations as Events, Discipline, and Profession," *SAIS Review,* 10, No. 4: 5–11. [Intro.]

Liska, G. (1967) *Imperial America.* Baltimore: The Johns Hopkins Press. [6]

Littleton C. (1982) *The New Comparative Mythology.* Berkeley and Los Angeles: University of California Press. [3]

Lodder, C. (1983) *Russian Constructivism.* New Haven: Yale University Press. [1]

Lowi, T. J. (1979) *The End of Liberalism,* 2nd ed. New York: Norton. [7]

Machiavelli, N. (1950a, b) *The Discourses of Niccolò Machiavelli,* 2 vols., trans., with Introduction and Notes, by L. J. Walker. London: Routledge and Kegan Paul. [5]

MacIntyre, A. (1981) *After Virtue.* Notre Dame: University of Notre Dame Press.

Mackay, A. F. (1980) *Arrow's Theorem: The Paradox of Social Choice.* New Haven: Yale University Press. [8]

Mandelbaum, M. (1971) *History, Man, and Reason.* Baltimore: Johns Hopkins Press. [Intro.]

Manley, L. (1980) *Conventions, 1500*–1750. Cambridge, MA: Harvard University Press. [2]

Mansbach, R. W., and J. Vasquez (1981) *In Search of Theory.* New York: Columbia University Press. [7]

Mansfield, H. C. Jr. (1979) *Machiavelli's New Modes and Orders.* Ithaca: Cornell University Press. [5]

Marcuse, H. (1964) *One Dimensional Man.* Boston: Beacon Press. [3]

Martines, L. (1980) *Power and Imagination.* New York: Vintage Books. [5]

Marx, K. (1954a) *Capital,* Vol. 1. Moscow: Progress Publishers. [6]

———. (1954b) *The Eighteenth Brumaire of Louis Napoleon,* 3rd revised ed. Moscow: Progress Publishers. [1,6]

Marx, K., and F. Engels (1964) *The German Ideology,* 3rd rev. ed. Moscow: Progress Publishers. [6]

———. (1978a, b) *Werke,* Vol. 3, 8. Berlin: Dietz Verlag. [6]

Maslow, A. H. (1970) *Motivation and Personality,* 2nd ed. New York: Harper and Row. [8]

McClelland, C. A. (1976) "An Inside Appraisal of the World Event Interaction Survey," 105–111, in *In Search of Global Patterns.* ed. by J. N. Rosenau. New York: Free Press. [7]

McDougal, M. S., and W. M. Reisman, eds. (1981) *International Law Essays.* Mineola: Foundation Press. [2]

McGinn, C. (1984) *Skepticism, Rules and Languages.* Oxford: Basil Blackwell. [1]

McLuhan, M. (1964) *Understanding Media.* New York: McGraw-Hill. [7]

McNeil, W. H. (1982) *The Pursuit of Power.* Chicago: University of Chicago Press. [7]

McNeilly, F. S. (1968) *The Anatomy of* Leviathan. London: Macmillan. [6]

Mcpherson, C. B. (1962) *The Political Theory of Possessive Individualism.* Oxford: Oxford University Press. [Intro.,5,6]

Megill, A. (1985) *Prophets of Extremity.* Berkeley and Los Angeles: University of California Press. [Intro.,1]

Meinecke, F. (1957) *Machiavellism,* trans. by D. Scott. New Haven: Yale University Press. [5]

Merton, R. K. (1968) *Social Theory and Social Structure,* enlarged ed. New York: Free Press. [Intro.]

Miliband, R. (1969) *The State in Capitalist Society.* New York: Basic Books. [6]

Mill, J. (1967) "Law of Nations," in *Essays on Government, Jurisprudence,*

Liberty of the Press, and the Law of Nations. New York: Augustus M. Kelley, reproducing ed. of 1825. [5]

Mills, C. W. (1959a) *The Power Elite.* New York: Oxford University Press. [6]

———. (1959b) *The Sociological Imagination.* New York: Oxford University Press. [Intro.,4]

Mitchell, W. C. (1969) "The Shape of Political Theory to Come: From Political Sociology to Political Economy," 101–136, in *Politics and the Social Sciences,* ed. by S. M. Lipset. New York: Oxford University Press. [8]

Mitrany, D. (1966) *A Working Peace System.* Chicago: Quadrangle Books. [7]

Modelski, G. (1983) "Long Cycles of World Leadership," 115–139, in *Contending Approaches to World Systems Analysis,* ed. by W. R. Thompson. Beverly Hills: Sage Publications. [6]

Mommsen, W. J. (1974) *The Age of Bureaucracy.* New York: Harper and Row. [6]

Morgenthau, H. J. (1946) *Scientific Man* vs. *Power Politics.* Chicago: University of Chicago Press. [Intro.,7,8]

———. (1948) *Politics Among Nations,* 1st ed. New York: Alfred A. Knopf. [Intro.]

———. (1959) "The Nature and Limits of a Theory of International Politics," 15–28, in *Theoretical Aspects of International Relations,* ed. by W. T. R. Fox. Notre Dame: University of Notre Dame Press. [Intro.]

———. (1967) *Politics among Nations,* 4th ed. New York: Alfred A. Knopf. [Intro., 4,7]

Musa, M., ed. (1964) *Machiavelli's The Prince,* bilingual ed. trans. by Musa. New York: St. Martin's. [5]

Nardin, N. (1983) *Law, Morality and the Relations of States.* Princeton: Princeton University Press. [4]

Nelson, J. S. (1983) "Political Theory as Political Rhetoric," 169–240, in *What Should Political Theory Be Now*? ed. by Nelson. Albany: State University of New York Press. [1,4]

Nietzsche, F. (1969) *On the Genealogy of Morals and Ecce Homo,* trans. by W. Kaufmann and R. J. Hollingdale. New York: Vintage Books. [5]

Noddings, N. (1984) *Caring.* Berkeley and Los Angeles: University of California Press. [3]

Norris, C. (1982) *Deconstruction.* London: Methuen. [Intro.]

Nozick, R. (1974) *Anarchy, State, and Utopia.* New York: Basic Books. [5]

Oakeshott, M. (1933) *Experience and Its Modes.* Cambridge: Cambridge University Press. [Synoptic Table]

———. (1962) *Rationalism in Politics.* New York: Basic Books. [4]

———. (1975) *On Human Conduct.* Oxford: Clarendon Press. [1]

Olson, W. C. (1972) "The Growth of a Discipline," 3–29, in *The Aberystwyth Papers,* ed. by B. Porter. Oxford: Oxford University Press. [Intro.]

Olson, W., and N. Onuf (1985) "The Growth of a Discipline: Reviewed," 1–28, in *International Relations,* ed. by S. Smith. Oxford: Basil Blackwell. [Intro.]

Onuf, N. G. (1974) *Reprisals: Rituals, Rules, Rationales.* Research Monograph No. 42, Center of International Studies, Princeton University. [1,6]

———. (1975) "Law and Lawyers in International Crises," *International Organization* 29: 1035–1053. [6]

———. (1979) "International Legal Order as an Idea," *American Journal of International Law* 73: 244–266. [4]

———. (1982a) "Comparative International Politics," *Year Book of World Affairs,* Vol. 36: 197–212. [Intro.]

———. (1982b) "Global Law-Making and Legal Thought," 1–81, in *Law-Making in the Global Community,* ed. by N. G. Onuf. Durham: Carolina Academic Press. [4,5,6]

———. (1984) "Prometheus Prostrate," *Futures,* Vol. 16: 47–59. [3,8]

Onuf, N. G., and P. S. Onuf (1985) "American Constitutionalism and a Liberal World Order," paper presented at Annual Meeting of Organization of American Historians. [5]

Onuf, N. G., and V. S. Peterson (1984) "Human Rights from an International Regimes Perspective," *Journal of International Affairs* 37: 329 342. [4]

Orbell, J. M., and B. M. Rutherford (1974) "Social Peace as a Collective Good or How Well Does 'Well Does Leviathan . . . ?' Undermine 'Can Leviathan . . . ?'?" *British Journal of Political Science* 4: 501–510. [6]

Osgood, R. E. (1953) *Ideals and Self-Interest in America's Foreign Relations.* Chicago: University of Chicago Press. [8]

———. (1957) *Limited War.* Chicago: University of Chicago Press. [8]

Osgood, R. E., and R. W. Tucker (1967) *Force, Order, and Justice.* Baltimore: Johns Hopkins Press. [7]

Oye, K. A., ed. (1985a) "Cooperation Under Anarchy," special issue of *World Politics* 38: 1–254. [6]

———. (1985b) "Explaining Cooperation under Anarchy: Hypotheses and Strategies, *World Politics* 38: 1–24. [5]

Parsons, T. (1937) *The Structure of Social Action.* New York: McGraw-Hill. [4,6,8]

———. (1951) *The Social System.* Glencoe: The Free Press. [4]

———. (1967) *Sociological Theory and Modern Society.* New York: Free Press. [Intro., 6]

———. (1978) *Action Theory and the Human Condition.* New York: Free Press. [Intro.]

Piaget, J. (1932) *The Moral Judgment of the Child.* London: Kegan, Paul. [3]

———. (1970) *Structuralism,* trans. by C. Maschler. New York: Harper and Row. [Intro.,3]

Pitkin, H. F. (1967) *The Concept of Representation.* Berkeley and Los Angeles: University of California Press. [6,8]

———. (1972) *Wittgenstein and Justice.* Berkeley and Los Angeles: University of California Press. [1]

———. (1984) *Fortune Is a Woman.* Berkeley and Los Angeles: University of California Press. [5]

Plamenatz, J. (1963) *Man and Society,* Vol. 2, *Political and Social Theory: Bentham through Marx.* New York: McGraw-Hill. [6]

Pocock, J. G. A. (1957) *The Ancient Constitution and the Feudal Law.* Cambridge: Cambridge University Press. [5,6]

———. (1971) *Politics, Language and Time*. New York: Atheneum. [Intro.]

———. (1975) *The Machiavellian Moment.* Princeton: Princeton University Press. [5]

———. (1981) "Virtues, Rights, and Manners: A Model for Historians of Political Thought," *Political Theory,* Vol. 9: 353–368. [5]

———. (1985) *Virtue, Commerce, and History.* Cambridge: Cambridge University Press. [5,6]

Polanyi, K. (1957) *The Great Transformation.* Boston: Beacon Press. [Intro., 5,7]

Polanyi, K., C. M. Arensberg and H. W. Pearson, eds. (1971) *Trade and Market in the Early Empires.* Chicago: Henry Regnery. [4]

Popkin, S. L. (1979) *The Rational Peasant.* Berkeley and Los Angeles: University of California Press. [8]

Popper, K. R. (1968) *The Logic of Scientific Discovery,* 2nd English ed. New York: Harper Torchbooks. [3]

Poulantzas, N. (1978) *Political Power and Social Classes.* London: Verso. [6]

Pufendorf, S. (1934) *De Jure Naturae et Gentium Libri Octo,* Vol. 2, trans. of 1688 ed. by C. H. Oldfather and W. A. Oldfather. Oxford and London: Clarendon Press and Humphrey Milford. [5]

Putnam, H. (1981) *Reason, Truth and History.* Cambridge: Cambridge University Press. [1]

Random House Dictionary of the English Language (1967), unabridged ed. New York: Random House. [1,6]

Rapoport, A. (1960) *Fights, Games and Debates.* Ann Arbor: University of Michigan Press. [5]

Rawls, J. (1955) "Two Concepts of Rules," *Philosophical Review* 44: 3–32. [1]

———. (1971) *A Theory of Justice.* Cambridge, MA: Belknap Press. [6]

———. (1980) "Kantian Constructivism in Moral Theory," *Journal of Philosophy* 6: 409–425. [1]

Redner, H. (1982) *In the Beginning Was the Deed.* Berkeley and Los Angeles: University of California Press. [1]

Reid, H., and E. Yanarella (1980) "The Tyranny of the Categorical: On Kohlberg and the Politics of Moral Development," 107–132, in *Moral Development and Politics*, ed. by R. Wilson and G. Schochet. New York: Praeger. [3]

Rheinstein, M., ed. (1954) *Max Weber on Law and Society*, trans. by M. Rheinstein and E. Shils. Cambridge, MA: Harvard University Press. [6]

Riley, P., ed. (1972) *The Political Writings of Liebniz*, trans., with Introduction and Notes, by Riley. Cambridge: Cambridge University Press. [6]

Roemer, J. (1982) *A General Theory of Exploitation and Class*. Cambridge, MA: Harvard University Press. [8]

———. (1986) "New Directions in the Marxian Theory of Class and Exploitation," 81–113, in *Analytical Marxism*, ed. by Roemer. Cambridge: Cambridge University Press. [8]

Rorty, R., ed. (1967) *The Linguistic Turn*. Chicago: University of Chicago Press. [1]

Rose, F. (1984) *Into the Heart of the Mind*. New York: Harper and Row. [3]

Rosenau, J. N. (1976a), "The Restless Quest," 1–9, in *In Search of Global Patterns*, ed. by Rosenau. New York: Free Press. [Intro.]

———, ed. (1976b) *In Search of Global Patterns*. New York: Free Press. [Intro.]

———. (1980a) *The Study of Global Interdependence*. New York: Nichols. [7]

———. (1980b) *The Scientific Study of Foreign Policy*. New York: Nichols. [7]

———. (1986) "Before Cooperation: Hegemons, Regimes and Habit-Driven Actors in World Politics," *International Organization* 40: 849–894. [Intro.]

Rosenfield, I. (1986) "Neural Darwinism: A New Approach to Memory and Perception," *New York Review of Books* 33, No. 15: 21–27. [3]

Ruddick, S. (1983a) "Maternal Thinking," 213–230, in J. Trebilcot, ed., *Mothering*. Totowa: Rowman and Allanheld. [3]

———. (1983b) "Preservative Love and Military Destruction: Some Reflections on Mothering and Peace," 231–262, in J. Trebilcot, ed., *Mothering*. Totowa: Rowman and Allanheld. [3]

Rudolph, L. I., and S. H. Rudolph (1979) "Authority and Power in Bureaucratic and Patrimonial Administration: A Revisionist Interpretation of Weber on Bureaucracy," *World Politics* 31: 195–227. [6]

Ruggie, J. G. (1982) "International Regimes, Transactions, and Change: Embedded Liberalism in the Postwar Economic Order," *International Organization* 36: 379–416. [4]

———. (1986) "Continuity and Transformation in the World Polity: Toward a Neorealist Synthesis," 131–157, in R. O. Keohane, ed., *Neorealism and Its Critics*. New York: Columbia University Press. [6,7]

Russett, B. M. (1965) *Trends in World Politics*. New York: Macmillan. [4]

Sassoon, A. S. (1983) "Hegemony," 201–203, in *A Dictionary of Marxist Thought*, ed. by T. Bottomore. Cambridge, MA: Harvard University Press. [6]

Scaff, L. A. (1987) "Fleeing the Iron Cage: Politics and Culture in the Thought of Max Weber," *American Political Science Review* 81: 737–755. [Synoptic Table]

Schelling, T. C. (1960) *The Strategy of Conflict*. Cambridge, MA: Harvard University Press. [4,5]

———. (1966) *Arms and Influence*. New Haven: Yale University Press. [4]

Schelling, T. C., and M. H. Halperin (1961) *Strategy and Arms Control*. New York: Twentieth Century Fund. [4]

Schwartz, T. (1986) *The Logic of Collective Choice*. New York: Columbia University Press. [Intro.]

Seabold, W. G., and N. G. Onuf (1981) "Late Capitalism, Uneven Development and Foreign Policy Postures," 23–37, in *The Political Economy of Foreign Policy Behavior*, Vol. 6, Sage International Yearbook of Foreign Policy Studies, ed. by C. W. Kegley and P. McGowan. Beverly Hills: Sage Publications. [8]

Searle, J. R. (1969) *Speech Acts*. Cambridge: Cambridge University Press. [1,2]

———. (1979) *Expression and Meaning*. Cambridge: Cambridge University Press. [2,4]

Sebeok, T. A. (1983) "One, Two, Three Spells U B E R T Y," 1–10, in *The Sign of Three*, ed. by U. Eco and Sebeok. Bloomington: Indiana University Press. [Synoptic Table]

Seidl-Hohenveldern, I. (1979) "International Economic 'Soft' Law," *Recueil Des Cours,* Vol. 163: 169–246. [2]

Service, E. (1978) "Classical and Modern Theories of the Origins of Government," 21–34, in *Origins of the State,* ed. by E. Service and R. Cohen. Philadelphia: Institute for the Study of Human Issues. [7]

Shapiro, M. J. (1981) *Language and Political Understanding.* New Haven: Yale University Press. [1]

Shils, E., and H. A. Finch, eds. (1949) *Max Weber on the Methodology of the Social Sciences,* trans. by E. Shils and H. A. Finch. Glencoe: Free Press. [Intro.,6]

Shklar, J. N. (1976) *Freedom and Independence.* Cambridge: Cambridge University Press. [6]

Shweder, R. (1982) "Liberalism as Destiny," *Contemporary Psychology* 27: 421–424. [3]

Simmel, G. (1908) *Soziologie.* Leipzig: Verlag von Duncker und Humblot. [6]

———. (1971) *On Individuality and Social Forms,* ed. by D. N. Levine, numerous translators. Chicago: University of Chicago Press. [6]

Simon, H. A. (1985) "Human Nature in Politics: The Dialogue of Psychology with Political Science," *American Political Science Review* 79: 293–304. [8]

Singer, J. D. (1961) "The Level of Analysis Problem in International Relations," *World Politics* 13: 77–92. [1,7]

Skinner, B. F. (1957) *Verbal Behavior.* Englewood Cliffs: Prentice-Hall. [3]

———. (1971) *Beyond Freedom and Dignity.* New York: Alfred A. Knopf. [3]

Skinner, Q. (1985) *The Return of Grand Theory in the Human Sciences.* Cambridge: Cambridge University Press. [Intro.]

Snidal, D. (1985a) "The Game *Theory* of International Politics," *World Politics* 38: 25–57. [Intro.]

———. (1985b) "The Limits of Hegemonic Stability Theory," *International Organization* 39: 579–614. [4,6]

Spiegel, S. L. (1972) *Dominance and Diversity.* Boston: Little, Brown. [6]

Tapp, J. L., and L. Kohlberg (1971) "Developing Senses of Law and Legal Justice," *Journal of Social Issues* 27: 65–91. [3]

Therborn, G. (1980) *What Does the Ruling Class Do When It Rules*' London: Verso. [6]

Tilly, C. (1975) "Reflections on the History of European State-Making," 3-83, in *Formation of National States in Western Europe,* ed. by Tilly. Princeton: Princeton University Press. [7]

Trimberger, E. K. (1978) *Revolution from Above.* New Brunswick: Transaction Books. [3]

Triska, J. F. (1986) "Introduction to this Volume," 1–23, *Dominant Powers and Subordinate States,* ed. by Triska. Durham: Duke University Press. [6]

Truman, D. B. (1951) *The Governmental Process.* New York: Alfred A. Knopf. [7]

Tucker, R. W. (1977) *The Inequality of Nations.* New York: Basic Books. [4]

Van Dyke, V. (1960) *Political Science.* Stanford: Stanford University Press. [Intro.]

van Fraasen, B. C. (1981) *The Scientific Image.* Oxford: Oxford University Press. [1]

———. (1984) "To Save the Phenomena," 250–259, in *Scientific Realism,* ed. by J. Leplin. Berkeley and Los Angeles: University of California Press. [1]

Vasquez, J. A. (1983) *The Power of Power Politics.* New Brunswick: Rutgers University Press. [7]

Walker, R. B. J. (1987) "Realism, Change and International Political Theory," *International Studies Quarterly* 31: 65–86. [6]

Wallerstein, I. (1974) *The Modern World-System.* New York: Academic Press. [7]

———. (1984) *The Politics of the World Economy.* Cambridge: Cambridge University Press. [6]

Waltz, K. N. (1959) *Man, the State and War.* New York: Columbia University Press. [5,8]

———. (1979) *Theory of International Politics.* Reading, MA: Addison-Wesley Publishing Company. [Intro.,6,7]

Walzer, M. (1983) *Spheres of Justice.* New York: Basic Books. [Synoptic Table]

Weber, M. (1947) *The Theory of Social and Economic Organization,* trans. by A. M. Henderson and T. Parsons. New York: Oxford University Press. [6,8]

———. (1968) *Economy and Society,* ed. by G. Roth and C. Wittich, ten translators, 3 volumes, continuous pagination. New York: Bedminster Press. [4,6]

———. (1976) *Wirtschaft und Gesellschaft,* ed. by J. Winckelmann. Tubingen: J. C. B. Mohr. [6]

Weeks, J. (1981) *Capital and Exploitation.* Princeton: Princeton University Press. [Intro.]

Weil, P. (1983) "Toward Relativity in International Law?" *American Journal of International Law,* 77: 413–442. [2]

Wendt, A. (1987a) "The Agent-Structure Problem in International Relations Theory," *International Organization* 41: 335–370. [1]

———. (1987b) "The Social Production of the State System and the Production of North-South Conflict." Paper presented at the Annual Meeting of the American Political Science Association. [6]

White, H. (1973) *Metahistory.* Baltimore: Johns Hopkins University Press. [4]

Winch, P. (1958) *The Idea of a Social Science and Its Relation to Philosophy.* London: Routledge and Kegan Paul. [1]

Wittfogel, K. A. (1957) *Oriental Despotism.* New Haven: Yale University Press. [3]

Wittgenstein, L. (1961) *Tractatus Logico-Philosophicus,* trans. by D. F. Pears and B. F. McGuiness. London: Routledge and Kegan Paul. First published 1921. [1]

———. (1968) *Philosophical Investigations,* 3rd ed., trans. by G. E. M. Anscombe. Oxford: Basil Blackwell. First published 1953. [Intro.,1]

———. (1967) *Zettel,* ed. by G. E. M. Anscombe and G. H. von Wright, trans. by Anscombe. Oxford: Basil Blackwell. [8]

———. (1972) *On Certainty,* ed. by G. E. M. Anscombe and G. H. von Wright, trans. by D. Paul and Anscombe. New York: Harper and Row. [1]

———. (1976) "Cause and Effect: Intuitive Awareness," trans. by P. Winch, *Philosophia* 6: 409–425. [1]

Wolfers, A. (1962) *Discord and Collaboration.* Baltimore: The Johns Hopkins Press. [8]

Wolff, R. P. (1963) *Kant's Theory of Mental Activity.* Cambridge, MA: Harvard University Press. [1]

Wolff, R. P., ed. (1969) *Foundations of the Metaphysics of Morals* (Immanuel Kant), trans. by L. W. Beck. Indianapolis: Bobbs-Merrill. [3,6]

Wolin, S. (1960) *Politics and Vision.* Boston: Little, Brown. [5,7]

Wolin, S. (1969) "Political Theory as a Vocation," *American Political Science Review* 63: 1062–1082. [Intro.]

———. (1980) "Paradigms and Political Theories," 160–191, in *Paradigms and Revolutions* ed. by G. Gutting. Notre Dame: University of Notre Dame Press. [Intro.]

Wright, E. O. (1985) *Classes.* London: New Left Books. [8]

———. (1986) "What Is Middle about the Middle Class?" 114–140, in *Analytical Marxism,* ed. by J. Roemer. Cambridge: Cambridge University Press. [8]

Wrong, D. (1980) *Power Its Forms, Bases and Uses.* New York: Harper Colophon Books. [6]

Young, O. R. (1968a) *The Politics of Force.* Princeton: Princeton University Press. [6]

———. (1968b) *Systems of Political Science.* Englewood Cliffs: Prentice-Hall. [7]

———. (1972) "International Law and Social Science: The Contributions of Myres S. McDougal," *American Journal of International Law,* 66: 60–76. [2]

———. (1978) "Anarchy and Social Choice: Reflections on the International Polity," *World Politics,* 30: 241–263. [5]

———. (1979) *Compliance and Public Authority.* Baltimore: Johns Hopkins University Press. [4]

———. (1986) "International Regimes: Toward a New Theory of Institutions," *World Politics,* 39: 104–122. [8]

Zinnes, D. A. (1976) *Contemporary Research in International Relations.* New York: Free Press. [Intro.]

图书在版编目(CIP)数据

我们建构的世界:社会理论与国际关系中的规则与统治/(美)尼古拉斯·格林伍德·奥努夫著;孙吉胜译.—上海:上海人民出版社,2017
(东方编译所译丛)
书名原文:World of Our Making: Rules and Rule in Social Theory and International Relations
ISBN 978-7-208-14821-5

Ⅰ.①我… Ⅱ.①尼… ②孙… Ⅲ.①国际关系-研究 Ⅳ.①D81

中国版本图书馆 CIP 数据核字(2017)第 245844 号

责任编辑 潘丹榕 钱 敏
封面设计 王小阳

本书由上海文化发展基金会图书出版专项基金资助出版

我们建构的世界
——社会理论与国际关系中的规则与统治
[美]尼古拉斯·格林伍德·奥努夫 著
孙吉胜 译

出 版	上海人民出版社 (200001 上海福建中路 193 号)
发 行	上海人民出版社发行中心
印 刷	上海商务联西印刷有限公司
开 本	635×965 1/16
印 张	19.25
插 页	4
字 数	291,000
版 次	2017 年 12 月第 1 版
印 次	2020 年 10 月第 2 次印刷

ISBN 978-7-208-14821-5/D·3113
定 价 72.00 元

东方编译所译丛・世界政治与国际关系

我们建构的世界 ——社会理论与国际关系中的规则与统治	[美]尼古拉斯・格林伍德・奥努夫 著 孙吉胜 译	72.00 元
全球政治经济学:解读国际经济秩序	[美]罗伯特・吉尔平 著 杨宇光 杨 炯 译	88.00 元
国际政治的理性理论:竞争与合作的逻辑	[美]查尔斯・格拉泽 著 刘 丰 陈一一 译	80.00 元
国际关系的文化理论	[德]理查德・内德・勒博 著 陈 锴 译	138.00 元
系统效应	[美]罗伯特・杰维斯 著 李少军 等译	78.00 元
国际关系政治经济学	[美]罗伯特・吉尔平 著 杨宇光 等译	88.00 元
全球转型:历史、现代性与国际关系的形成	[英]巴里・布赞 乔治・劳森 著 崔顺姬 译 李 佳 校	88.00 元
软制衡:从帝国到全球化时代	[加拿大]T.V.保罗 著 刘 丰 译	52.00 元
非对称与国际关系	[美]布兰特利・沃马克 著 李晓燕 薛晓芃 译	68.00 元
货币与强制 ——国际货币权力的政治经济学	[美]乔纳森・科什纳 著 李 巍 译	72.00 元
国家与市场(第二版)	[英]苏珊・斯特兰奇 著 杨宇光 等译	65.00 元
复合系统:人类世的全球治理	[美]奥兰・扬 著 杨 剑 孙 凯 译	58.00 元
注定一战:中美能避免修昔底德陷阱吗?	[美]格雷厄姆・艾利森 陈定定 傅 强 译	75.00 元
表决、否决与国际贸易协定的政治经济学	[美]爱德华・曼斯菲尔德 海伦・米尔纳 著 陈兆源 译	62.00 元

重新思考世界政治中的权力、制度与观念	[加拿大]阿米塔·阿查亚 著 白云真 宋亦明 译	68.00 元
以色列游说集团与美国对外政策	[美]约翰·J.米尔斯海默 斯蒂芬·M.沃尔特 著 王传兴 译	98.00 元
世界政治中的战争与变革	[美]罗伯特·吉尔平 著 宋新宁 杜建平 译 邓正来 乔 娅 校	48.00 元
长和平 ——冷战史考察	[美]约翰·刘易斯·加迪斯 著 潘亚玲 译	78.00 元
国际制度	[美]莉萨·马丁 等编 黄仁伟 等译	110.00 元
联盟的起源	[美]斯蒂芬·沃尔特 著 周丕启 译	68.00 元
理解全球冲突与合作:理论与历史(第十版)	[美]小约瑟夫·奈 [加拿大]戴维·韦尔奇 著 张小明 译	78.00 元
世界政治理论的探索与争鸣	[美]彼得·卡赞斯坦 等编 秦亚青 等译	98.00 元
国际关系精要(第七版)	[美]卡伦·明斯特 伊万·阿雷奎恩-托夫特 著 潘忠岐 译	78.00 元
无政府状态之后 ——联合国安理会中的合法性与权力	[美]伊恩·赫德 著 毛瑞鹏 译	52.00 元
新古典现实主义国际政治理论	[加拿大]诺林·里普斯曼 [美]杰弗里·托利弗 [美]斯蒂芬·洛贝尔 著 刘 丰 张 晨 译	52.00 元
告别霸权! ——全球体系中的权力与影响力	[美]西蒙·赖克 理查德·内德·勒博 著 陈 锴 译	38.00 元
国际实践	[加拿大]伊曼纽尔·阿德勒 文森特·波略特 主编 秦亚青 等译	65.00 元
国际政治中的知觉与错误知觉	[美]罗伯特·杰维斯 著 秦亚青 译	75.00 元
无政府社会 ——世界政治中的秩序研究(第四版)	[英]赫德利·布尔 著 张小明 译	65.00 元

大国政治的悲剧(修订版)	[美]约翰·米尔斯海默 著 王义桅 等译	68.00元
国际政治的社会理论	[美]亚历山大·温特 著 秦亚青 译	75.00元
战争的原因 ——权力与冲突的根源	[美]斯蒂芬·范·埃弗拉 著 何 曜 译	65.00元
大战略的政治经济学	[美]凯文·纳里泽尼 著 白云真 傅 强 译	48.00元
国家为何而战 ——过去与未来的战争动机	[美]理查德·内德·勒博 著 陈定定 等译	52.00元
国际关系中的等级制	[美]戴维·莱克 著 高婉妮 译	38.00元
超越范式 ——世界政治研究中的分析折中主义	[美]鲁德拉·希尔 彼得·卡赞斯坦 著 秦亚青 季 玲 译	37.00元
合作的动力——为何提供全球公共产品	[美]斯科特·巴雷特 著 黄智虎 译	36.00元
人、国家与战争——一种理论分析	[美]肯尼思·华尔兹 著 信 强 译	52.00元
国际社会中的国家利益	[美]玛莎·芬尼莫尔 著 袁正清 译	25.00元
美国在中国的失败,1941—1950年	[美]邹 谠 著 王 宁 周先进 译	59.00元
霸权之后(增订版)	[美]罗伯特·基欧汉 著 苏长和 译	65.00元
世界政治中的文明——多元多维的视角	[美]彼得·J.卡赞斯坦 主编 秦亚青 等译	42.00元
利益、制度与信息:国内政治与国际关系	[美]海伦·米尔纳 著 曲 博 译	48.00元
民主国家的承诺:立法部门与国际合作	[美]莉萨·L.马丁 著 刘宏松 译	30.00元
无政府状态下的合作	[美]肯尼思·J.奥耶 编 田 野 辛 平 译	32.00元
国际政治经济学:学科思想史	[美]本杰明·J.科恩 著 杨 毅 钟飞腾 译	30.00元
地区安全复合体与国际安全结构	[英]巴里·布赞 等著 潘忠岐 等译	58.00元

干涉的目的	[美]玛莎·芬尼莫尔 著 袁正清 等译	38.00 元
战争与国家形成:春秋战国与近代早期欧洲之比较	[美]许田波 著 徐 进 译	68.00 元
驯服美国权力	[美]斯蒂芬·M.沃尔特 著 郭 盛 等译	28.00 元
国际政治理论	[美]肯尼思·华尔兹 著 信 强 译	58.00 元
变化中的对外政策政治	[英]克里斯托弗·希尔 著 唐小松 等译	36.00 元
世界事务中的治理	[美]奥兰·扬 著 陈玉刚 等译	36.00 元
大棋局	[美]兹比格纽·布热津斯基 著 中国国际问题研究所 译	42.00 元
美国和诸大国	[英]巴里·布赞 著 刘永涛 译	25.00 元
帝国的悲哀	[美]查默斯·约翰逊 著 任 晓 等译	24.00 元
美国的致命弱点	[美]理查德·福肯瑞斯 等著 许 嘉 等译	22.00 元
美国和美国的敌人	[美]伊多·奥伦 著 唐小松 等译	20.00 元
建构安全共同体	[加拿大]阿米塔·阿查亚 著 王正毅 等译	25.00 元
美国时代的终结	[美]查尔斯·库普乾 著 潘忠岐 译	28.00 元
欧洲的未来	[美]戴维·卡莱欧 著 冯绍雷 等译	28.00 元
全球资本主义的挑战	[美]罗伯特·吉尔平 著 杨宇光 等译	22.00 元
国家的性格	[美]安吉洛·M.科迪维拉 著 张智仁 译	20.80 元
世纪之旅	[美]罗伯特·A.帕斯特 编 胡利平 等译	22.00 元
预防性防御	[美]艾什顿·卡特 著 胡利平 等译	14.00 元